Respostas às Dúvidas de seus Adolescentes

Charles Colson

Respostas às Dúvidas de seus Adolescentes

Para pais, professores e líderes responderem a 100 perguntas sobre Deus, ciência, comportamento, etc.

Traduzido por
Degmar Ribas

CPAD

Título do original em inglês: *Answer to Your Kids' Questions*
Tyndale House Publishers, Inc., Wheaton, Illinois, EUA
Primeira edição em inglês: 2000

Tradução: Degmar Ribas
Preparação dos originais: Daniele Pereira
Revisão: Luciana Alves
Capa: Flamir Ambrósio
Projeto gráfico e editoração: Leonardo Teixeira Marinho

CDD: 248 - Vida Cristã
ISBN: 85-263-0623-5

Para maiores informações sobre livros, revistas, periódicos e os últimos lançamentos da CPAD, visite nosso site: http://www.cpad.com.br

As citações bíblicas foram extraídas da versão Almeida Revista e Corrigida, edição de 1995, da Sociedade Bíblica do Brasil, salvo indicação em contrário.

Casa Publicadora das Assembléias de Deus
Caixa Postal 331
20001-970, Rio de Janeiro, RJ, Brasil

1ª edição/2004

SUMÁRIO

CAPÍTULO 3: A Ciência Moderna Desmente a Bíblia e o Cristianismo?

Ciência, Evolução e Planejamento Inteligente

CAPÍTULO 4: Podemos realmente Acreditar na Bíblia?
Fundamentos, Evidências Históricas e as Escrituras

CAPÍTULO 5: Quem É Jesus Cristo e por que Ele É Importante?
A Realidade, a Missão e a Obra de Jesus Cristo

CAPÍTULO 6: O que Significa Tornar-se Cristão?
A Vida de Fé

PARTE 2: O QUE DEVO FAZER SOBRE...?
QUESTÕES CONTEMPORÂNEAS E O SEU ADOLESCENTE

CAPÍTULO 7: Por que os Cristãos...?
Esclarecendo Conceitos Errados

CAPÍTULO 8: Por que não Devo...?
Sexo, Amor e Casamento

CAPÍTULO 9: Devo Ficar com o meu Bebê?

A Vida nos Limites: Gravidez, Aborto e Bioética

CAPÍTULO 10: Adivinhe o que Aprendi hoje?

Escolas, Valores e Violência

CAPÍTULO 11: O que Devo ao Governo?
Governo, Política e Cidadania

CAPÍTULO 12: Como Posso Ter Confiança quanto ao meu Futuro?
Trabalho, Carreira e Sucesso

AGRADECIMENTOS

Sou profundamente grato a todos os membros da equipe *Wilberforce Forum* que participam comigo na pesquisa e me ajudam a escrever artigos, livros e comentários para o programa de rádio *BreakPoint*. Como mencionei anteriormente, muito do que você leu nestas páginas veio de transmissões do *BreakPoint* ou de meu material publicado. Este livro é uma tentativa de se compendiar o trabalho do programa *BreakPoint* e das equipes *Wilberforce* em um formato útil, para que você possa responder as perguntas que seus filhos lhe farão.

Tenho uma dívida especial de gratidão com Harold Fickett, um escritor extraordinário que colaborou comigo em dois outros livros. Harold fez muito do trabalho de seleção de nossa equipe e dos meus escritos, como também reorganizou com habilidade o material para torná-lo mais agradável aos adolescentes.

Tenho também uma grande dívida para com Kim Robbins, minha fiel assistente, que tem trabalhado comigo por muitos anos. Kim preenche o papel indispensável de saber onde tudo está e, com sua memória enciclopédica, desempenha um papel vital não só no caso deste livro, mas também para com o *Wilberforce Forum* e o meu ministério em geral.

Também devo grande parte do crédito a Evelyn Bence, que trabalhou como editora independente com a *Prison Fellowship* por muitos anos. Evelyn pegou os manuscritos finais em que muitos de nós havíamos trabalhado e, com seu toque de seda, refinou-os totalmente. Evelyn é uma pessoa maravilhosamente gentil e capaz, com quem sentimos um grande prazer de trabalhar.

T. M. Moore, meu valoroso conselheiro teológico, também me ajudou em todo este projeto. T. M. é uma das mentes mais dotadas no mundo cristão hoje. Temos trabalhado juntos por quase quinze anos.

Finalmente, agradeço a todos aqueles que fazem parte da equipe de escritores da *Wilberforce* e que contribuíram com o meu trabalho no suprimento de informações e material para os meus escritos durante os últimos anos. Isto inclui Nancy Pearcey, Anne Morse, Roberto Rivera, Eric Metaxas, Douglas Minson e o nosso mais recente membro da equipe e novo editor executivo do *BreakPoint*, Jim Black.

Para um tratamento mais profundo das várias perguntas deste livro, recomendo o livro do qual Nancy Pearcey e eu fomos co-autores: *E Agora, como Viveremos?* Este livro, que considero ser o trabalho mais importante que já empreendi em meu ministério, lida com praticamente cada pergunta expressa aqui, e com grande profundidade.

UMA PALAVRA DO PAI DE UM ADOLESCENTE

Como muitos pais, tenho minhas dificuldades ao conversar com meus filhos adolescentes, especialmente a respeito daquilo que mais valorizo: minha fé em Cristo. Minha hesitação se baseia em diferentes aspectos, que estão em constante mudança como as placas tectônicas e os estrondos dos terremotos que chegam a abalar meus alicerces.

Gosto de pensar que a minha relutância vem da postura defensiva de meu filho adolescente. As expectativas crescentes relacionadas à fase adulta — ser capaz de ganhar o seu próprio sustento, ser responsável por uma família, encontrar seu lugar de destaque — o apavoram. Ele reage zombando do mundo adulto ou mantendo um rigoroso silêncio que penso ser apenas um pouco mais forte do que o medo explosivo que está em seu interior.

Então existe a questão relacionada ao momento em que devo conversar com meu filho sobre estes assuntos. Como qualquer pai de adolescente bem sabe, não é possível conversar com eles na hora em que queremos, sobre o assunto que queremos — não, se é que queremos ter respostas melhores do que uma mera desconfiança.

Desde que meu filho estava na fase de 1 a 3 anos, aprendi que nossas melhores conversas eram resultado de mudanças completamente misteriosas no ambiente emocional. Certa vez, quando meu filho estava com quase quatro anos de idade, planejei levá-lo ao zoológico infantil no Central Park em Nova York. Imaginei que poderíamos nos divertir muito observando as focas em seu habitat enquanto, com seu modo desajeitado, subissem nas rochas e se lançassem nas profundezas de seu tanque aquático transparente, para nosso entretenimento. Pensei na seção dos filhotes e o que seria colocar um pintinho nas mãos de meu filho e ver seu sorriso registrar a alegria por sentir a penugem flocosa e o calor do corpo do pequeno animal.

No dia em que meu filho e eu fizemos este passeio, ele estava um tanto gripado e considerou a caminhada em meio aos ventos de inverno de Nova York como um teste de resistência, mais do que qualquer outra coisa. Não estávamos nos divertindo muito, e a distância entre a realidade do dia e as nossas expectativas fez com que nós dois nos sentíssemos mal-humorados.

Paramos para tomar uma xícara de chocolate quente; ao receber o troco de nosso lanche, meu filho me pediu uma moeda de dez centavos e, aproveitando a ocasião, ensinei-lhe a lançar a moeda ao alto para tirar "cara ou coroa". Isso o agradou tanto que ele começou a me contar sobre suas atividades na pré-escola, seus amigos e sua crescente percepção sobre como as crianças são — tudo aquilo que eu já havia lhe perguntado milhões de vezes sem nunca ter recebido algo melhor do que apenas "sim", "não" ou "acho que sim" como resposta.

Nada mudou muito. Minhas melhores conversas com meu filho ainda acontecem em ocasiões inesperadas, em locais inesperados e em virtude de oportunidades espirituais que, humanamente, não se pode preparar. Por motivos que nunca sei indicar com precisão, as perguntas surgem de repente, como raios de luz do sol que nos alcançam de forma inesperada.

Conversar com os filhos não é uma tarefa muito fácil — principalmente quando se trata de um adolescente. Mas, às vezes, tenho me arriscado. Tenho me aventurado a entrar nos assuntos relacionados às perguntas e convidado meu filho a me acompanhar.

Mesmo que esteja sendo compensador correr o risco, não posso dizer que tenhamos sempre finais felizes. Na verdade, minhas descobertas têm sido tão problemáticas quanto sempre imaginei. Os pensamentos de meu filho, enquanto não atingem firmes conclusões, chegam a problemas ou questões completamente diferentes daqueles que tenho em meu pensamento. Estou descobrindo quão secularizados seus pontos de vista podem ser.

A mente de meu filho não foi entorpecida pelas seitas, nem pelos comunistas e muito menos por quaisquer outros "piratas" conspiradores. Ninguém tentou afastá-lo de minha fé cristã ostensivamente.

O maior rival de minha fé cristã, e que procura influenciar meu filho, é algo tão difuso e invisível quanto o ar. Não é nada menos do que o modo de pensar da cultura dominante e, como tal, suas expressões estão por toda parte e parecem não ter fim.

Como um paradoxo, o caráter deste modo de pensar que está sempre presente, às vezes, é difícil de ser identificado. Porém, aqui temos alguns exemplos: Quando Antonin Scalia, um juiz da Suprema Corte, declarou crer na ressurreição de Jesus Cristo, houve jornalistas de todas as partes de nossa nação que zombaram de suas crenças sobrenaturais; alguns chegaram a comentar que tal comprometimento tornava-o um juiz inadequado para julgar questões que envolvessem a Igreja e o Estado.

Quando o congressista Dick Armey declarou que considera a homossexualidade uma disfunção, o porta-voz da presidência classificou tal crença como "primitiva", mesmo sabendo que ela sempre fez parte do cristianismo histórico.

Quase todas as vezes que meu filho e eu assistimos a um filme, vemos que se dois personagens se apaixonam, vão para a cama juntos. Seria realmente peculiar se os personagens dos filmes estivessem preocupados com a necessidade de seus relacionamentos sexuais serem sancionados pelo casamento.

Todos estes fatores demonstram a predominância do secularismo — ou materialismo naturalista (para nos referirmos a este modo de pensar de acordo com o seu próprio nome filosófico). Grande parte das pessoas na sociedade ocidental acredita, atualmente, que o mundo foi formado por acaso. A raça humana, como um produto do acaso, deve fazer as suas próprias escolhas e determinar seu próprio destino, dirigida apenas por aquilo que a sabedoria coletiva decidir adotar. Os secularistas insistem em afirmar que o mesmo se aplica a cada indivíduo. Dizem que cada pessoa deve decidir o que é certo ou errado para si mesma. Pensam que todas as escolhas serão igualmente válidas, desde que não infrinjam as escolhas de outra pessoa. De acordo com tal pensamento, não existiriam "certos" ou "errados" que se aplicassem a todos, sem se excetuar a lei, que é, em si mesma, apenas a expressão da vontade da maioria. Para estas pessoas, não existe algo como uma verdade universalmente válida. Pensam que há apenas a sua verdade, a minha verdade e a verdade que os governos adotam com a finalidade de manter o poder e, em um grau menor, a segurança dos cidadãos governados.

O conflito entre a minha própria fé cristã e esta fé secular se infiltra em cada conversa importante que tenho com meu filho. Isso pode soar como um exagero, mas é a verdade. Cada questão importante nos leva de volta ao ponto inicial — nossas respostas às três questões recorrentes: "Quem somos? De onde viemos? Para onde estamos indo?" A maneira como a fé cristã responde a estas questões difere radicalmente das respostas que são oferecidas pela fé secular.

Por exemplo, certa vez meu filho perguntou-me o que eu pensava sobre o fato de a prefeita de nossa cidade ser uma lésbica e ativista na defesa dos direitos dos homossexuais. Esta pergunta nos levou a muitas outras, além de descrever as fronteiras entre a visão que tenho do mundo e aquela com a qual meu filho se depara praticamente a cada instante, todos os dias.

Comecei nossa conversa dizendo-lhe que, embora reconhecesse os méritos da prefeita como administradora, eu cria que o entendimento dela sobre a sexualidade era totalmente equivocado e que suas escolhas particulares em relação à atividade sexual formariam o seu caráter de uma maneira que traria conseqüências públicas.

"Mas o fato de ser lésbica não a torna culpada", ele disse. "Ela tem o direito de conduzir a sua vida privada da maneira que quiser."

Rapidamente concordamos que a questão passava para a compaixão. Seria mais compassivo aceitar a homossexualidade daquela mulher ou adverti-la dos perigos de sua homossexualidade? Havia algum perigo? Em caso afirmativo, quais seriam?

Considerei a ocasião como uma ótima oportunidade para explicar meu ponto de vista ao meu filho, e precisei começar com questões muito básicas. Tentei mostrar-lhe que responderíamos à questão de formas diferentes, dependendo da maneira como pensamos que o mundo veio a existir. Deus criou o mundo, ou o mundo surgiu por acaso? Se Deus criou o mundo, então Deus criou as pessoas e sabia o que era melhor para elas. Mas, se o mundo passou a existir por acaso, então a heterossexualidade e a homossexualidade têm apenas os significados que nós mesmos lhes atribuímos. Neste caso, poderíamos enxergá-las igualmente como boas ou más, dependendo do modo como decidimos considerá-las.

Então, disse ao meu filho uma vez mais que creio que Deus nos criou, sabe o que é o melhor para cada um de nós e revela, através da Bíblia, a melhor maneira de vivermos.

Este comentário deu início às questões sobre a confiabilidade das Escrituras, o que dizem a respeito do caráter de Deus, como o Senhor Jesus está relacionado com todo o conteúdo bíblico, e assim por diante. Começamos a falar sobre a questão dos direitos dos homossexuais e terminamos falando sobre... bem, sobre tudo.

Tenho certeza de que todos os pais podem se lembrar de alguma situação semelhante, na qual um programa de TV, uma música popular, uma notícia, ou algo que aprenderam na escola pode ter aberto rapidamente uma questão que tenha levado a muitas outras.

Chuck Colson tem passado décadas respondendo a questões como estas, com o talento particular de fundamentar as suas respostas na rocha sólida da fé cristã. Ele sabe como traçar as linhas da argumentação levando-as de volta aos seus fundamentos. Ele também é um tremendo contador de histórias, utilizando fatos do mundo atual para tratar de assuntos da mais alta importância.

Este livro apresenta o pensamento de Chuck Colson em um formato de perguntas e respostas para ajudar os pais — bem como educadores e aqueles que trabalham com jovens — a responder as perguntas de seus adolescentes e colocar a fé cristã deles no âmago de seus cuidados paternais e em seus ensinos. As questões aqui reunidas foram expressas da forma que os jovens costumam perguntar. Elas também foram agrupadas em áreas específicas de interesse (Deus, a Bíblia, a ciência e a evolução, etc), de forma que uma questão contribui, de algum modo, com a anterior. As cem perguntas e respostas contidas nesta obra, embora longe de serem exaustivas ou de abrangerem todas as perguntas que possam ser feitas pelos adolescentes a seus pais, professores ou àqueles que cooperam nos trabalhos a eles direcionados, cobrem as diferenças realmente importantes entre um modo cristão de considerar a vida e uma perspectiva secular.

O livro pode ser (e espero que realmente seja) utilizado de várias maneiras. Você pode começar a se preparar para as conversas que gostaria de ter com seus adolescentes lendo todas as seções. Sugiro que estude cada seção de uma só vez, enfocando a lista de pontos-chave que se encontra no final de cada seção. Você perceberá que as questões mais gerais são discutidas em primeiro lugar, porque suas respostas formam o fundamento das respostas às questões mais urgentes que seu adolescente pode ter em relação aos assuntos da atualidade.

Você também pode usar este livro como um suplemento ao seu devocional diário, lendo uma pergunta e uma resposta por dia, orando para que cada resposta seja um auxílio para direcionar e solucionar as possíveis dúvidas do seu adolescente. Até mesmo as discussões mais abstratas têm, deste modo, alguma aplicação. Por exemplo, o papel de Deus na criação traz em si a certeza de que podemos ter total confiança, pois Ele sabe o que é melhor para nós; as evidências arqueológicas que comprovam a confiabilidade das Escrituras reforçam a capacidade que a Bíblia tem de falar de assuntos mais profundos, como a moralidade sexual e outras preocupações da mais elevada importância.

Você também pode transformar este livro em uma obra de referência, consultando-o quando surgir alguma questão em particular. O índice funciona como uma lista de todas as questões respondidas, de forma que você possa encontrá-las rapidamente. Suponho que o seu exemplar será bastante manuseado durante a adolescência de seus filhos.

Porém, mesmo tendo sido redigido especialmente para os pais, os adolescentes também podem lê-lo. Quando surgir alguma pergunta, os pais e seus adolescentes podem ler juntos a pergunta e a resposta, como uma forma de dar continuidade a sua própria discussão. Vocês podem se surpreender ao perceber quão entretidos estão no material informativo, de grande ajuda e às vezes até mesmo cômico, contido neste livro.

Sei como é difícil conversar com o meu próprio adolescente, e estou grato pela ajuda que recebi através da leitura das reflexões de Chuck Colson sobre as questões realmente importantes da vida. O apóstolo Paulo nos admoesta a estar preparados para responder com mansidão e temor a qualquer pessoa que perguntar sobre a nossa fé — uma admoestação que os pais não devem apenas obedecer, mas guardar no coração.

Conhecemos a responsabilidade que temos, mas precisamos de recursos para desempenhar esta tarefa tão importante (e até mesmo assustadora) que nos foi confiada. Este livro será uma ferramenta de valor inestimável.

Se desejar explorar com maior profundidade as questões relacionadas com a visão mundana que são discutidas neste livro, recomendo a leitura da obra *E Agora, como Viveremos?*, também de autoria de Chuck Colson, editado pela CPAD. Nessa obra de grande profundidade, o autor explora o modo como a visão cristã do mundo combate as muitas visões mundanas oponentes que os nossos adolescentes e nós enfrentamos todos os dias, e como podemos viver o cristianismo e transformar a nossa cultura.

HAROLD FICKETT

UMA PALAVRA DE CHUCK COLSON

Harold Fickett, que colaborou comigo neste livro, partilhou com você porque este livro é importante para ele, como pai de um adolescente. Ele não está sozinho. Muitas pessoas têm pedido este tipo de livro.

Começou há alguns anos, quando várias pessoas de diferentes estilos de vida me desafiaram a fazer alguma coisa — e sempre que isto acontece, eu paro e ouço, porque suspeito que Deus pode estar tentando chamar a minha atenção.

A primeira pessoa foi a mulher responsável pela educação em minha própria igreja. "O que posso dizer a minha filha quando me faz todas estas perguntas difíceis ao voltar da escola?", perguntou. "Você pode, por favor, me dar a informação de que preciso para protegê-la dos ataques a sua fé com que ela se depara todos os dias na escola?"

Um outro desafio veio de uma mulher que se aproximou de mim quando eu estava viajando em um avião. "Sr. Colson", ela disse, "você nos tem dado um material apologético maravilhoso em seu programa de rádio *BreakPoint*. Você poderia reunir tudo por categoria e nos dar algo que pudéssemos usar para ensinar as nossas crianças — a fim de impedir que sejam absorvidas por falsas idéias transmitidas pela cultura?"

Finalmente, em uma viagem à Escócia, alguns amigos cristãos, que dirigem uma excelente empresa editorial lá, me desafiaram a escrever um livro apologético que ajudasse os pais a ensinar a seus filhos as verdades básicas sob uma visão bíblica do mundo.

Foi isto. Parecia claro que eu estava sendo chamado para reunir os meus artigos e os roteiros do *BreakPoint*, e adaptar o material de forma que os pais pudessem usar para ajudar a treinar seus filhos a verem tudo na vida a partir de uma visão bíblica do mundo. Sob este enfoque, o material é igualmente útil a todos nós — avós, líderes de mocidade e conselheiros — que temos de responder as perguntas que os jovens estão fazendo.

Esta informação é algo que os jovens estão ansiosos por ter. Os adolescentes que fazem parte de famílias cristãs hoje estão cientes de que sua fé está sob ataque como nunca antes — até em arenas oficialmente sancionadas como as escolas públicas. Considere a recente controvérsia sobre os padrões educacionais do estado do Kansas. A diretoria estadual de educação simplesmente se colocou contra a nacionalização ofensiva dos padrões científicos, que propôs a evolução naturalista de modo mais dogmático do que nunca. A diretoria decidiu dar às escolas locais a escolha sobre ensinar ou não os aspectos amplos e especulativos da evolução. Todavia, dezenas de editoriais histéricos censuraram o voto como preconceito religioso, e acusaram a diretoria de favorecer o Direito Religioso e de banir a ciência da sala de aula.

Mas o que acontece quando as escolas se tornam evangelistas do naturalismo, a idéia de que viemos de um processo cego e aleatório? Um dos meus colegas na *Prison Fellowship* descobriu. Um dia, seu filho de seis anos chegou em casa vindo de sua aula da primeira série e perguntou: "Mamãe, quem está mentindo — você ou a minha professora?" Sua mãe lhe ensinara que um Deus amoroso o havia criado para um propósito. Mas a professora disse exatamente o contrário — que ele era o produto de um processo evolutivo impessoal e descuidado. Este menino havia concluído sabiamente que ambas as filosofias poderiam não ser verdadeiras, e estava lutando para determinar qual deveria aceitar — na primeira série!

Não é necessário dizer que a visão cristã está sob um ataque ainda mais implacável na cultura popular — na televisão e nos cinemas. Programas de televisão como *Dawson's Creek* ensinam aos adolescentes que eles são pouco mais do que pacotes de hormônios enfurecidos. Alguns filmes trazem consigo uma mensagem ruidosa de que o prazer sexual incontido leva a um aumento da saúde, da criatividade, da inteligência e da paz interior (sem mencionar uma palavra sequer sobre a história real da revolução sexual, que nos trouxe a AIDS, taxas astronômicas de divórcio, tantos casos de gravidez indesejada e todos os outros males sociais que se seguiram).

Os pais não podem se descuidar nem mesmo durante as férias. Se você levar seus filhos ao *Epcot Center* da Disney, na Flórida, ou ao *Smithsonian Institution* em Washington, D.C., eles verão exibições coloridas e atraentes, ensinando a evolução como um fato. Mas não verão sequer uma sugestão sobre as evidências contrárias ou sobre as discussões científicas atuais que têm enfraquecido a teoria darwiniana padrão.

Vá até o museu de arte mais próximo, e perceberá que o ataque ao cristianismo é ainda mais absurdo. Na cultura intelectual das artes, é moda fazer chacota da religião e da moralidade tradicionais. Desde os tempos antigos até o nosso século, o mundo da arte aceitava a opinião cristã de que a arte é uma maneira de representar os ideais transcendentais tais como a verdade, a bondade e a beleza. Mas não é mais assim. Uma recente exposição do *Brooklyn Museum of Art*, em Nova York, destacava um retrato da virgem Maria lambuzada de fezes de elefante e rodeada de fotografias de órgãos sexuais humanos. A arte foi reduzida a uma ferramenta política com o objetivo de chocar a sensibilidade da classe média.

Se vamos treinar as crianças a fim de terem os recursos para entrar na batalha cultural, nós, pais, temos de aprender a aplicar a visão cristã a cada aspecto da nossa vida. Não podemos dar aos nossos filhos o que nós mesmos não temos.

Isto requer sabedoria e discernimento, como eu mesmo descobri recentemente. Um dia minha esposa, Petty, chegou em casa depois de um estudo bíblico contando-me a história de uma das mães presentes. O filho de treze anos desta mulher havia recebido uma nota baixa por dar uma resposta errada em seu teste semanal na aula de ciências sobre a Terra. Em resposta à pergunta "De onde veio a Terra?", Tim escreveu: "Deus a criou". Sua prova voltou com uma grande marca vermelha e vinte pontos a menos em sua nota. A resposta "correta", de acordo com a professora, é que a Terra é um produto do *big bang*.

Outras mulheres presentes no estudo bíblico, aconselharam a mãe de Tim a ir à professora e mostrar-lhe o que a Bíblia diz. "Está bem aqui em Gênesis 1", disseram, "Deus criou os céus e a terra".

Mas tão logo Petty me contou a história, resolvi telefonar para a mãe de Tim. "Não vá até a professora e leia Gênesis", eu a preveni.

Ela ficou surpresa. "Mas a Bíblia diz."

"Como crentes, sabemos que as Escrituras são inspiradas e autênticas", expliquei, "mas a professora de Tim a rejeitará imediatamente. Ela dirá: 'Isto é religião. Eu ensino ciências'. O que você precisa fazer é levar a evidência científica mostrando que a idéia do big bang na verdade apóia o cristianismo".

Na aula de ciências devemos levantar questões como: O que veio antes do *big bang*? O que o causou? Se o *big bang* foi a própria origem do universo, então a sua causa deve ter sido algo fora do universo. A verdade é que a teoria do *big bang* dá um apoio dramático ao ensino bíblico de que o universo teve um princípio — que o espaço, a matéria e o tempo são em si finitos. Longe de desafiar a fé cristã, como a professora de Tim parecia pensar, a teoria na verdade confere evidências espantosas a favor da fé.

Em tais situações precisamos evitar dar a idéia errada de que o cristianismo seja oposto à ciência. Se formos muito apressados para citar a Bíblia, jamais iremos romper com o estereótipo negativo comum que é atribuído aos cristãos — especialmente a caricatura de crentes como dogmatistas irracionais. Não devemos nos opor à ciência com a religião; devemos nos opor à má ciência apresentando uma "ciência" melhor.

Lembrarmo-nos de que não somos a única geração a preocupar-se com os efeitos negativos da cultura na vida de nossos filhos poderia ajudar. Você pode se surpreender ao ficar sabendo que a América do Norte foi colonizada por pessoas que estavam preocupadas com seus filhos. Antes dos peregrinos ingleses virem ao Novo Mundo, já haviam alcançado a liberdade religiosa — imigrando para a Holanda. Porém, mudaram-se mais uma vez, em grande parte porque estavam perturbados com os efeitos que a cultura holandesa estava tendo sobre os seus filhos. Como o peregrino patriarca William Bradford registra em seu diário, os adolescentes foram influenciados pela "grande licenciosidade da juventude naquele país" e foram dissuadidos por maus exemplos. Alguns estavam deixando suas famílias e vivendo libertinamente, "para grande tristeza de seus pais e desrespeito a Deus". Sob tais circunstâncias, imigrar para a América — um país livre das influências corruptas da Europa — parecia ser a melhor solução.

A maioria de nós não tem o luxo de reunir os filhos e encontrar um lugar ermo, ainda intocado, para viver. Foi por isso que escrevi este livro — para ajudá-lo a olhar as perguntas mais difíceis de hoje a partir de uma perspectiva coerentemente cristã.

Use-o como leitura após o jantar com seus filhos em torno da mesa. Trabalhe com algumas perguntas e respostas, ajudando seus filhos a entenderem as questões. Ou então, leia uma pergunta no café da manhã e discuta a resposta enquanto leva seus filhos à escola. Você também pode consultar a lista de perguntas no índice quando o seu adolescente fizer uma pergunta inesperada e difícil.

O Antigo Testamento não ordena apenas que imprimamos as palavras de Deus em nossos corações e almas; também nos é dito: "Ensinai-as a vossos filhos, falando delas assentado em tua casa, e andando pelo caminho, e deitando-te, e levantando-te" (Dt 11.19). A aplicação desse versículo no dia-a-dia inclui as ocasiões em que você está levando seus filhos ao treino de futebol, assistindo a um vídeo ou comendo uma pizza juntos.

É minha oração que este livro dê aos pais cristãos as ferramentas de que precisam para formar uma nova geração de jovens com mentes biblicamente treinadas, capazes de criar uma cultura genuinamente cristã.

CHUCK COLSON
Washington, D.C.

[illegible]

CHUCK COLSON
Washington, DC

PARTE I

A FÉ E AS GRANDES PERGUNTAS

CAPÍTULO 1

Deus Existe? Podemos Conhecê-lo?
Deus e o Pensamento Contemporâneo

1. *A vida realmente tem algum significado? Às vezes tudo parece sem sentido.*

Esta pergunta pode ser tão perturbadora — particularmente quando os nossos próprios filhos a fazem — que respondemos desejando nos livrar dela. "Você não quer dizer isto", dizemos, interrompendo uma importante conversa antes mesmo que ela comece. Sentimos que ela nos levará rapidamente a áreas que estão além da nossa capacidade de compreensão.

Os pais não são os únicos que têm problemas com esta pergunta. Quando o presidente americano Bill Clinton estava diante de uma platéia da MTV, o clima tornou-se sério quando uma jovem de 18 anos chamada Dahlia Schweitzer levantou-se e disse: "Parece-me que o recente suicídio do cantor Kurt Cobain exemplificou o vazio que muitos da nossa geração sentem. Como o senhor propõe... ensinar aos nossos jovens a importância da vida?"

Que grande pergunta. Surpreendentemente, esta jovem levantou uma das questões mais profundas da existência humana.

O presidente Clinton esquivou-se por um momento. O jornal *New York Times* comentou, com ironia, que o presidente não parecia ter uma solução legislativa para o problema. Espero que não! As questões mais profundas da vida não podem ser resolvidas através da aprovação de um projeto de lei, ou destinando-se verbas para que se encontre o significado da vida.

Mas o presidente também não parecia ter qualquer outro tipo de solução. Sua resposta foi expressa na linguagem sensível característica da nossa cultura "terapêutica". "Não precisamos realmente saber o significado da vida", sugeriu. "Temos apenas que aprender a nos sentir bem em relação a nós mesmos."

"O que os jovens realmente precisam", disse o presidente, "é uma auto-estima melhorada — o sentimento de ser a pessoa mais importante do mundo para alguém". Ele disse aos jovens para evitarem o suicídio lembrando que, afinal, "sempre poderá haver um amanhã melhor", uma fala aparentemente parafraseada de Scarlett O'Hara no filme *E o vento levou*.

Entretanto, o significado da vida não pode ser reduzido a sentir-se bem. Afinal, Kurt Cobain usava drogas para se sentir melhor. É óbvio que isso não foi suficiente. Na verdade, tanto a morte de Cobain quanto a pergunta de Dahlia nos dizem é que uma cultura "terapêutica" falha em satisfazer nossas aspirações mais profundas.

Então, quando nossos adolescentes fazem esta pergunta sinceramente, eles merecem a nossa total atenção. Fazer a pergunta pode ser o início de uma conversa esclarecedora a respeito dos valores cristãos. Se os nossos adolescentes têm sido levados à igreja — mesmo se já aceitaram a Cristo como seu Senhor e Salvador pessoal —, essa pergunta ainda pode fazer parte de seu crescimento espiritual.

Ninguém — homem ou mulher, menino ou menina — pode viver muito tempo sem um senso de propósito, sem uma compreensão do significado supremo da vida. Deixe-me contar uma história sobre as extensões (ou alturas) que as pessoas percorrerão a fim de inventar um significado para si mesmas ao sentirem que a vida não tem nenhum.

Larry Walters, de 33 anos, era um motorista de caminhão que vivia em um pequeno bairro nas proximidades da linha férrea em Los Angeles, depois do aeroporto. Todos os sábados à tarde, sentava-se em sua cadeira de jardim no pequeno quintal cercado por correntes, tomando sol e bebendo seis cervejas sozinho.

O tédio — ou a falta de propósito — da situação levou Larry a tentar algo inusitado. Ele teve a idéia (acho que depois de beber uma dúzia de cervejas) de amarrar alguns balões em sua cadeira de campo e flutuar a cerca de trinta metros de altura, voando sobre os quintais de seus vizinhos e acenando para eles. Larry comprou quarenta e cinco balões meteorológicos de ar quente, inflou-os com hélio, e os levou para casa.

Os vizinhos de Larry vieram para ver e ajudá-lo a segurar a cadeira enquanto ele amarrava os quarenta e cinco balões. Ele pegou uma espingarda para que, caso voasse muito alto, pudesse estourar alguns balões e impedir que a cadeira subisse mais de trinta metros. Larry também se equipou com pasta de amendoim, sanduíche de geléia e outras seis cervejas.

Então, quando estava pronto, gritou para seus vizinhos: "Soltem!"

Eles soltaram, mas Larry não subiu trinta metros; subiu aproximadamente três mil e seiscentos metros! Ele não estourou nenhum dos balões, porque estava ocupado demais se agarrando à cadeira! Ele foi localizado primeiramente por um comandante da Continental Airlines que informou que alguém em uma cadeira de jardim havia acabado de passar pelo seu DC 10. (Foi solicitado ao comandante que se apresentasse imediatamente à torre, assim que aterrissasse.) Durante quatro horas (esta é uma história verídica!) o Aeroporto Internacional de Los Angeles desviou os vôos que chegavam porque Larry Walters estava pendurado em sua cadeira de jardim a três mil e seiscentos metros de altitude.

As autoridades enviaram helicópteros e todos os tipos de aeronaves de resgate, e por fim o levaram de volta ao chão. Quando Larry pousou ao anoitecer (lembro-me de ter visto tudo isso pela televisão), foi uma cena extraordinária. Havia sirenes, carros de polícia com suas luzes girando e inúmeras câmeras convergindo para este homem, enquanto ele pousava com sua cadeira de jardim.

Empurraram um microfone em seu rosto e perguntaram:

— Você teve medo?

Seus olhos estavam tão grandes quanto dois pires.

— Sim.

— Você faria isso novamente?

— Não.

— Por que você resolveu fazer isso?

Larry Walters respondeu:

— Não queria apenas ficar sentado ali.

Algo dentro de nós nos diz que na vida deve haver algo mais do que um relaxamento irracional. Algo em nosso interior nos leva a buscar o significado da vida.

Você não pode apenas ficar sentado aí.

Os seres humanos não podem viver sem um senso de propósito. As Escrituras ensinam que fomos feitos para conhecer a Deus e retribuir seu amor — este é o conteúdo e a essência da razão de viver de cada pessoa. Criados à imagem de Deus (Gn 1.26,27), sentimos esta verdade sobre nós mesmos, até quando não podemos explicá-la claramente. Nosso senso interior de propósito é tão forte, que quando as pessoas se desviam de Deus, elas se voltam para outra coisa a fim de fazer com que a vida tenha sentido, ou definir algum propósito para a sua existência (Rm 1.18-22).

Os primeiros capítulos de Gênesis apresentam este propósito e estendem este significado o nosso trabalho e atividades diárias. Devemos cultivar a terra, dar nome aos animais (como fazemos ainda hoje ao descobrirmos novas espécies), exercer o domínio, tornando-nos "cooperadores" de Deus ao cuidarmos dos recursos da Terra. O nosso trabalho, na verdade, expande o grande propósito criativo de Deus. Quando fazemos bem o nosso trabalho, isso reflete a glória de Deus e lhe dá louvor. O propósito de Deus pode nos sustentar no triunfo ou na tragédia, no desespero e na decepção, e em momentos de grande alegria. Nossa vida e nosso trabalho realmente têm um propósito: glorificar a Deus.

Então, quando seu adolescente perguntar "A vida realmente tem algum significado?", responda "Sim! Conhecer a Deus e retribuir o seu amor!" E então continue a conversa, discutindo como isso dá um propósito à vida do jovem no presente.

Tu nos fizeste para ti mesmo, e os nossos corações não encontram a paz até que repousem em ti.
Agostinho, Confissões

Por exemplo: O jovem ou a jovem terminou o namoro? (Tal experiência freqüentemente provoca esta pergunta.) Conversem juntos sobre como os relacionamentos ajudam ou atrapalham nossa comunhão com Deus. Que propósito eles têm no contexto mais amplo da vida? Os relacionamentos — como tudo mais — podem assumir seus significados apropriados quando entendemos a nossa razão suprema de viver. Se não entendermos o propósito supremo da humanidade, o significado de nossos propósitos menores sempre se tornará distorcido e assumirá uma importância exagerada, ou estará muito aquém do que deveria.

2. *Mas como posso conhecer e amar a um Deus que não tenho certeza que exista? Existe mesmo um Deus?*

Esta é uma grande pergunta, e podemos abordá-la de várias maneiras. Primeiro, as Escrituras ensinam que Deus se revelou tão claramente que só os tolos negam a sua existência (Sl 14.1; Rm 1.20). Então, a Bíblia diz que podemos descobrir a realidade de Deus através (1) do testemunho da criação e (2) do testemunho da consciência — porque fomos criados à imagem de Deus.

No livro de Romanos, o apóstolo Paulo escreve: "Porque as suas coisas invisíveis, desde a criação do mundo, tanto o seu eterno poder como a sua divindade, se entendem e claramente se vêem pelas coisas que estão criadas, para que eles [pessoas que estão em rebelião contra Deus] fiquem inescusáveis" (Rm 1.20).

A Bíblia inteira, tanto o Antigo como o Novo Testamento, ecoa o argumento de Paulo, que em termos filosóficos é conhecido como a prova teleológica[1] da existência de Deus. "Os céus manifestam a glória de Deus e o firmamento anuncia a obra das suas mãos", o salmista escreve em Salmos 19.1. E Cristo nos pede para considerar como Deus cuida dos passarinhos e dos lírios do campo (Mt 6.25-29). O que vemos testifica sobre o que não podemos ver.

O apóstolo Paulo também escreve: "Porquanto o que de Deus se pode conhecer neles se manifesta, porque Deus lho manifestou. Porque as suas coisas invisíveis, desde a criação do mundo, tanto o seu eterno poder como a sua divindade, se entendem e claramente se vêem pelas coisas que estão criadas, para que eles fiquem inescusáveis; porquanto, tendo conhecido a Deus, não o glorificaram como Deus, nem lhe deram graças; antes, em seus discursos se desvaneceram, e o seu coração insensato se obscureceu" (Rm 1.19-21).

Paulo faz aqui alusão a uma noção bíblica fundamental que remonta a Gênesis. O ser humano foi feito à imagem de Deus. Em outras palavras, quando Deus nos criou, nos fez para sermos um espelho de si mesmo; somos criaturas que lembram o nosso Criador de maneiras distintas. Temos livre arbítrio; somos criaturas racionais; somos criativos; somos feitos para um trabalho significativo; não devemos viver sozinhos, somos seres sociais — em todos estes aspectos, entre outros, somos feitos à imagem de Deus. Por esta razão, sentimos, mesmo sem ser ensinados, que deve haver um Deus.

Don Richardson, um missionário canadense, passou vários anos estudando as crenças de diferentes culturas. Ele descobriu que todas as tribos antigas da história criam na existência de um ser supremo. Esta crença assumiu várias formas, mas a crença em algum tipo de deus era universal. Don também descobriu muitas histórias de pessoas viajando de locais isolados para ouvir a pregação de algum missionário. Quando ouviam o evangelho de Cristo pela primeira vez, as pessoas diziam: "Este é aquEle [referindo-se a Deus] a quem eu queria conhecer".

Uma das melhores histórias para mostrar que a verdade de Deus é evidente dentro de nós é contada em meu livro *The Body* (O Corpo). É a história de minha amiga Irina Ratushinskaya. Irina, uma dissidente soviética presa por cinco anos em um campo de concentração, criou e memorizou (sem redigir) trezentos poemas, que foram publicados com aclamação mundial em seu lançamento. Seu livro autobiográfico, *Grey Is the Color of Hope* (A Esperança É Cinza), detalha sua vida e prisão.

Os pais e professores de Irina eram ateus. Quando Irina tinha nove anos de idade, após ouvir o ensino ateísta de seus professores e de sua família, ela pensou: "Meus pais me disseram que não existem fantasmas nem duendes. Mas disseram isso apenas uma vez. Eles me dizem toda semana que não existe Deus. Deve haver um Deus". Em outras palavras, por que estariam lutando com tanto empenho contra algo que não existe?

Então ela começou a ler obras dos grandes autores russos Pushkin, Tolstoy e Dostoyevsky, cujos escritos contêm muito do evangelho. Irina se tornou crente por causa desta grande literatura.

Anos mais tarde quando estava na prisão, as autoridades tentaram congelá-la até a morte. Ela foi encurralada contra um muro, tremendo de frio, quando teve uma sensação incrível de que pessoas por todo o mundo estavam orando por ela. Era verdade. Um grupo que orava por cristãos presos fez uma grande corrente de oração por Irina — e eu participei —, e de alguma forma ela o soube.

Seja na pior das circunstâncias ou mesmo em culturas que não foram evangelizadas, as pessoas sabem que há um Deus. Minhas próprias lembranças me ensinam isto. Um dia, muito antes da minha conversão (quando freqüentava a igreja apenas ocasionalmente e isto não significava nada para mim), fui velejar com meu filho de seis anos. Lembro-me de dizer: "Deus, obrigado por me dar este filho". Eu não sabia quem era Deus, mas algo dentro de mim declarava que eu deveria ser grato a Ele por meu filho.

Pouco antes de Bertrand Russell — um ateu reconhecido e autor de *Why I Am not a Christian* (Por que não Sou Cristão) — morrer, ele enviou uma carta a um amigo. Bertrand escreveu em sua autobiografia: "Há alguma coisa em meu ser que insiste em dizer que pertenço a Deus; contudo, sinto ao mesmo tempo uma recusa a entrar em qualquer tipo de comunhão terrena — ao menos é assim que eu me expressaria se pensasse que há um Deus. Isso é estranho, não? Eu me preocupo grandemente com este mundo e com muitas coisas e pessoas nele, e no entanto... o que é tudo isso? Deve haver algo mais importante, e isto é o que eu sinto, embora não creia que exista".

Deus existe e está presente. Sabemos disso ainda que estejamos em rebelião.

A verdade inquestionável de que a existência de Deus é evidente a todos se revela de forma especial através da consciência — uma das maneiras mais profundas na qual a imagem de Deus em nós testifica o nosso Criador. O apóstolo Paulo refere-se a isso como as obras da lei de Deus escritas em nossos corações, que justificam ou condenam o nosso comportamento (Rm 2.14,15).

Cinco ou seis anos atrás, um professor perguntou a quinze alunos de sua classe: "Se uma nota de mil dólares está caída no chão e uma pessoa se aproxima, a apanha e a coloca no bolso, esta pessoa fez a coisa certa?" Os alunos responderam que sim. O professor perguntou em seguida: "Digamos que você esteja com fome, tenha filhos famintos, encontre estes mil dólares e coloque no bolso. Você fez a coisa certa?" Os alunos novamente responderam que sim. "E se você soubesse que um traficante de drogas a tivesse deixado cair, tendo-a obtido em uma transação ilegal de drogas. Ainda seria correto?" "Mesmo assim ainda seria correto", responderam os alunos.

Como sabemos disso?

C. S. Lewis, um estudioso de Oxford, foi um dos maiores intelectuais do século XX. Como um ateu que se propôs a provar que não havia Deus, Lewis, ao invés disso, tornou-se um cristão profundamente professo. Em seu livro *Mere Christianity* (Cristianismo Puro e Simples), ele diz que um senso de certo e errado, um senso de "dever", é universal. De onde vem este senso? Lewis argumenta que isso não vem da biologia, da genética ou da psicologia. Vem de Deus — a imagem de Deus da qual somos participantes.

Lewis usa o termo *Tao*, uma palavra tirada das religiões orientais, para resumir este senso humano, inerente e universal, de certo e errado. Ele mostra que o fenômeno universal da consciência prova que deve haver um Legislador, um Deus que nos dá este inexplicável entendimento.

Então, quando seus filhos levantarem a questão se Deus existe ou não, ajude-os a enxergar que as evidências históricas e as conclusões dos grandes pensadores coincidem com o que a criação e a consciência declaram: Sim, Deus existe, sem dúvida alguma.

3. *Mas, e se as pessoas criaram Deus a partir de sua própria necessidade de se sentirem cuidadas?*

Às vezes os nossos filhos nos dizem: "Não converse comigo a respeito da Bíblia. É claro que ela diz que há um Deus. Mas, e se Ele for apenas uma criação baseada nas próprias necessidades das pessoas?" Se seus filhos escolheram esta objeção à existência de Deus, foram influenciados por uma forte corrente intelectual que tem se estabelecido nos últimos duzentos anos.

O influente filósofo alemão Ludwig Feuerbach acreditava que Deus foi feito à imagem do homem, que Ele foi uma criação da mente humana. Assim também acreditava Sigmund Freud, que escreveu: "Um dogma teológico pode ser refutado [para uma pessoa] mil vezes, a não ser, porém, que ela precise dele, aceitando-o sempre como sendo verdadeiro".

A religião é, então, apenas um apoio psicológico? Ela é meramente uma muleta para os fracos?

Considere a natureza e o caráter de Deus revelados na Bíblia. Se estivéssemos inventando o nosso próprio deus, faria algum sentido criarmos um deus com exigências tão severas de justiça, retidão, serviço e dedicação como encontramos nos textos bíblicos? Teriam os membros do piedoso estabelecimento religioso do Novo Testamento criado um Deus que os condenaria por sua própria hipocrisia? Teria ainda um discípulo zeloso inventado um Messias que convocasse os seus seguidores a vender tudo, dar os seus pertences aos pobres e segui-lo até a morte? Os céticos que crêem que os homens que escreveram a Bíblia fabricaram seu Deus a partir de uma necessidade psicológica não leram as Escrituras cuidadosamente. Este ceticismo pode ter penetrado no âmago da religião da Nova Era, por não entenderem o ensino da Bíblia.

Se fôssemos criar um deus, inventaríamos o deus da superstição — o deus que prevê o nosso futuro e pode ser persuadido (ou subornado) através de orações, feitiçarias ou sessões espíritas a cumprir nossas próprias ordens; um deus que nunca condena, que apenas perdoa nossas tendências e desejos mais egoístas. Inventaríamos o deus da Nova Era.

Mas o Deus da tradição judaico-cristã é um Deus que exige tudo de nós — em sua maior parte, que confrontemos a realidade, não que fujamos dela.

4. *Por que o universo existe?*

Em última análise esta pergunta também trata da existência de Deus. O popular teólogo e apologista Francis Schaeffer costumava dizer que esta é a primeira pergunta: Por que existe alguma coisa ao invés de nada? Por que alguma coisa existe?

Durante séculos as pessoas têm tentado responder a esta pergunta. Espantosamente, os pensadores mais profundos em toda a história humana foram capazes de formular apenas quatro respostas possíveis. Por mais difícil que esta pergunta seja, existe apenas um número limitado de respostas possíveis:

O universo é uma ilusão. Isto é, não estamos aqui. O que vemos lá fora é simplesmente um quadro gigante que alguém pintou em uma tela. Não está lá. É apenas uma idéia na mente de alguém. Da mesma forma, você e eu podemos ser apenas uma idéia na mente de outra pessoa.

O universo é autocriado. Isto é, o universo gerou a si mesmo. Primeiro não havia nada, e então o nada se tornou tudo.

O universo é pré-existente, eterno. Esta é a opinião predominante hoje em todos os lugares. Carl Sagan, em sua série de vídeos e no livro *Cosmos*, tornou-se famoso ensinando que o cosmos "é tudo o que existe ou existirá". É isto! O cosmos.

(Conseqüentemente, é por isso que tantas pessoas estão se voltando para a adoração à Terra. Se o universo sempre existiu, então ele se estabelece por direito na posição de ser o nosso deus, baseado em sua eternidade.)

Uma força pré-existente e eterna fora do universo ou do cosmos — ou seja, Deus — trouxe o cosmos à existência.

A primeira resposta, de que o universo é uma ilusão, pode ser uma conjectura filosófica interessante, mas ninguém além dos filósofos — que se permitem renunciar seus próprios sentidos de vida no tempo e espaço por causa do argumento — considerou seriamente esta hipótese. Como esboço de uma existência significativa, a idéia da criação como uma ilusão é eminentemente impraticável.

Na era do Iluminismo, dois séculos atrás na França, um grupo de pensadores chamado "os Enciclopedistas" — tendo Diderot e D'Alembert como os principais dentre eles — formulou a segunda resposta, a noção de que o universo simplesmente criou-se sozinho. Existem dois problemas com esta idéia.

A lei da casualidade argumenta que algo existente pressupõe uma força que o traga à existência. Se nos deparamos com uma casa no meio de um campo, temos a certeza de que em algum ponto no tempo, uma ou mais pessoas a construíram.

Um outro problema com esta idéia, uma objeção ainda mais importante, origina-se na "lei da não-contradição". Esta lei afirma que uma laranja não pode ser uma laranja e uma viga de aço ao mesmo tempo. Ela também não pode ser ela mesma e a sua própria causa — tanto a casa, por exemplo, como o construtor da casa. Para os Enciclopedistas estarem certos, o universo teria de ser não só ele mesmo, mas também a força que o trouxe à existência — duas coisas diferentes ao mesmo tempo. Então, por fim, a maior parte das pessoas descartou esta teoria.

Alguns ainda argumentam que no meio do nada — antes do universo vir a existir — o acaso criou algo que se tornou todas as coisas. Então o acaso — uma propriedade que ainda pertence ao universo, de acordo com estes pensadores — produziu o que se tornou parte dele. Mas como? Esta teoria exige que creditemos a um conceito puramente matemático as capacidades divinas. Isso não resolve nada (e requer mais fé do que a visão bíblica).

A maioria das pessoas hoje tem rejeitado esta noção e crê na terceira resposta — que o cosmos, tudo o que você consegue ver, é tudo o que há e sempre haverá: o cosmos é eterno. Porém, esta crença cria um problema maior. Eu a chamo de saída intelectual. Por não estarem dispostas a reconhecer a necessidade de uma primeira causa, muitas pessoas insistem que o que vemos é tudo o que podemos saber. Mas o próprio caráter do universo depõe contra isso.

Dizer que o universo é eterno e pré-existente seria possível se ao menos um de seus elementos fosse eterno. Todavia, não há nada no universo que não dependa de alguma outra coisa (talvez haja alguma exceção na área da física quântica, na qual ainda estamos investigando o movimento das moléculas).

Durante sua vida, Carl Sagan costumava responder a esta objeção dizendo que o todo pode ser maior que a soma das partes.

Sim, naturalmente, o todo pode ser maior que a soma das partes, mas ele não pode ser de um caráter diferente. Esta é uma falha intelectual fundamental no argumento de Sagan — o argumento dominante dos incrédulos hoje. Não há nada no universo que seja pré-existente e eterno. O universo declara a sua dependência de alguma outra coisa ou de alguém.

A resposta mais razoável vem a ser a quarta: o universo existe porque um ser pré-existente e eterno — Deus — o criou. As pessoas não inventaram a Deus; Ele criou o mundo e a nós também.

Então estes argumentos provam a existência de Deus? Não da maneira que as fórmulas matemáticas podem provar que 2 + 2 = 4. Mas eles realmente mostram que a existência de Deus é a pressuposição mais razoável, especialmente quando comparada às outras alternativas.

A racionalidade da existência de Deus não pode ser igualada a conhecer a Deus. Contudo, os melhores argumentos neste assunto podem nos motivar a passar a nossa vida buscando "glorificar a Deus e desfrutar a presença dEle para sempre".

Seus filhos podem ser encorajados, em sua busca, a saber que a crença em Deus não é irracional nem antiquada. E isto pode ajudar a mantê-los ativos na busca por conhecer a Deus.

5. *Então quem criou Deus?*

Você já ouviu um adolescente contestar dessa maneira? Vale a pena comentar este tipo de questão, porque ela apresenta um outro argumento que trata da existência de Deus e daquilo que o torna quem Ele é.

Um sacerdote do século XIX, chamado Anselm de Canterbury, disse: "Deus é aquele ser, o maior, tão grande que não pode ser concebido". Isso é chamado de argumento ontológico para a existência de Deus — isto é, um argumento sobre os tipos de coisas que existem. Se não podemos imaginar ninguém ou nada maior do que Deus, então nada e ninguém poderia tê-lo criado, porque este criador teria de ser algo ainda maior. A idéia de Deus é o fim lógico das nossas especulações.

O filósofo do início do século XVII, Descartes, que foi uma figura influente no começo da Idade da Razão, expandiu este argumento dizendo que a própria idéia de Deus só poderia vir dEle mesmo, porque não poderíamos imaginar um Deus, se Ele não tivesse nos dado a capacidade de fazer isto.

Talvez a melhor maneira de entender este argumento seja olhar para o seu lado oposto. Jonathan Edwards, o primeiro presidente de Princeton e um dos maiores intelectuais do mundo ocidental, preferia o lado oposto do argumento; ele disse que não se pode conceber o nada. "Nada é aquilo com que as pedras que dormem sonham", escreveu. Em outras palavras, o fato inevitável da existência nos força a pensar sobre o tema: "De onde vieram todas as coisas". Isto, por sua vez, nos leva a Deus, como bem podemos ver.

A minha formulação é simplesmente esta: Nós, humanos, não conseguimos conceber a não-existência. A coisa mais elevada que podemos conceber é Deus. Podemos não conhecê-lo completamente, mas sabemos que Ele está presente. Por existirmos, percebemos (porque a lei da causa e efeito é universal) que não poderíamos existir a menos que algo ou alguém tivesse nos trazido à existência.

6. *Por que Deus não se mostra mais claramente?*

Durante o momento de perguntas e respostas, depois de ter feito um discurso na universidade, um professor de filosofia levantou-se e me disse: "Se o seu Deus existe, eu, como um ateu, ficaria convencido se você pudesse lhe pedir que fizesse um milagre neste momento".

Em resposta, eu disse duas coisas. Primeiro mencionei a tentação de Jesus no deserto. "Se tu és o Filho de Deus", Satanás disse, "lança-te [do alto do templo, e então os anjos te salvarão]". Jesus respondeu: "Não tentarás o Senhor, teu Deus" (Mt 4.5-7). Deus não precisa fazer milagres para validar seus testemunhos ou provar a si mesmo a qualquer pessoa. Ele não está sob o nosso comando; se estivesse, não seria Deus. Ele nunca foi e jamais será alguém que tem de saltar e fazer demonstrações sempre que ordenarmos.

Mas continuei a dizer que se o homem realmente quisesse ver um milagre, tudo o que tinha a fazer era olhar para mim. Se alguém soubesse o que havia estado em meu coração antes da minha conversão, teria de dizer: "Aqui está um milagre". E milhões de crentes de todas as idades e maneiras de viver poderiam contar uma história semelhante de transformação.

Pessoas de todas as idades fazem a mesma pergunta: Por que Deus não prova sua existência através de poderosas demonstrações? Nos dias de Jesus, os judeus esperavam que o Messias aparecesse como um rei, rodeado de soldados em armaduras cintilantes e montados em cavalos.

No entanto, a cada época de Natal Deus nos lembra qual é a resposta para essa pergunta: o seu poder transformador aparece de várias formas, que confundem as nossas expectativas — assim como aconteceu com seu Filho Jesus Cristo, que não veio como um rei coroado, mas como um frágil menino em um estábulo malcheiroso, em meio a pessoas comuns. Ele veio silenciosamente — nascido no lugar mais inapropriado e colocado em uma manjedoura — não com trombetas e bandeiras, mas com toda a simplicidade, para se esvaziar completamente de sua glória como o próprio Filho de Deus. Mais tarde em sua vida, Jesus realizaria muitos milagres como sinais de sua missão, mas o maior milagre de todos foi a sua disposição de desistir das glórias que tinha no céu e identificar-se completamente com as suas criaturas, alienadas pelo pecado. C. S. Lewis apresenta a questão desta forma: "O maior milagre proclamado pelos cristãos é a encarnação. Eles dizem que Deus se tornou homem. Cada milagre ressalta isso, ou exibe isso, ou resulta disso".

Quando Deus se tornou humano, encontrou o meio perfeito de convidar a humanidade a voltar a relacionar-se com Ele. Quando Deus aparecer a todos na consumação dos séculos, as pessoas não terão escolha, a não ser crer. Até lá, Deus escolheu respeitar a liberdade humana oferecendo um convite que não é oculto nem está baseado em coação — a força poderosa de uma revelação que nos deixaria a todos curvados em submissão. Não, Ele escolhe usar as "coisas loucas" do mundo — o obscuro, o pobre, o marginalizado — para confundir os sábios (1 Co 1.27). Deus não se mostra mais claramente por causa do seu amor. Por querer que escolhamos amá-lo, Ele preserva a nossa capacidade para a fé ou para a falta desta, oferecendo uma revelação suficiente e completa em Cristo, em vez de nos dar uma demonstração coerciva de seu poder.

7. *Se o que você diz é verdade, por que mais pessoas não crêem?*

A nossa sociedade democrática pode, às vezes, levar as crianças a acreditar que a verdade é o resultado da opinião popular; se algo não é popular, não pode ser verdadeiro. Ao responder esta pergunta, precisamos começar mostrando que a verdade é, muitas vezes, oposta à opinião popular. Por exemplo, o mundo parece ser plano, mas na verdade é redondo. Então o que parece certo para muitas pessoas — neste caso, para o mundo todo antes de Copérnico — não é verdade.

O ateísmo, ou a recusa em crer em Deus, é quase sempre baseado em objeções morais à existência divina. Durante os últimos vinte anos encontrei algumas pessoas com objeções intelectuais, mas não muitas. A maioria das objeções é moral.

Disseram os néscios no seu coração: Não há Deus [...] O Senhor olhou desde os céus para os filhos dos homens, para ver se havia algum que tivesse entendimento e buscasse a Deus.
Salmos 14.1,2

Mortimer Adler — filósofo, co-fundador da série *Great Books*, e sem dúvida uma das grandes mentes do nosso tempo — foi pressionado a tornar-se cristão já bem tarde na vida. Ele nasceu em um lar judeu e admitiu estar "no limiar de se tornar cristão por várias vezes". Por que ele não se converteu? Adler escreveu: "Se alguém se converte por um ato claro e consciente da vontade, é melhor estar preparado para viver uma vida verdadeiramente cristã. Então você se pergunta: 'Estou preparado para abandonar todos os meus vícios e fraquezas da carne?'" Adler levou muito tempo para sentir que estava preparado. Ele conseguiu atravessar o grande abismo que existia entre sua mente e seu coração. Ele passou por uma incrível agonia porque intelectualmente sabia que existia um Deus, mas moralmente não estava disposto a assumir as exigências do cristianismo. Seis anos depois, escreveu, de modo hesitante, que entregou sua vida a Cristo e é hoje um cristão professo. Adler percebeu que a verdade de Deus é mais importante do que as nossas objeções morais. Conheci centenas, talvez milhares de pessoas como Mortimer Adler.

Uma vez debati com Madalyn Murray O'Hair, uma famosa ateísta. Foi uma experiência fascinante porque ela foi muito rude, mesmo quando o debate havia terminado. Tentei falar de forma simpática. Não consegui que ela respondesse da mesma forma. "Diga-me", eu disse, "por que você está lutando tão fortemente contra algo que, como você entende, não existe? Por que você está tão nervosa com isto? Eu não entendo".

Na verdade eu entendo, porque tal animosidade representa uma rebelião moral contra Deus. E esta rebelião é uma luta até a morte — a morte da própria teimosia.

Os jovens hoje estão sob grande pressão — dos colegas e da cultura popular — para se livrarem de toda restrição moral e fazerem o que quiserem. Para muitos adolescentes, aceitar a existência de Deus e batalhar contra as pressões diárias que chegam até eles é uma grande luta. A rebelião é muito mais fácil. Mas temos que subjugar esta rebelião, uma tarefa que pode levar uma vida inteira e que só pode ser alcançada pela graça de Deus.

RESUMO DOS PONTOS PRINCIPAIS

√ Fomos criados para conhecer a Deus, retribuir seu amor e desfrutar a comunhão com Ele. Este é o significado da vida.

√ Fomos criados à imagem de Deus.

√ Quando as pessoas se desviam de Deus, sentem-se atraídas a se voltar para alguma outra coisa, a fim de definirem um propósito para a sua existência.

√ A Bíblia diz que podemos descobrir a realidade de Deus através (1) do testemunho da criação e (2) do testemunho da consciência.

√ O Deus da Bíblia sempre exige muito para ser considerado uma muleta. Ele nos chama à perfeição e ao sacrifício pessoal.

√ O deus da superstição — que por acaso também é o deus do sistema de crenças da Nova Era — é o tipo de deus que inventaríamos: um deus que nunca condena, que apenas tolera nossas inclinações e desejos mais egoístas.

√ O universo existe porque um ser pré-existente e eterno, Deus, o criou. Esta é a explicação mais razoável, como também o testemunho do cristianismo.

√ As maneiras utilizadas por Deus para se revelar a nós não comprometem a liberdade humana. As demonstrações de seu poder transformador freqüentemente confundem as nossas expectativas, como aconteceu na encarnação de seu Filho, Jesus Cristo.

√ O ateísmo é quase sempre baseado em objeções morais à existência de Deus.

[1] Argumento, conhecimento ou explicação que relaciona um fato com sua causa final (N. do E.).

CAPÍTULO 2

Se Deus É Bom, por que Existe o Mal? O Problema do Mal, do Pecado e do Amor de Deus pela Humanidade

8. *Deus criou o mal?*

A barreira intelectual mais difícil para a fé cristã não é, como muitos acreditam, se Deus criou o mundo. O maior cientista deste século, Albert Einstein — a personalidade do século da revista *Time* —, viu claramente que o universo é planejado e ordenado; portanto, este deve ser o resultado do plano de uma mente, e não de meras colisões aleatórias da matéria no espaço. Como Einstein enunciou, a ordem do universo "revela uma inteligência de tamanha superioridade" que encobre toda a inteligência humana.

O que obstruía Einstein era algo muito mais difícil: a questão do sofrimento e do mal. Sabendo que houve um "planejador", ele agonizava sobre o caráter deste planejador: Como Deus poderia ser bom e, contudo, permitir as coisas terríveis que acontecem à humanidade?

O problema do mal pode ser declarado de forma simples: se Deus é completamente bom e Todo-poderoso, Ele não permitiria que o mal e o sofrimento existissem em sua criação. Mas o mal existe. Portanto, muitas pessoas concluem que, ou Deus não é completamente bom (por isso Ele tolera o mal), ou Ele não é Todo-poderoso (por não poder se livrar do mal, embora queira). A Bíblia dá uma resposta clara para esta aparente contradição.

O grande romancista russo Fyodor Dostoyevsky trata do sofrimento dos inocentes em toda a sua pungência em seu romance *Os Irmãos Karamazov*. Em um desafio a seu irmão cristão, Ivan Karamazov, ele conta a história de uma jovem atormentada, e até torturada, por seus pais. Ivan então pergunta: "Você entende... por que esta infâmia deve existir e é permitida?" Ivan insiste que ele não consegue aceitar um Deus que permite o sofrimento sem sentido de uma criança. "Imagine que você está criando uma fábrica de 'destinos humanos' com o objetivo de fazer os homens felizes no final, dando-lhes a paz e o descanso, mas que seria essencial e inevitável torturar até à morte alguém que seja apenas uma pequenina criatura — aquele bebê batendo em seu peito com o punho, por exemplo — e alicerçar este edifício em suas lágrimas. Você adoraria o arquiteto nestas condições?"

A resposta deve ser não. Nenhuma pessoa sensível poderia dizer o contrário. Mas o que está errado aqui é a premissa: a pressuposição de que Deus planejaria o destino humano, e que viesse a requerer o mal como uma etapa temporária a fim de fazer as pessoas felizes no final. O Deus das Escrituras não precisa construir um inferno temporário para poder produzir o céu. Ele criou um mundo que é "muito bom" desde o início (Gn 1.31). Deus não criou o mal. A bondade absoluta de Deus é um princípio essencial do pensamento cristão.

9. *Se Deus não criou o mal, de onde ele veio?*

Quando tudo dá errado, até os ateus mais ferrenhos mostram seus punhos ao Deus que dizem não existir. Instintivamente culpamos a Deus por todas as nossas mazelas. Somente a resposta bíblica nos diz como Deus pode ser Deus — como Ele pode ser a realidade suprema e o Criador de todas as coisas — e contudo não ser o responsável pelo mal.

A Bíblia ensina que Deus é bom e que criou um universo bom. Também ensina que o universo hoje está arruinado pelo pecado, morte e sofrimento. Uma vez que Deus não é a fonte do pecado e do sofrimento, há apenas uma possibilidade: há uma outra fonte de pecado, um outro ser que pode fazer escolhas morais e originar no mundo de Deus algo que não estava lá antes. Este ser não precisa ser um segundo deus, um segundo criador, pois o mal não é supremo da mesma maneira que o bem o é.

As Escrituras ensinam que o mal entrou na criação de Deus pelas livres escolhas morais feitas pelos primeiros seres humanos, em resposta à tentação de Satanás, um anjo de luz caído. Como uma praga, este mal se espalha por toda a história em virtude das livres escolhas morais que os homens continuam a fazer.

Em sua bondade, Deus permite que homens finitos escolham livremente se irão submeter-se a sua autoridade boa e sábia. A bondade de Deus não é afetada pela rebelião da humanidade, por sua escolha de fazer o mal. O mal existe por causa da recusa da humanidade em aceitar o bem que Deus oferece. Deus não é responsável pelo mal. Nós somos.

Este ponto deve ser marcado em nosso entendimento porque na era de utopia em que vivemos, muitas pessoas — até mesmo os cristãos — estão propensas a negar a realidade da Queda. Conversei recentemente com um jovem novo convertido que me perguntou: "Adão e Eva não são apenas símbolos de toda a humanidade, e a Queda um símbolo do pecado que aprisiona todos nós?" A resposta é que a Queda não pode ser reduzida a um símbolo sem perder a característica cristã. O entendimento bíblico insiste em afirmar que a Queda é um fato que realmente aconteceu em um ponto específico no tempo. Deus fez o mundo bom, e em algum momento, através de um ato de vontade, os seres humanos rejeitaram o caminho de Deus e introduziram o mal na criação — na verdade, uma rejeição do caminho perfeito do Criador.

Deus criou o fato da liberdade; nós realizamos os atos de liberdade. Ele tornou o mal possível; o homem tornou o mal real.

Norman Geisler e Ron Rhodes, When Skeptics Ask
(Quando os Céticos Perguntam)

Se a Queda é meramente um símbolo para o pecado persistente, se o pecado sempre fez parte da natureza humana e é intrínseco a ela, então mais uma vez estamos dizendo que Deus criou o mal. O poeta Archibald MacLeish trata do problema do mal em seu drama poético *J. B.*, que reconta a história de Jó em um cenário moderno. J. B. não consegue aceitar um Deus que faz as pessoas imperfeitas e então as pune por suas imperfeições. E ele está certo. A resposta bíblica para o mal não é que Deus criou os seres humanos intrinsecamente defeituosos ou pecaminosos, ou incapazes de escolher o bem, mas, antes, que o mal entrou e arruinou aquela criação tão boa.

É importante enfatizar a realidade histórica de Adão e Eva. Algumas partes de Gênesis podem ser poéticas em seu estilo literário, porém o ponto filosófico essencial na história é que o universo que Deus criou era bom, e que uma mudança traumática, desastrosa, cataclísmica e destruidora ocorreu quando o pecado entrou, como resultado da escolha da humanidade de se rebelar contra a autoridade de Deus. Nossa escolha lançou a criação para fora dos eixos; distorceu e desfigurou o mundo, trazendo a morte e a destruição.

É por isso que o mal é tão odioso, tão repulsivo. É por isso que choramos à noite contra ele. Nossa resposta é inteiramente apropriada. Sentimos que algo está errado, e estamos certos — algo está errado.

Deus pode nos confortar em nossa tristeza e dor porque Ele está do nosso lado. Ele não criou esta distorção. Na luta contra o mal, Ele é o nosso campeão — e não um Deus cruel infligindo o mal sobre nós.

10. *Por que Deus permite que lhe desobedeçamos?*

Deus poderia ter nos criado incapazes de pecar. Ele poderia ter se assegurado de que seríamos incapazes de fazer escolhas morais erradas. Mas então, naturalmente, seríamos menos que humanos. Seríamos robôs, como marionetes no palco, com Deus puxando cada fio. O livre-arbítrio é a base da nossa dignidade humana. Por sermos criados à imagem de Deus, somos capazes de escolher obedecer ou não obedecer. Deus nos fez agentes morais livres e responsáveis.

A possibilidade da introdução do mal é a condição de sermos livres e responsáveis, e este é tanto o dom quanto o preço da dignidade humana.

11. *Então por que um Deus bom permite que as conseqüências do mal continuem? Por que Ele simplesmente não destrói o mal tão logo este apareça em cena?*

A única resposta possível é que Deus não pode destruí-lo sem violar a sua própria natureza. O caráter de Deus é o padrão de bondade e justiça, e uma vez que o mal e a injustiça existem, ele deve corrigir tudo novamente. Deus não pode ignorar o pecado, fazer vista grossa, simplesmente destruir o mundo e começar tudo de novo. Uma vez que as balanças da justiça foram inclinadas, elas precisam ser equilibradas. Uma vez que o tecido moral do universo foi rasgado, ele deve ser reparado. De outra forma, não viveríamos em um universo moral. Existe um padrão de justiça objetivo, eterno e cósmico, e suas exigências devem ser atendidas. Os malfeitores devem ser punidos; caso contrário, o seu livre-arbítrio moral teria sido uma farsa. Para que as pessoas sejam totalmente humanas, suas ações devem ter conseqüências e produzir um significado supremo no contexto eterno.

Neste caso, seu filho pode responder: "A raça humana deveria ter terminado com Adão e Eva. Deus os puniria por causa da rebelião, lançando-os no lago de fogo, e este teria sido o fim da história humana. Ah, mas Deus é tão misericordioso quanto justo, e Ele formulou uma alternativa extraordinária, espantosa e inimaginável: Ele mesmo se propôs a suportar o castigo por suas criaturas. O próprio Deus entraria no mundo da humanidade e assumiria o sofrimento, a morte e o julgamento em que o seu povo havia incorrido. E foi exatamente o que Ele fez: o Criador entrou na criação e se tornou homem a fim de suportar o castigo pelo pecado humano.

Isso não era o que alguém esperaria. Deus enfrentou a torpeza e a falência do mundo tornando-se parte dele. Deus, em Cristo, lutou fisicamente com a violência e a morte, submetendo-se à execução em uma cruz romana. Ele atendeu as exigências de sua própria justiça, submetendo-se ao julgamento como um criminoso e pecador, embora jamais houvesse pecado. Então a resposta cristã ao sofrimento não é uma idéia, um argumento, uma filosofia. É um fato que realmente aconteceu. Da mesma forma que o mal entrou na história humana por um ato explícito da parte dos seres humanos, a salvação foi realizada através de um ato da parte de Deus.

A resposta que a Bíblia oferece não é um princípio passivo, mas um Ser que age na história. Não um conceito lógico abstrato, mas uma Pessoa divina. Não um novo modo de pensar, mas uma nova vida. Jesus derrotou Satanás em seu próprio jogo. Ele tomou o pior que Satanás poderia impor e transformou-o no meio de salvação. "[...] pelas suas pisaduras, fomos sarados", escreve Isaías (Is 53.5).

O mal foi derrotado. Em algum momento no futuro, haverá um mundo livre do pecado e do sofrimento. A batalha decisiva já foi vencida; uma vantagem foi assegurada; a vitória está garantida. No fim dos tempos, haverá um novo céu e uma nova terra onde "Deus limpará de seus olhos toda lágrima" (Ap 21.4).

Isso dá um novo sentido ao sofrimento que suportamos hoje. Ele passa a significar a nossa participação no estabelecimento da vitória de Cristo — quando estaremos totalmente livres do pecado e viveremos em uma sociedade justa.

Deus usa os espinhos e os cardos que infestaram o solo desde a Queda para nos ensinar, disciplinar e transformar, tornando-nos preparados para o céu e ajudando-nos a apreciar a magnitude de sua bondade pelo caminho. O sofrimento é transformado em um meio de santificação. Quando buscamos a Deus em nossa tristeza, Ele engrandece a nossa alma para que nos levantemos acima da dor, cresçamos espiritualmente, ganhemos sabedoria e vençamos o mal com o bem.

Um antigo documento descrevendo os mártires da igreja do primeiro século diz que, enquanto eles eram açoitados, "atingiram uma força da alma tão elevada que nenhum deles emitiu um lamento ou gemido". É assim que Deus usa o sofrimento na vida de todos aqueles que o buscam: como um meio de dar-lhes, na alma, "uma força muito grande".

12. *Por que um Deus bom e amoroso usaria o sofrimento para nos transformar e nos fazer crescer espiritualmente?*

Um Deus amoroso usa o que for necessário — e, pelo fato de sermos falhos, a dor está presente com freqüência. Se você quebrar um osso e o médico tiver de colocá-lo no lugar, isso irá doer. Metaforicamente, estamos repletos de ossos quebrados, e quando Deus coloca no lugar os ossos quebrados do nosso caráter, isso dói.

Às vezes, trazemos o sofrimento para nós mesmos. Deus permite que experimentemos as conseqüências naturais do nosso próprio pecado para que possamos ver o quanto isso é realmente ruim e para nos atrair ao arrependimento. Nestes momentos, os sofrimentos operam como a dor em nosso dedo ao tocarmos um forno quente: "Ai! Eu não deveria ter feito isso", dizemos. A dor pode ter um efeito instrutivo — o que o escritor aos Hebreus tinha em mente ao descrevê-la como "disciplina" (Hb 12.8).

Outras vezes, recebemos o sofrimento como a correção vinda de um Pai amoroso. No entanto, nem todo sofrimento é o resultado direto do pecado, como Jesus deixa claro na história do homem cego (ver Jo 9). Os discípulos perguntaram: "Quem pecou, este ou seus pais, para que nascesse cego?" E Jesus respondeu: "Nem ele pecou, nem seus pais; mas foi assim para que se manifestem nele as obras de Deus" (Jo 9.3). Jesus então prossegue fazendo a obra de Deus, curando o homem de sua cegueira. Em outras palavras, algumas das nossas incapacidades não são nossa culpa, mas Deus escolhe operar através delas em benefício de seus propósitos quando o buscamos pedindo cura e restauração.

O famoso ateu Friedrich Nietzsche certa vez pronunciou uma verdade profundamente bíblica: "Homens e mulheres podem suportar qualquer quantidade de sofrimento, contanto que conheçam a razão de sua existência". Grande parte do tormento pode ser aliviado se pudermos enxergá-lo sob um contexto mais amplo, de significado e propósito. Somente a Bíblia nos traz este contexto mais amplo — uma perspectiva eterna. O mal é real, mas não faz parte da criação original — não é inerente, na verdade — e um dia será lançado fora. O seu domínio sobre a realidade é apenas temporário. Enquanto isso, a maravilha do caráter de Deus é que Ele pode até tomar o pior dos males — a crucificação de seu Filho sem pecado — e transformá-lo em propósitos bons: derrotar Satanás; nos salvar, fortalecer e purificar; e trazer glória e honra a si mesmo. Os propósitos de Deus são o contexto que dão significado e importância ao sofrimento.

Agostinho "encapsulou" o mistério do sofrimento em sua famosa doutrina conhecida como "Imperfeição Humana Abençoada": "Deus julgou que seria melhor tirar o bem a partir do mal, do que não permitir que o mal existisse". Para Deus, suportar a dor envolvida na redenção dos pecadores era melhor do que não criar os seres humanos. Por quê? A resposta pode ser respondida com uma única palavra: amor. Deus nos amou tanto que, mesmo prevendo o pecado e o sofrimento que obscureceria a criação, Ele ainda escolheu nos criar com livre-arbítrio e dignidade humana. Este é o mistério mais profundo de todos.

E a maior notícia que a humanidade já recebeu é que há uma saída para este dilema. Sim, a queda do homem distorceu a criação. Mas não precisamos ser atormentados pela culpa e pelo peso do pecado. Há uma forma de redenção, através da morte expiatória e da ressurreição de Jesus Cristo.

13. *Mas as pessoas não são inerentemente boas — ou, ao menos, moralmente neutras?*

A verdade aterrorizante é que não somos moralmente neutros. Um amigo meu — que é um renomado psicólogo e um judeu ortodoxo — freqüentemente diz que as pessoas, deixadas por sua própria conta, com a garantia de que jamais serão pegas ou julgadas responsáveis, escolherão com mais freqüência o que é errado do que o que é certo. Somos atraídos para o mal; sem uma intervenção poderosa, nós o escolheremos.

E, contudo, muitos dos nossos filhos estão impregnados de tal forma pela educação excessivamente concentrada na importância da auto-estima, que mal sabem que podem vir a fazer qualquer coisa errada, além de não amarem a si mesmos o suficiente. Eles não se vêem como pecadores.

Há pouco tempo, a MTV decidiu atacar o assunto do pecado. Uma reportagem especial, "Os Sete Pecados Capitais", apresentava entrevistas com celebridades pop e adolescentes comuns. Pediu-se que eles falassem sobre os sete pecados condenados pela tradição cristã como os mais perigosos: luxúria, orgulho, ira, inveja, preguiça, cobiça e glutonaria.

O programa tinha a intenção de mostrar que as pessoas ainda lutam com os mesmos pecados que têm afligido a natureza humana durante milênios. Mas, na verdade, o que foi mostrado é que os jovens modernos são, lamentavelmente, ignorantes nas categorias morais básicas.

Considere a luxúria. O astro de *rap* Ice-T lançou um olhar penetrante para a câmera da MTV e disse: "A luxúria não é pecado... Todas estas coisas são bobagem". Um jovem pareceu achar que a preguiça era um intervalo no trabalho. "Preguiça... Às vezes é bom se recostar e dar a si mesmo um tempo de repouso."

A atriz Kirstie Alley comentou bruscamente: "Eu não considero o orgulho um pecado; acho que algum idiota inventou isso. Quem inventou isso afinal?"

Quando lhe disseram que os sete pecados capitais são uma herança da teologia medieval, Alley mostrou uma leve centelha de arrependimento. "Não tive a intenção de falar mal dos monges ou algo assim", ela disse, mas realmente não aceitou a questão "antiego".

Esta foi praticamente a tônica de todo o programa: ninguém pareceu preocupado se os sete pecados capitais representam a verdade moral; a única questão é se algo realça a nossa auto-estima.

É incrível que, mesmo no contexto de falar sobre o pecado, não houve uma palavra sobre responsabilidade moral, arrependimento ou padrões objetivos de certo e errado.

A MTV mostrou a confusão moral da sociedade.

Como pais, não devemos ter medo de admitir que somos pecadores, e que precisamos vir a Jesus e nos arrepender. Precisamos expor nossos filhos a toda a doutrina cristã, não só que Deus é amor e que quer ser nosso amigo. Começamos aí, mas continuamos a expô-los à doutrina do pecado.

Evelyn Christenson, Parents and Teenagers

E, contudo, bem dentro de nós, conhecemos as profundezas da nossa depravação. Penso na história de Yehiel Dinur, um sobrevivente de Auschwitz que depôs no tribunal de crimes de guerra de Adolf Eichmann, um dos piores mentores do Holocausto. No tribunal, Dinur fitou Eichmann nos olhos e então, de repente, começou a chorar. Ele foi tomado pelo ódio... pelas lembranças horrendas... pela impiedade no rosto de Eichmann?

Não. Mais tarde, Dinur explicou que percebeu que Eichmann não era a personificação demoníaca do mal, como havia esperado, mas um homem comum. Dinur viu em Eichmann um reflexo de si mesmo: "Eu tinha medo de mim mesmo", disse Dinur. "Vi que sou capaz de fazer isto... exatamente como ele".

Dinur percebeu que "Eichmann está em todos nós".

Somos por natureza maus e inclinados a fazer o mal. Após listar vários pecados, Jesus disse: "Todos estes males procedem de dentro e contaminam o homem" (Mc 7.23).

Isto ofende a mente moderna porque desafia a opinião secular e utópica predominante de que homens e mulheres são bons desde o nascimento, e que suas más ações resultam das influências sociais corruptas.

14. *Os problemas do mundo não podem ser vencidos através de uma educação melhor e programas sociais?*

Isto é o que as crianças estão aprendendo nas salas de aula das escolas, e o que poderão entender ouvindo o noticiário nacional. A civilização irá erradicar o mal.

Esta noção a princípio ganhou popularidade há duzentos anos, durante o Iluminismo. Rousseau e outros pensadores argumentaram que através da educação as pessoas poderiam erradicar o pecado e, finalmente, construir uma sociedade perfeita.

Este se tornou um dos mitos predominantes do nosso tempo. O sentimento permeava o II Manifesto Humanista: "Usando a tecnologia sabiamente, podemos controlar o nosso ambiente, vencer a pobreza, [...] modificar o comportamento, alterar o curso da evolução humana e do desenvolvimento cultural, [...] e dar à humanidade uma oportunidade incomparável de conquistar uma vida abundante e significativa".

Esta é a doutrina humanista de satisfação através do progresso. Sua sedução reside em seu apelo ao nosso orgulho: os obstáculos não estão em nós mesmos, mas em nossas estrelas — no desemprego, no racismo, na pobreza, ou na doença mental. Alexander Solzhenitsyn chamou este mito de "o conceito benevolente de acordo com o qual o homem — o senhor do mundo — não carrega nenhum mal dentro de si, e todos os defeitos da vida são causados por sistemas sociais mal conduzidos".

O registro do sangue derramado e a desumanidade do século XX — dos fornos do Holocausto até os campos de matança no Camboja e os assassinatos noturnos nas ruas da América — deveriam nos sacudir, fazendo-nos enxergar a realidade. A verdade é que a raça humana não superou o pecado, nem podemos fazê-lo. Ele mora dentro de nós. Jesus falou sucintamente sobre essa questão: "Porque do interior do coração dos homens saem os maus pensamentos, os adultérios, as prostituições, os homicídios, os furtos, a avareza, as maldades, o engano, a dissolução, a inveja, a blasfêmia, a soberba, a loucura.

Todos estes males procedem de dentro e contaminam o homem" (Mc 7.21-23). Esta mensagem pode parecer ultrapassada à luz de toda a tecnologia e dos sofismas iluminados desta geração. Mas o progresso real, o tipo que vai além dos satélites e fibras óticas, vem de uma única fonte: daquEle que pode limpar o mal de nosso interior, criando corações puros dentro de cada um de nós. Ele é a nossa única esperança real de progresso, nesta época ou em qualquer outra.

No entanto, as pessoas freqüentemente resistem a esta noção e preferem pensar de outra forma — mesmo quando a verdade as cerca por todos os lados.

Pecado sempre foi uma palavra feia; ela tomou um novo sentido na metade do século passado. Tornou-se não apenas feia mas fora de moda. As pessoas não são mais pecadoras, são apenas imaturas ou desprivilegiadas ou amedrontadas ou, mais particularmente, doentes.

Phyllis McGinley

Há poucos anos, enquanto visitava uma prisão norueguesa, testemunhei um exemplo trágico do que acontece quando as pessoas ignoram a realidade do pecado e tentam "consertar" a situação através de um programa psicológico.

As autoridades norueguesas têm orgulho em dizer que empregam métodos de tratamento mais humanos e progressivos do que em qualquer outra parte do mundo. A prisão que visitei estava cheia de psiquiatras. Então, durante a minha visita, perguntei à diretora da prisão quantos dos internos, dentre aqueles que estavam cumprindo pena por crimes graves, eram doentes mentais.

"Oh, todos eles", ela respondeu.

Franzi meu rosto, confuso. "O você quer dizer com 'todos eles'?", perguntei.

"Bem", ela respondeu, "qualquer pessoa que cometa um crime desta gravidade é obviamente um perturbado mental."

Percebi que estava confrontando, em primeira mão, uma mentalidade totalmente voltada ao Iluminismo: não existe pecado; as pessoas são basicamente boas. Então, a única razão para fazerem algo errado é que estão mentalmente doentes. As autoridades da prisão estavam determinadas a "curar" as pessoas através da modificação de comportamento, e de todas as outras técnicas psicológicas modernas.

Entretanto, na mesma prisão, conheci uma jovem que provou através de sua vida que uma opinião mundial que nega a realidade do pecado é totalmente tola. Ela era uma oficial de correções, e era cristã. "Oh, como eles precisam ouvir o evangelho", disse-me ao agradecer pela pregação. Estava frustrada por saber que, a menos que a genuína culpa moral dos criminosos fosse confrontada, suas vidas jamais poderão ser transformadas.

O que aconteceu alguns dias mais tarde confirmou de uma maneira horrível a validade de suas críticas. Ela acompanhou um prisioneiro que recebera licença para sair, e, no caminho para casa, ele a dominou, a estuprou e a assassinou.

Negar a realidade do pecado não é somente antibíblico; é também tolice. Nenhum esforço voltado à educação ou à tecnologia pode vencer o mal que reside em nossos corações (Pv 14.12).

15. *Como é que pessoas que cometem crimes hediondos, como o assassino Jeffrey Dahmer, podem fazer as coisas que fazem sem que sejam doentes?*

Você conhece os Jeffrey Dahmers do mundo? Eu conheço.

Em 1981 visitei o corredor da morte em uma prisão de segurança máxima em Menard, Illinois, e um dos prisioneiros pediu para falar comigo a sós. Ele era um homem de meia-idade, com cabelos bem penteados e grisalhos, um sorriso caloroso e olhar inteligente. Exceto por suas algemas e correntes, ele poderia ser um cordial diretor de escola ou um simpático farmacêutico.

Mas aquele homem era John Wayne Gacy Jr., que abusou sexualmente de trinta e três rapazes e os assassinou. Quando nos sentamos em uma pequena sala de entrevistas e conversamos, Gacy falou de forma bastante racional. E, enquanto pensava em seus crimes, eu continuava a dizer a mim mesmo que ele tinha de ser doente.

Ele era doente, mas isso era conseqüência do pecado que havia irrompido violentamente em um mal terrível. Somente quando me lembrei de que ele estava doente com o mesmo pecado que habita em todos nós, é que fui capaz de passar uma hora encarando-o do outro lado da mesa — e então orar por ele, um assassino tão cruel quanto Jeffrey Dahmer.

O julgamento de Dahmer girava em torno da questão de sua sanidade. Ninguém discutia que ele havia cometido crimes horríveis. Todos fizeram a pergunta de que estamos tratando aqui: "Como uma pessoa sã poderia ter feito estas coisas?"

Não obstante, um júri de Milwaukee, confrontado com os horríveis assassinatos, canibalismo e necrofilia, concluiu que ele não era louco — era apenas perverso.

Hoje há uma tendência de tentar encontrar desculpas para todos os tipos de comportamento perverso. O romancista Saul Bellow chama isto de "idade áurea da exoneração". Em julgamentos criminais, a defesa é sempre baseada no fato de que o acusado veio de um lar perturbado ou que teve alguma outra desvantagem ambiental.

Esse tipo de desculpa tornou-se tão comum que tem até seu próprio nome — "defesa Twinkie", por causa de um famoso caso de 1978 no qual um homem alegou insanidade temporária depois de atirar no prefeito e em um vereador de São Francisco. Seu argumento foi ter feito uma longa dieta de alimentos pouco saudáveis que aumentou a taxa de açúcar em seu sangue e o levou a agir irracionalmente.

Procuramos desculpas porque não estamos dispostos a encarar a realidade da condição humana. De fato, algumas pessoas são mentalmente desequilibradas, mas estas são exceções. Já estive em seiscentos presídios em todo o mundo nos últimos vinte e cinco anos, e posso lhe dizer que a causa do crime não é a doença mental. É o pecado. As pessoas fazem as escolhas morais erradas e devem ser consideradas responsáveis. Quando não entendemos isso corretamente, criamos caricaturas como no caso da prisão norueguesa.

16. *O Inferno existe?*

Já me fizeram uma pergunta semelhante, em um contexto surpreendente. Durante uma visita à Inglaterra, dei uma palestra em uma reunião em que compareceu o eminente historiador Paul Johnson, autor da obra *Modern Times* (Tempos Modernos). No final da palestra, Johnson olhou para mim e disse: "Acho que o maior problema a enfrentar na era moderna é o que fazer com a doutrina do inferno. O que você acha?"

Fiquei surpreso. A pergunta não tinha nada a ver com a minha palestra. Mas enquanto ele expandia a sua pergunta, percebi que estava certo. Quando a igreja cristã não ensina claramente a doutrina do inferno, a sociedade perde uma âncora importante. De certo modo, o conceito do inferno dá significado à nossa vida. Ele nos diz que as escolhas morais que fazemos dia a dia têm um significado eterno, que o nosso comportamento tem conseqüências que duram até a eternidade e que Deus leva a sério as nossas escolhas.

Quando as pessoas não crêem no Juízo Final, não se sentem, em última análise, responsáveis por seus atos. Não há nenhuma corda firme retendo os impulsos pecaminosos. Não há temor de Deus em seus corações e, como diz o livro de Juízes, cada um faz o que é certo aos seus próprios olhos (Jz 21.25).

A doutrina do inferno não é apenas um remanescente teológico empoeirado da Idade Média. Ela tem conseqüências sociais significativas. Sem a convicção da justiça final, o senso de obrigação moral das pessoas se dissolve e as ligações sociais são quebradas.

Naturalmente, estas considerações não são a razão mais importante para se crer no inferno. O Senhor Jesus advertiu várias vezes que, se nos desviarmos de Deus nesta vida, ficaremos separados dEle eternamente.

Contudo, embora "o salário do pecado" seja a morte, Paulo também diz que "o dom gratuito de Deus é a vida eterna, por Cristo Jesus, nosso Senhor" (Rm 6.23). Enquanto tivermos o fôlego de vida, não será tarde demais para buscarmos a Deus com arrependimento, e, quando pedimos perdão, Deus rapidamente o concederá. (Para analisar esta discussão com mais detalhes, veja a pergunta 41 no capítulo 5 — *O que acontece com as pessoas que morrem sem jamais ter ouvido falar de Cristo?*)

17. *Seres como anjos e demônios realmente existem?*

A Bíblia está repleta de relatos de mensageiros de Deus ajudando, protegendo, confrontando e ministrando às pessoas. Anjos apareceram a Abraão e Sara. Jacó lutou com um anjo. Seres angelicais ministraram ao profeta Elias. E, na aparição angelical mais famosa de todas, um anjo anunciou o advento do Senhor Jesus a sua mãe, Maria. Nos relatos bíblicos, os anjos não são bebês bonitinhos e rechonchudos que têm asas. A primeira coisa que um anjo diz é: "Não temas". Em outras palavras, os verdadeiros anjos têm um aspecto temível. Eles são guerreiros poderosos na grande batalha espiritual entre o bem e o mal.

Atualmente, porém, muitas reivindicações sobre atividades angelicais não passam de enganos. Os anjos dos pensadores da Nova Era não se parecem muito com os das Escrituras. A Bíblia chama os anjos de espíritos ministradores, mas eles definitivamente não são nossos servos pessoais.

Os adeptos da Nova Era falam de anjos que recebem ordens para aparecer como gênios, para trocar um pneu em uma estrada deserta ou fazer um ônibus diminuir a velocidade e apanhar alguém. Estes anjos nunca confrontam nem desafiam ninguém. Não fazem nenhuma exigência sobre o nosso comportamento ou caráter. Estes são os "guias imaginários" do movimento da Nova Era, e não anjos reais.

Os demônios são anjos caídos — anjos em rebelião contra Deus. Eles são tão reais quanto seus correlativos celestiais, embora os cristãos devam ser cautelosos em atribuir todo acontecimento ruim à influência deles.

Realmente, as pessoas se distraem com freqüência em relação às verdadeiras questões da vida cristã, imputando uma influência excessiva tanto a anjos como a demônios. É uma ilusão pensar que a atuação de seres angelicais é fundamental para que o Reino de Deus exerça sua influência neste mundo. Este é o nosso trabalho. Somos o Corpo de Cristo, e depende de nós tornar a sua presença real para os nossos vizinhos. Semelhantemente, as Escrituras nos ensinam que somos responsáveis pela maior parte do mal no mundo. Não podemos evitar a responsabilidade que temos em relação ao mal — ou mesmo isentar nossos vizinhos da responsabilidade que têm por suas ações — por vermos a vida simplesmente como uma "guerra espiritual", na qual os homens são meros "fantoches" dos poderes sobrenaturais. O Diabo e seus seguidores são bem reais, mas, novamente, a escolha humana, e só esta, é responsável pela maior parte do mal no mundo.

RESUMO DOS PONTOS PRINCIPAIS

√ Deus não criou o mal. A bondade absoluta de Deus é um princípio fundamental do pensamento cristão.

√ O mal entrou no mundo através da escolha dos primeiros seres humanos de rebelarem-se contra Deus. O mal se espalha como uma praga através da história por causa das livres escolhas morais que as pessoas continuam a fazer.

√ O livre-arbítrio é a base da dignidade humana.

√ Deus permite que as conseqüências do mal permaneçam a fim de repará-las e, além disso, para demonstrar e manter o seu caráter como um Deus bom.

√ O próprio Deus entrou no mundo, na pessoa do Senhor Jesus Cristo, a fim de suportar o castigo pelo pecado humano e restabelecer a comunhão da humanidade com Ele.

√ O sofrimento que suportamos hoje se torna a nossa participação na divulgação da vitória de Cristo.

√ Nem todo sofrimento é um resultado direto do pecado. Mas Deus pode usar qualquer mal para trazer a cura e a perfeita sanidade em todas as áreas da vida.

√ Por nos amar tanto, Deus preferiu suportar a dor envolvida em redimir a humanidade do mal do que não criar os seres humanos. Este é um mistério profundo.

√

√ Não somos moralmente neutros nem bons por natureza; somos inclinados ao mal.

√ Negar a realidade do pecado é tolice e causa efeitos involuntários, que são desastrosos e indesejáveis.

√ O Senhor Jesus advertiu várias vezes que, se nos desviarmos de Deus nesta vida, ficaremos separados dEle eternamente. A realidade da existência do inferno é um sinal do quanto Deus respeita nossas escolhas.

CAPÍTULO 3

A Ciência Moderna Desmente a Bíblia e o Cristianismo?

Ciência, Evolução e Planejamento Inteligente

18. *O universo é tudo o que existe?*

Nossos adolescentes podem fazer perguntas como: "O que vemos é tudo o que existe?" ou "O nosso entendimento científico do cosmos não deixa nenhum lugar para Deus, deixa?" Estas perguntas abriram um dos tópicos mais importantes de nossa época: a evolução.

Primeiro, vamos abordar o tópico de forma geral, para então explorar perguntas relacionadas com ele que freqüentemente recebem respostas que menosprezam o cristianismo.

Muitos cientistas acreditam que o universo é auto-existente, que Deus não é necessário e que a vida é o resultado de ocorrências do acaso. Acreditam nisso não por razões científicas, mas filosóficas. Estão comprometidos com uma filosofia chamada naturalismo. O naturalismo busca entender o mundo e a própria vida apenas pelas relações de causa e efeito, que são naturais. Na verdade, o naturalismo argumenta que somente as coisas que podem ser verificadas empiricamente — experimentadas com os cinco sentidos — são reais. Deus, a bondade, a beleza e até a própria consciência humana (como mais que uma série de reações eletroquímicas) ficam simplesmente de fora.

O bônus para os cientistas é que eles decidem sobre o que é real e o que é irreal, porque acreditam ser os únicos que têm o método correto de investigar a realidade. Sua presunção neste assunto torna-se clara no debate sobre a criação e a evolução: eles defendem que estas podem ser ensinadas lado a lado em aulas de ciências como teorias competitivas. Os cientistas que são naturalistas dogmáticos não aceitam sequer o debate. Dizem que sabem o que é real: a ciência naturalista é real; a religião é simplesmente a expressão dos desejos do pensamento.

No entanto, esses julgamentos não são científicos, mas sim filosóficos e até religiosos. São também errados. Para argumentarmos contra o naturalismo, primeiro temos de mostrar seus preconceitos e presunções.

Da próxima vez que você estiver em uma livraria, passe na seção de ciências e folheie alguns títulos surpreendentes: *The Mind of God* (A Mente de Deus), *Theories of Everything* (Teorias sobre Tudo) e *Dreams of a Final Theory* (Sonhos de uma Teoria Final). Livros como esses prometem que a física está a ponto de encontrar uma superteoria capaz de explicar tudo no universo. Em outras palavras, muitos cientistas estão exigindo que encontremos a verdade suprema não na religião, mas na física.

Considere o livro campeão de vendas de Stephen Hawking *A Brief History of Time* (Breve História do Tempo). Hawking promete que a ciência acabará nos dando "uma compreensão completa [...] da existência". Um grande passo em direção a este objetivo é encontrar uma teoria unificada das quatro forças fundamentais da natureza: a força eletromagnética, a fraca força nuclear, a forte força nuclear e a gravidade.

Muitos físicos acreditam que as quatro forças fundamentais eram unificadas nos momentos iniciais do *big bang*, quando o universo começou. Se você presumir que o universo é um sistema fechado de causas e efeitos naturais, então estas condições iniciais determinaram todas as outras coisas que já aconteceram na história do cosmos. Uma teoria explicando estas condições iniciais seria, desse modo, a chave para explicar todo o cosmos por causas puramente naturais. Então a física poderia finalmente dispensar as causas sobrenaturais — tais como um Criador divino.

Nas palavras de Hawking, uma teoria unificada "seria o triunfo supremo da razão humana — pois então conheceríamos a mente de Deus". Hawking não crê em Deus. O que ele realmente quer dizer é que os seres humanos iriam então atingir a onisciência divina; provaríamos a nós mesmos que somos qualificados para substituir a Deus. (Isto não nos parece familiar? Algo remanescente da tentação de Adão e Eva no Éden: a promessa da serpente de que, comendo da árvore do conhecimento do bem e do mal, o homem e a mulher se tornariam iguais a Deus em conhecimento? Esta tentação ainda é uma força poderosa.)

Suplantar a Deus é freqüentemente a motivação da busca de uma teoria unificada. Em *Reason in the Balance* (Razão na Balança), o professor de Berkeley, Phillip Johnson, diz que uma teoria como esta seria tão teórica a ponto de ser impossível confirmá-la através de algum experimento. Seu significado, estritamente falando, não teria de modo algum um caráter científico; seu apelo seria filosófico ou religioso.

O naturalismo é uma doutrina metafísica. Isto significa que ele simplesmente expressa uma opinião particular sobre o que seria real e irreal.

Phillip Johnson, Reason in the Balance *(Razão na Balança)*

A pergunta do centro da ciência hoje é se Deus existe ou se a natureza é tudo o que existe. O físico britânico Paul Davies trata claramente dessa questão em seu livro *The Mind of God* (A Mente de Deus). Nele, Davies diz que as teorias de Hawking poderiam muito bem "estar bastante erradas". Mas, e daí? A questão real, Davies explica, "é se algum tipo de ato sobrenatural foi ou não necessário para dar início ao universo. Se é possível construir uma teoria científica plausível que explique a origem de todo o universo físico, então ao menos estamos cientes de que uma explicação científica é possível, esteja a teoria atual certa ou não".

Você entendeu o que ele está dizendo? Davies está admitindo que para ele não importa se uma teoria científica está certa ou errada; importa apenas se a teoria se livra do sobrenatural. Isto significa admitir que até mesmo um mito é aceitável, desde que seja um mito naturalista — desde que garanta que os cientistas não têm de se preocupar com um Criador divino.

Quando seus filhos começarem a perguntar sobre a origem do universo, comece respondendo suas perguntas mostrando que muitos julgamentos "científicos" básicos não são científicos (eles não podem ser provados). São julgamentos filosóficos, e até mesmo religiosos. A idéia de um universo auto-existente é um exemplo básico. Esta não é uma conclusão da ciência. É uma pressuposição — um ponto de partida — da filosofia ateísta do naturalismo.

19. *Mas os cientistas já não provaram experimentalmente que a vida aconteceu por acaso?*

Temo que esta seja a impressão que muitos jovens tenham a partir de suas aulas de ciências.

Nos anos 60, por exemplo, manchetes afirmavam que os cientistas estavam prestes a fazer a vida surgir em um tubo de ensaio. Bioquímicos descobriram que poderiam misturar produtos químicos — amônia, metano e água — e batê-los com uma faísca elétrica para criar aminoácidos, os blocos de construção de proteínas.

A comunidade científica estava eufórica. Porém não houve prosseguimento. Os aminoácidos nunca formaram proteínas, nem evoluíram em uma célula viva. Os críticos acusaram que mesmo os aminoácidos foram obtidos apenas armando o experimento, de forma fraudulenta.

Como você vê, espera-se que as experiências sobre a origem da vida sejam reconstituições do que poderia ter acontecido em uma lagoa aquecida em nosso planeta em suas primeiras fases. A experiência mais realista seria derramar vários produtos químicos na água e misturá-los. Mas nenhum pesquisador põe tal experiência em prática porque não resulta em nada. Em vez disso, os cientistas remendam a experiência em vários pontos.

Por exemplo, em uma lagoa real, haveria todos os tipos de reações químicas e variações ambientais, muitas delas anulando as reações de que os cientistas precisam. Assim, eles têm de recorrer a intervenções: purificar os ingredientes, filtrar ondas de luz prejudiciais aos aminoácidos e remover imediatamente os aminoácidos ligados para evitar a desintegração. A conclusão é que mesmo as experiências mais bem-sucedidas não nos dizem nada sobre o que pode acontecer na natureza. Apenas nos dizem o que pode acontecer quando cientistas brilhantes dirigem e manipulam as condições de um experimento.

Portanto, as experiências não provam que a vida pode surgir espontaneamente na natureza. Ao contrário, elas dão evidências experimentais de que a vida só pode ser criada por um ser inteligente que dirige e controla o processo.

Apesar de os cientistas não terem sido capazes de ativar os aminoácidos em qualquer forma evolutiva, a idéia de que a vida evoluiu a partir de uma "sopa" primordial foi elaborada e se tornou uma rede de teorias complexas.

Mas na Conferência Internacional sobre a Origem da Vida, em 1993, os químicos práticos reprovaram todas as teorias populares. A principal questão dos químicos era como concentrar todos os ingredientes corretos em um lugar. Os produtos químicos se ligam apenas quando a energia, o calor ou a eletricidade é aplicada. Isto significa que a maior parte das teorias de origem da vida começa com uma "sopa" química aquecida por vulcões ou atingida por um raio. Porém existe uma mosca na "sopa" química.

As reações químicas que deveriam formar o DNA são reversíveis. As moléculas que se unem podem separar-se novamente. É mais fácil quebrar as ligações do que formá-las. O que isto significa para as teorias da origem da vida? Se você simular a origem da vida em um tubo de ensaio, qualquer composto orgânico formado poderá se romper rapidamente. Você nunca consegue fazer com que elas permaneçam concentradas em um lugar para formar o DNA. Este fato único torna impossível que a vida tenha evoluído na terra primitiva.

Pela mesma prova, uma "sopa" química jamais formará um DNA. Para que a vida surja, os componentes orgânicos corretos devem ser separados e protegidos para que não se rompam. Mas a natureza não vem equipada com qualquer mecanismo de separação. Existe apenas uma coisa que é capaz de selecionar e separar: um ser inteligente.

Além disso, nenhuma destas teorias aborda uma peça crucial deste enigma — o que os cientistas chamam de "problema seqüencial": se a vida evoluiu a partir de uma "sopa" de elementos químicos, como os componentes se alinharam na seqüência correta?

Por exemplo, muitas teorias da origem da vida começam com uma proteína. Uma proteína consiste em uma cadeia de aminoácidos. Como já dissemos, os cientistas descobriram que você pode misturar aminoácidos em um balão de vidro, atingi-los com uma faísca elétrica e eles se unirão em cadeias curtas. Todavia, o pequeno segredo sujo destas experiências é que as cadeias de aminoácidos não se assemelham nem um pouco às proteínas vivas. A seqüência está toda errada. O livro *The Soul of Science* (A Alma da Ciência) traz uma citação do Dean Kenyon: "Uma coisa que se destaca é que não se consegue seqüências ordenadas de aminoácidos... Se pensávamos que iríamos ver uma grande ordem espontânea, algo deve estar errado com a nossa teoria". E no livro *The Creation Hypothesis* (A Hipótese da Criação), o cientista Klaus Dose escreve algo semelhante: "A experiência da 'sopa' primordial levou a uma melhor percepção da imensidão do problema da origem da vida na terra, mas não trouxe uma solução".

Para entender a "imensidão do problema", imagine que os aminoácidos sejam letras rabiscadas e você queira soletrar a palavra "proteína". Naturalmente, você e eu poderíamos, com facilidade, colocar as letras na seqüência correta. Mas fazemos isto usando algo além das forças naturais. Usamos a inteligência. O ingrediente que falta nas teorias-padrão sobre a origem da vida é um ser inteligente. Os resultados aleatórios que os cientistas obtêm jamais superaram o problema seqüencial — os aminoácidos simplesmente não sabem soletrar. As experiências dos cientistas em tubos de ensaio somente provaram quanto planejamento inteligente é necessário quando se trata da criação da vida por Deus.

(Se estes parágrafos despertaram a sua curiosidade e o desejo de aprofundar-se neste assunto, você encontrará explicações mais completas sobre estas idéias na parte 2 do livro *E Agora, como Viveremos?*, editado pela CPAD.)

20. *Mesmo que os cientistas não tenham provado exatamente como a vida surgiu, eles não têm evidências de que a evolução é um fato, e não apenas uma teoria?*

A evidência para a evolução freqüentemente se mostra no modo como os cientistas definem a palavra "evolução". O significado da palavra é vitalmente importante, mas pode mudar sem que se note. A primeira coisa que devemos aprender a fazer é distinguir "micro-evolução" de "macro-evolução".

Micro-evolução é a variação cíclica dentro da espécie. Por exemplo, nas Ilhas Galápagos, no Pacífico, alguns pássaros exibem mudanças no tamanho e formato dos bicos em resposta às condições ambientais. Durante várias gerações, os bicos destes pássaros mudaram de formato, e este formato depende de um fato: se os bicos mais longos ou mais curtos são melhores para apanhar comida. Semelhantemente, na Inglaterra, algumas espécies de pássaros aprenderam a bicar as tampinhas das garrafas de leite fresco deixadas na porta das casas. Eles se adaptam aos recursos alimentares de seu meio-ambiente. Estes e milhares de outros casos de adaptação não trazem qualquer controvérsia. Porém isto é evolução?

É aqui que surge o problema. Se as variações nos bicos dos pássaros ou suas habilidades em roubar tampinhas de garrafas é o que os biólogos entendem por evolução, então me chamem de evolucionista. Mas, naturalmente, este não é o único significado em questão.

Há um outro significado para o termo, e este é muito mais controverso.

Macro-evolução é um processo que supostamente cria inovações como novos órgãos complexos ou novas partes do corpo. Phillip Johnson escreve em seu livro *Defeating Darwinism* (Vencendo o Darwinismo) que os darwinistas tipicamente "reivindicam que a macro-evolução é uma micro-evolução continuada durante um longo período, através de um mecanismo chamado de seleção natural". Esta alegação é altamente controversa porque "o mecanismo da macro-evolução teria de ser capaz de planejar e construir estruturas muito complexas como asas, olhos e cérebros", e "teria de ter feito tudo isso de maneira confiável por várias e várias vezes".

A dificuldade é que muitas experiências mostraram que pequenas mudanças não se acumulam para fazer grandes mudanças. Se os cientistas se apegarem a observações reais, tudo o que já viram não passa da modificação de categorias já existentes de seres vivos, e não o surgimento de novas categorias.

A macro-evolução também pressupõe que a mudança no mundo em que vivemos é ilimitada. O problema é que as únicas mudanças realmente observadas são limitadas. Fazendeiros podem criar milhos mais doces, rosas maiores ou cavalos mais rápidos, mas no final ainda têm milho, rosas e cavalos. Ninguém jamais produziu um novo tipo de organismo.

Os evolucionistas consideram estas mudanças em pequena escala e, mais uma vez, as extrapolam. Eles especulam o que poderia acontecer se mudanças menores fossem adicionadas e então as estendem a milhões de anos atrás, a um passado completamente obscuro.

Não há nada de errado com a extrapolação em si, mas estas, em particular, são totalmente infundadas. A variação induzida por cruzamento não continua em uma taxa constante através de cada geração. Em vez disso, é rápida a princípio e então se desestabiliza. No final alcança um limite que os criadores não podem cruzar. Se eles tentam, os organismos crescem mais fracos e mais propensos a doenças até que se tornam estéreis e desaparecem. Assim, os criadores podem produzir rosas maiores, mas nunca conseguirão uma tão grande quanto um girassol.

Darwin acreditava que a natureza pudesse fazer uma seleção entre os organismos, da mesma maneira que os criadores fazem; por esta razão, chamou a sua teoria de "seleção natural". Ele propôs que a vida evoluiu de forma gradual, por estágios imperceptivelmente pequenos, do mais simples organismo unicelular até os pássaros e as feras mais complexas.

As evidências de fósseis deveriam, de modo geral, apoiar a reivindicação de que os organismos complexos de hoje evoluíram, passo a passo, de ancestrais específicos comuns... Porém, hoje se admite, de forma generalizada, que as espécies fósseis permanecem estáveis por longos períodos de tempo, e que o aparecimento de novas formas é tipicamente abrupto.

Phillip Johnson, Reason in the Balance *(Razão na Balança)*

Mas esta cadeia contínua não é vista em lugar algum. No mundo de hoje, ursos, castores e morcegos são todos bem distintos. Há claros intervalos entre as categorias biológicas maiores, sem faltar nenhuma definição de fronteiras.

Darwin então sugeriu que os elos perdidos desapareceram e que um dia seriam encontrados em algum registro fóssil. Em resposta à sugestão de Darwin, a história da paleontologia é, basicamente, uma história da busca dos elos perdidos.

Se Darwin estivesse certo, o registro fóssil deveria mostrar literalmente milhões de formas transitórias. Contudo, isso é exatamente o que ele não mostra. Sim, os fósseis realmente mostram que a vida era muito diferente do que é hoje. Algumas formas de elefantes já foram peludas: os mamutes laníferos. Algumas formas de répteis já foram gigantescas: o *Tiranossauro rex*. Mas aqui está o ponto importante: estas formas estranhas ainda se encaixam claramente dentro das mesmas categorias básicas conhecidas hoje. Os elefantes ainda eram elefantes; os répteis ainda eram répteis. Os mesmos intervalos que existem no registro fóssil ainda existem no mundo em que vivemos hoje.

Em outras palavras, com base em observações reais, a conclusão é esta: tudo o que os cientistas já viram são modificações de categorias existentes de plantas e seres viventes, e não o surgimento de novas categorias.

O que os evolucionistas naturalistas foram capazes de provar nem sequer aborda as reivindicações da teoria que tentam defender.

21. *Não é possível que a evolução e a criação sejam ambas verdadeiras?*

Há um nome para esta linha de raciocínio: evolução teísta. A idéia de que talvez a evolução tenha sido dirigida por Deus, parece ser uma solução atraente e uma idéia abraçada com freqüência por estudantes cristãos, tentando reconciliar a fé com os ensinos de seus professores de ciências.

No entanto, a premissa básica da evolução torna esta abordagem inerentemente defeituosa. Imaginar que a teoria evolucionista permite um Criador — que a evolução poderia ser um processo guiado por Deus — é exatamente o que os cientistas não permitem.

Darwinistas proeminentes, de Stephen Gold até Richard Dawkins e John Maynard Smith, insistem que a evolução é um processo desorientado e sem propósito. Como Phillip Johnson afirma em *Defeating Darwinism* (Vencendo o Darwinismo), "a teoria darwiniana não diz que Deus criou todas as coisas lentamente [durante milhões de anos]. Ela diz que a evolução naturalista é o criador — e que Deus não teve nada a ver com isso".

A evolução no sentido darwiniano é tanto insensata quanto pagã. Como diz o famoso evolucionista George Gaylord Simpson, "o homem é o resultado do processo sem propósito e natural que não o teve em mente".

Os darwinistas não podem se dar ao luxo de abandonar esta reivindicação, diz Johnson, porque toda a sua abordagem é fundamentada no naturalismo, a doutrina de que a natureza é tudo o que existe. A evolução darwiniana tenta explicar como a natureza fez isto sem qualquer ajuda de um ser sobrenatural. Desse modo, uma tentativa de reconciliar as teorias evolucionistas darwinianas com a criação "é uma fuga do conflito, e não uma solução para este", adverte Johnson.

As pessoas estão se enganando ao pensarem que podem crer tanto na criação quanto na evolução. O que está em jogo não são meramente os detalhes da evolução *versus* os detalhes do livro de Gênesis na Bíblia. Antes, a questão é a severa e fundamental reivindicação de que a vida é o produto das forças impessoais *versus* a reivindicação de que ela é a criação de um "planejador" inteligente.

22. *Como podemos distinguir as coisas que "simplesmente acontecem" daquelas que são criadas?*

Esta pergunta sobre distinguir fenômenos naturais daqueles produzidos por planejamento inteligente vai ao centro do debate "criação *versus* evolução".

Imagine que estamos passeando pelo Egito e de repente vemos imensas estruturas piramidais surgindo da areia. Imediatamente, reconhecemos a obra de um ser inteligente. Ninguém confundiria as pirâmides do Egito com um fenômeno natural. Esta habilidade de distinguir as obras humanas dos produtos da natureza é fundamental na arqueologia. Escavando a poeira na Mesopotâmia, os arqueólogos precisam decidir se encontraram um pedaço de rocha ou um pedaço de cerâmica quebrada.

Imagine que estejamos caminhando pela praia e encontremos, por acaso, uma pequena caixa quadrada tocando um "rock". Imediatamente, reconheceremos um nível de ordem diferente dos sons aleatórios que nos rodeiam, como o de uma onda quebrando na praia, por exemplo. Reconheceremos o que os cientistas chamam de "complexidade".

Ou então, imagine que estamos olhando para o céu e vemos algo que parece arredondado e branco como uma nuvem, mas no meio deste objeto está impressa a palavra *Goodyear*. Sem dúvida alguma concluímos que não se trata de uma nuvem, e que até podemos acenar para as pessoas que estão passeando no dirigível.

É verdade que o mundo físico pode produzir um padrão regular tal como o som das ondas quebrando na praia. Mas a natureza não pode produzir a complexidade. Como você vê, a experiência comum de todos os dias nos dá uma boa idéia das coisas que a natureza é capaz de criar por si mesma — e das coisas que só podem ser criadas a partir de uma fonte inteligente.

Com base na experiência comum — afinal, espera-se que a ciência esteja fundamentada na experiência —, é um argumento lógico que a vida foi criada e planejada por um ser inteligente. Este é exatamente aquEle em quem os cristãos sempre creram.

Não estamos deduzindo o planejamento a partir daquilo que não conhecemos, mas daquilo que realmente conhecemos.

Michael Behe, Darwin's Black Box *(A Caixa Preta de Darwin)*

23. *Você não está apenas dando a Deus o crédito por aquilo que não entende?*

Alguma evidência científica apóia o forte argumento de que Deus teria de estar envolvido? Para responder a esta pergunta, vamos penetrar profundamente na questão da criação e do planejamento. No centro da vida está a molécula de DNA.

Geneticistas nos dizem que a estrutura do DNA é idêntica à linguagem. Ele age como um código, um sistema de comunicação molecular dentro da célula. Em outras palavras, quando os geneticistas penetraram o núcleo da célula, depararam-se com algo análogo à palavra *Goodyear* escrita no céu ou à melodia de rock ouvida na praia, em nosso exemplo anterior.

Naturalmente, o DNA contém muito mais informações do que estas simples frases. Uma molécula de DNA contém em média tantas informações quanto uma biblioteca municipal! Pense nisso. Então, se a palavra *Goodyear* teve de ser escrita por um ser inteligente, quanto mais o código do DNA.

Algumas descobertas recentes sobre o DNA oferecem evidências ainda mais poderosas a respeito do papel de Deus na criação. Desde os anos 60, os cientistas sabem que a molécula de DNA é como uma mensagem escrita contendo instruções para cada estrutura viva, de flores a peixes. Mas em organismos mais elevados, o código de DNA é dividido por seções do que parece pura insensatez — longas seqüências de DNA que parecem não ter significado algum. Os cientistas apelidaram essas seqüências de DNA "refugo".

Kenneth Miller, um biólogo da Universidade Brown, usa DNA refugo para criticar o argumento da criação divina. "Como podemos crer que Deus nos criou diretamente", Miller argumenta, "se o genoma humano está repleto de lixo genético? Um Criador inteligente não escreveria nenhuma insensatez em nossos genes".

Mas o refugo de um pesquisador pode ser as jóias de outro. Alguns cientistas descobriram que o DNA refugo desempenha uma importante tarefa. Ele serve para corrigir erros e regular os genes, ligando-os e desligando-os em momentos apropriados. Em resumo, o que uma vez pareceu ser um DNA sem sentido, na verdade faz muito sentido.

Parece que os antagonistas à teoria do criacionismo falaram cedo demais. Na verdade, o DNA fornece evidências extraordinárias da criação, dando uma nova perspectiva ao clássico argumento de planejamento apresentado há quase duzentos anos pelo sacerdote inglês William Paley. Ele falou em termos de "encontrar um relógio na praia". Qualquer um que encontrasse um objeto tão complexo presumiria que um ser inteligente o tivesse projetado.

Hoje, a ciência fornece uma analogia muito mais surpreendente do que qualquer uma que William Paley poderia dar — ou seja, a estrutura idêntica em mensagens escritas e a molécula de DNA. De repente, o argumento de planejamento tornou-se muito mais atrativo.

No entanto, as escolas continuam a ensinar a evolução aos alunos. A Associação Nacional dos Professores de Biologia declarou sua posição sobre o ensino da evolução, uma declaração que pisava duramente em tudo, até mesmo na possibilidade de um Criador. "A diversidade da vida na terra", os biologistas anunciavam grandemente, "é o resultado da evolução: um processo... não supervisionado e impessoal", governado por "seleção natural, acaso... e ambientes em mutação". Os credos da criação, acrescentaram severamente, "não têm lugar na sala de aula de ciências".

Não é de se admirar que nossos filhos estejam confusos. Estes professores estão se comportando como se o debate entre o darwinismo e o criacionismo estivesse em toda parte, e o darwinismo tivesse vencido, quando as evidências apoiando o darwinismo estão, na verdade, ficando cada vez mais fracas.

O problema é que o caso do criacionismo também não é fácil de explicar.

Talvez a história infantil chamada *Yellow and Pink* (Amarelo e Rosa), de William Steig, ilustre melhor a questão da criação. A história começa com dois bonecos de madeira, um pintado de rosa, o outro de amarelo, deitados sobre um pedaço de jornal. De repente, o boneco amarelo se senta.

— Quem somos nós? — ele pergunta. — Como chegamos aqui?

— Alguém deve ter nos feito — responde o boneco rosa.

O boneco amarelo não consegue aceitar isso.

— Eu digo que somos um acidente — declara. — De uma forma ou de outra, nós apenas acontecemos.

O boneco rosa começa a rir.

— Você quer dizer que estes braços que estou movendo deste jeito, e que... este nariz que respira, estes pés que andam, tudo isto simplesmente aconteceu por algum tipo de acaso feliz? Que absurdo!

— Não ria — diz o boneco amarelo. — Com tempo suficiente, muitas coisas incomuns poderiam acontecer... Suponha que um galho de uma árvore se quebrasse e caísse em uma rocha pontiaguda. Ele pode ter se dividido e formado as pernas.

E então o boneco prossegue, avidamente:

— Este pedaço de madeira se congela, e o gelo faz com que a boca se mantenha aberta. E os [nossos] olhos... poderiam ter sido feitos por... pica-paus.

O boneco rosa não está convencido.

— Explique isto — diz o boneco rosa, que não está convencido. — Por que somos pintados da maneira que somos? Por que podemos ver através destes buracos que o pica-pau fez? E o que você me diz sobre a nossa audição?

Então, um homem chega e apanha os bonecos. Na última página do livro, vemos o boneco amarelo — aquele que estava convencido de que a vida "apenas aconteceu" — sussurrar uma pergunta a seu amigo rosa. "Quem é ele?"

Como os bonecos, os biólogos especulam sobre a origem da vida. E, assim como o boneco amarelo, às vezes formulam soluções bizarras que excluem até a possibilidade da existência de um Criador. A história divertida de William Steig mostra quão implausível a teoria "impessoal, não supervisionada" realmente é. Quando os biólogos rejeitam a Deus, eles têm de formular outra explicação, embora improvável, de como a vida começou.

Mas talvez o melhor de tudo seja que a história, expondo o assunto de forma tão bela, ilustre que fazer essas perguntas difíceis e ponderar a necessidade de um Criador pode, no final, levar seu adolescente a questionar como o boneco amarelo: "Quem é ele?"

24. *Além do código do DNA, existem outros argumentos positivos para a criação?*

Sim. Na verdade, há todo um grupo de cientistas buscando as implicações do planejamento inteligente para a ciência.

E como evidências para tal planejamento, este grupo considera o "princípio antrópico" e a "complexidade irredutível".

O princípio antrópico afirma que a estrutura física do universo é exatamente o que deve ser, a fim de manter a vida. Para um exemplo familiar, considere a água. Diferentemente da maioria das outras substâncias, quando a água é congelada, ela se expande e flutua. Se a água não tivesse esta propriedade singular, então, em um clima frio, os lagos e rios se congelariam e iriam para o fundo, causando a morte de todos os peixes.

Ou pense na posição do nosso planeta. Se a Terra estivesse apenas ligeiramente mais próxima do sol, seria quente demais para manter a vida. Mas se a terra fosse mais distante em relação ao sol, seria fria demais para manter a vida.

Não é uma "coincidência" maravilhosa que o nosso planeta esteja exatamente onde está no sistema solar?

Uma outra "coincidência" cósmica é a força da gravidade. Presumindo que o universo começou com uma grande explosão (que chamam de *big bang*), se a força da gravidade fosse apenas um pouco mais forte, este puxão extra teria há muito tempo atraído o universo e feito com que se aniquilasse em si mesmo. Por outro lado, se a força da gravidade fosse apenas um pouquinho mais fraca, não teria sido forte o suficiente para condensar a nuvem de gás original em estrelas e galáxias.

O fato de que a gravidade é apenas uma força necessária para criar o universo é, nas palavras de um cientista, "um acaso gigantesco — ou uma intervenção divina".

O mesmo acontece em relação à força elétrica. Cada árvore, cada folha de grama é feita de átomos, que contêm elétrons e prótons. O elétron tem uma carga elétrica que equilibra exatamente a carga do próton.

O que aconteceria se eles não estivessem exatamente equilibrados? Por exemplo, se o elétron carregasse mais carga que o próton, cada átomo no universo estaria negativamente carregado. Uma vez que as cargas iguais se repelem, os átomos se repeliriam, e o universo explodiria.

O princípio antrópico torna a criação ao acaso tão improvável quanto absurda.

O cientista Michael Behe propôs o que ele chama de "teoria da complexidade irredutível". Em seu livro *Darwin's Black Box* (A Caixa Preta de Darwin), de 1993, Behe discute a teoria de Darwin de que pequenas mudanças ao longo do tempo podem resultar em espécies inteiramente novas. Ele mostra que as pequenas mudanças que aparecem nas espécies como resultado da mutação genética não são vantajosas. Mais importante, muitas estruturas dentro do corpo, o olho por exemplo, são "irredutivelmente complexas". Os olhos trabalham apenas como o resultado da coordenação de muitas e variadas partes, e todas têm de estar coordenadas para uma só finalidade — a visão. Os cones e hastes da retina são inúteis sem as lentes do olho externo, que não teria função exceto pelo nervo ótico, etc.

Behe usa um exemplo familiar da complexidade irredutível: a ratoeira. Ele mostra que uma ratoeira não pode ser montada gradativamente. Você não pode começar com uma plataforma de madeira e apanhar alguns ratos, acrescentar uma mola e apanhar mais alguns ratos, acrescentar um martelo, e assim por diante. Não, para realmente começar a apanhar ratos, todas as partes devem estar montadas desde o princípio. A ratoeira não funciona até que todas as suas partes estejam presentes e trabalhando juntas.

Se pudesse ser demonstrado que qualquer órgão complexo existente não pudesse ter sido formado por numerosas, sucessivas e leves modificações, a minha teoria se desfaria completamente.

Charles Darwin, The Origin of Species *(A Origem das Espécies)*

Behe conduziu grande parte de seu trabalho dentro do contexto da célula individual, que havia sido considerada uma estrutura relativamente natural ou simples, mas que agora é entendida como sendo vasta e complexa. Muitas estruturas dentro da célula viva são como a ratoeira; elas envolvem todo um sistema de partes interativas, todas trabalhando juntas. Se uma parte evoluísse isoladamente, todo o sistema de partes interativas pararia de funcionar; e uma vez que, de acordo com o darwinismo, a seleção natural preserva as formas que funcionam melhor, o sistema com mau funcionamento seria eliminado pela seleção natural. Portanto, não há nenhuma explicação darwiniana possível sobre como surgiram as estruturas e sistemas irredutivelmente complexos.

"A simplicidade que uma vez esperaram ser o fundamento da vida", diz Behe, "provou ser um fantasma; em vez disso, horrendos sistemas de complexidade irredutível habitam a célula. A percepção resultante de que a vida foi planejada por uma inteligência é um choque para nós no século XX, pois nos acostumamos a pensar na vida como o resultado de simples leis naturais."

Muitos cientistas como Behe estão buscando as implicações do planejamento inteligente e acreditam que sua pressuposição — que o universo, na verdade, foi trazido à existência por um ser inteligente — pode abrir caminhos importantes de investigação que outros cientistas, cegados pelo naturalismo, foram incapazes de buscar.

25. *Se a ciência realmente não provou a evolução, por que ela ainda é aceita e ensinada nas escolas como um fato?*

As pessoas que não crêem na evolução são vistas como "ignorantes". E isto inclui os nossos adolescentes. Você precisa estar ciente da extrema pressão sob a qual seus adolescentes estão para aceitar a evolução como um fato. Ir contra a maré evolucionista na escola pode ter conseqüências severas. É realmente difícil para as crianças resistirem ao apelo de "o que todos sabem" — a posição secular.

Por exemplo, Danny Phillips era um estudante brilhante e motivado que escreveu um trabalho criticando um vídeo escolar que apresentava a teoria evolucionista como um fato. Sua crítica foi inteligentemente argumentada e persuasiva, e as autoridades da escola concordaram em parar de usar o vídeo.

Imediatamente, porém, a imprensa caiu em cima do menino. Um evolucionista proeminente atacou-o como um "inimigo do aprendizado". Muitas cartas foram enviadas ao jornal *Denver Post* chamando Danny e aqueles que o apoiaram de "religiosos fanáticos", "analfabetos científicos", e "ignorantes".

Infelizmente, criticar a evolução darwiniana na escola desperta a falsa idéia de que aqueles que crêem na criação em geral são reacionários, fundamentalistas ignorantes. A origem dessa idéia é um filme de 1960 chamado *Inherit the Wind*, baseado em uma peça teatral que tem o mesmo nome.

Muitas pessoas pensam que o filme é um relato levemente ficcionalizado do "julgamento do macaco" de Scopes, de 1925, no qual o brilhante advogado de defesa, Clarence Darrow, enfrenta um promotor mal preparado e com desastroso excesso de confiança, chamado William Jennings Bryan. Mas, na realidade, o filme é um hábil trabalho de propaganda.

Inherit the Wind conta a história de Bert Cates, um dedicado professor que ensina sobre a evolução, violando, desse modo, uma lei estadual. Cates é preso, e o julgamento subseqüente se torna um circo da mídia.

O advogado de Cates, Henry Drummond, zomba do promotor Matthew Harrison Brady, que é retratado como um cristão fundamentalista. Os habitantes da cidade fazem parte do elenco no papel de fanáticos ignorantes e cheios de ódio.

Toda uma geração de americanos cresceu com estas imagens. Crianças na escola lêem a peça, e o filme é mostrado em salas de aula por todo o país. Não importa que seja uma completa distorção do que aconteceu no verdadeiro julgamento de Scopes.

Na realidade, o julgamento foi organizado pelo Sindicato Americano das Liberdades Civis. Scopes nunca foi preso, e os residentes de Dayton (Tennessee), longe de serem fanáticos fora de si, demonstraram o melhor da hospitalidade sulista aos observadores e repórteres externos que afluíram para a sua cidade.

Contudo, foram a peça e o filme, não os eventos reais, que formaram os estereótipos comuns.

O mito amplamente difundido, que iguala as crenças da criação à ignorância, levou a maioria das escolas a ensinar ciências nos termos absolutos daquilo que "realmente existe", e considerando a natureza como tudo o que existe.

26. *Por que admitir a existência de um Criador poderia ameaçar os educadores?*

A autoridade previamente citada, Phillip Johnson, é um combativo professor de direito que viaja por escolas e universidades desafiando a evolução darwiniana. Em seu livro *Reason in the Balance* (Razão na Balança), ele diz: "Descobri que qualquer discussão com os modernistas sobre as fraquezas da teoria da evolução rapidamente se transforma em uma discussão de política, em particular de política sexual". Por quê? Porque os liberais "tipicamente temem que qualquer descrédito quanto à evolução naturalística termine com as mulheres sendo enviadas à cozinha, homossexuais, ao armário e os que defendem o aborto, à cadeia".

Para melhor ou para pior, herdamos uma visão de acordo com a qual a ciência é metodologicamente ateísta.

Nancy Murphy, Perspective on Science and Christian Faith *(Visão Panorâmica da Ciência e da Fé Cristã)*

Em outras palavras, no debate sobre a criação e a evolução, as pessoas sentem que há muito mais em jogo do que apenas uma teoria científica. O que é aceito como verdade científica assume, inevitavelmente, a forma da opinião que alguém tem sobre uma multidão de questões morais. As pessoas sentem que reconhecer a existência de um Deus Criador exige uma resposta.

Se a natureza é tudo o que existe, então não há Deus, e os ideais e padrões éticos não são baseados no que Deus diz; ao invés disso, são baseados no que os seres humanos pensam.

Se Deus existe e nos criou com um propósito, então somos obrigados a viver em conformidade com a ordem criada por Ele — as leis da natureza e as leis morais de Deus.

27. *Você tem certeza de que o cristianismo não é contra a ciência?*

Eu tenho certeza, mas muitos defensores contemporâneos da ciência querem, claramente, dar a impressão de que o cristianismo se opõe à ciência.

Muito em breve, "a religião deve ser considerada como uma prática anticientífica", escreveu John Maddox, editor do *Nature*, o jornal científico de maior prestígio no mundo. A maioria dos primeiros cientistas — Copérnico, Newton, Lineu — eram cristãos. Na verdade, os historiadores nos dizem que o cristianismo realmente ajudou a inspirar a revolução científica.

Considere alguns exemplos. Nas culturas pagãs, o mundo parecia estar vivo com suas deusas dos rios, divindades astrais e seus deuses do sol. Porém Gênesis 1 se coloca como um forte contraste a tudo isto. A natureza não é divina; ela é obra das mãos de Deus. O sol e a lua não são deuses; são meramente luminares colocados no céu para servir aos propósitos de Deus.

O ensino pagão provou ser uma barreira para a ciência: uma vez que a natureza inspirava a adoração religiosa, cavar muito próximo a seus segredos foi considerado irreverência. Mas os cristãos acreditavam que a natureza não deveria ser temida nem adorada. Neste contexto — e apenas neste contexto — a natureza poderia se tornar um objeto de estudo científico.

Uma outra pressuposição crucial para a ciência é que a natureza é ordenada. Esta pressuposição também foi um resultado de crenças cristãs. A crença de que Deus é racional e digno de confiança implica que esta criação é racional e ordenada. Os primeiros cientistas descreveram esta ordem como "lei natural". Hoje esta frase é tão comum, que podemos não perceber como ela já foi singular. Contudo, como o historiador A. R. Hall mostra, nenhuma outra cultura usava a palavra "lei" com relação à natureza. A idéia de leis na natureza veio do ensino bíblico de que Deus é tanto o Criador quanto o Legislador.

Este sistema tão bonito de sol, planetas e cometas só poderia se originar do conselho e domínio de um ser inteligente e poderoso.

Issac Newton, citado em The Soul of Science *(A Alma da Ciência)*

Até mesmo o método experimental da ciência tem suas raízes no cristianismo. Uma vez que é a "racionalidade" de Deus que controla a natureza e não a nossa própria, não podemos nos sentar em uma torre de marfim e fazer ciência por uma dedução puramente racional. Em vez disso, devemos fazer experiências e ver o que acontece.

Por exemplo, quando Galileu quis descobrir se um peso de dez quilos caía no chão mais rapidamente do que um peso de um quilo, ele não discutiu sobre a "natureza" do peso, como era comum entre os filósofos de seus dias. Em vez disso, deixou cair balas de canhão da Torre Inclinada de Pisa e observou o que aconteceu.

Alguns historiadores acreditam que a história de Galileu é falsa, mas a questão ainda se sustenta: Galileu e outros cientistas antigos argumentaram explicitamente em seus escritos que as maneiras de agir Deus na natureza não são necessariamente as nossas — que as maneiras de Deus agir na natureza têm de ser descobertas por experimentação e observação.

28. *Mas a perseguição da igreja católica a Galileu não provou a oposição cristã à ciência?*

A história de Galileu sempre forneceu argumentos aos críticos de religião. Eles adoram citá-la como o principal caso de seu "livro texto" da hostilidade cristã à ciência.

Em 1995, até mesmo a igreja católica romana parecia concordar. Galileu estava certo afinal, retumbavam as manchetes. Os noticiários anunciaram que a igreja católica romana oficialmente revogara a condenação de Galileu, imposta há mais de três séculos. O papa João Paulo II admitiu que a igreja cometeu um trágico engano ao forçar Galileu a renegar sua convicção de que a Terra gira em torno do sol.

No entanto, a história real não é um simples conto de mocinhos e bandidos. O papa que condenou Galileu não se opôs às idéias científicas. Na verdade, ele havia sido membro de um grupo que apoiava Galileu. O que de fato preocupava o papa não era a ciência de Galileu, porém a maneira como ele a usava para atacar a filosofia da igreja católica, que era uma adaptação da filosofia de Aristóteles.

Como você pode ver, Aristóteles ofereceu uma filosofia abrangente, cobrindo não só a metafísica e a ética, mas também a biologia, a física e a astronomia. Quando Galileu construiu o primeiro telescópio almejando estudar o céu, descobriu que Aristóteles estava profundamente equivocado em seus conceitos de astronomia. Por exemplo, Aristóteles ensinava que o sol era perfeito, Galileu, todavia, descobriu manchas solares e outras "imperfeições".

Em pouco tempo, Galileu estava atacando toda a filosofia de Aristóteles. Ele esperava substituí-la por uma nova filosofia mecanicista, que tratava o mundo como uma grande máquina operando somente pelas leis matemáticas, tendo Deus como o "grande mecânico".

Foi aí que as autoridades católicas ficaram preocupadas. Viram claramente que Galileu não estava apenas se dedicando a perguntas científicas, mas estava atacando o aristotelismo como um sistema completo. Porém, Aristóteles ensinou uma visão clássica da ética que muitos teólogos recorreram ao defender a ética bíblica. A hierarquia católica tinha medo de que os ataques contundentes de Galileu pudessem destruir a base moral da ordem social.

Foi esta preocupação pela moralidade e pela ordem social, e não a hostilidade à ciência, que motivou a oposição a Galileu. O conflito não era entre a religião e a ciência em si, mas entre as diferentes visões sobre o mundo, defendidas pelo cristianismo: a visão aristotélica do mundo, adotada pela igreja católica, e a competitiva visão mecanicista do mundo, proposta por Galileu.

O fato é que o cristianismo em si não é inerentemente hostil à ciência. Se fosse, estaríamos pressionados a explicar por que tantos fundadores da ciência moderna foram cristãos.

Alguns historiadores até especulam que a ciência jamais poderia ter se desenvolvido se não fosse o cristianismo. Por exemplo, o escritor de ciências Loren Eiseley diz que muitas civilizações desenvolveram um grande conhecimento técnico — o Egito com suas pirâmides, Roma com seus aquedutos, etc. — mas apenas uma produziu o método experimental que chamamos de ciência. Esta civilização foi a Europa, no final da Idade Média — uma cultura fundamentada na fé cristã. Eiseley escreve: "A ciência experimental deu início às suas descobertas [...] na fé [...] de que estava lidando com um universo racional controlado por um Criador que não agiu por capricho". Novamente, a própria idéia de que existem "leis" na natureza não é encontrada em nenhuma outra cultura.

O sociólogo R. K. Merton diz que a ciência moderna deve sua existência às obrigações morais bíblicas. Uma vez que Deus fez o mundo, os cristãos têm ensinado que temos a obrigação de estudá-lo e usá-lo, para a glória de Deus e benefício da humanidade. Mais uma vez, as instruções de Deus para os primeiros seres humanos, dar nomes aos animais e exercer o domínio sobre toda a criação, são intrínsecas ao propósito da vida.

Eiseley e Merton não são cristãos. Contudo, estão expressando um consenso entre os historiadores de que a fé cristã, na verdade, impulsionou o desenvolvimento da ciência moderna.

É verdade que Deus não pode ser colocado em um tubo de ensaio nem ser estudado em um microscópio. Mas foi Deus que criou e mantém as leis naturais, às quais os cientistas recorrem em suas teorias. E os cientistas que rejeitam a fé cristã estão na verdade "cortando o próprio galho" em que estão sentados.

Deus, que criou todas as coisas no mundo de acordo com sua norma de qualidade, também dotou o homem com uma mente que pode compreender essas normas.

Johannes Kepler, citado em The Soul of Science *(A Alma da Ciência)*

É hora de nós, cristãos, deixarmos de ser defensivos sobre a nossa história. Não se acomode passivamente quando ouvir estes velhos ataques de que o cristianismo é um inimigo da ciência.

A história da ciência é, em sua maior parte, uma história de cristãos lutando para entender o relacionamento de Deus com o mundo. Seja Galileu na Torre Inclinada de Pisa, seja Newton com sua maçã, a ciência ocidental tem uma rica história de cristãos colocando a fé em ação.

29. *Se existir vida em outros planetas, isso significa que os cristãos estão totalmente errados a respeito de Deus?*

Em 1996, os cientistas da NASA anunciaram que poderiam ter encontrado evidências de vida em Marte: moléculas orgânicas encravadas em um meteorito encontrado na Antártica. A mídia entrou instantaneamente em órbita, e até o presidente dos Estados Unidos saudou a descoberta como significativa.

A razão para todo o alvoroço é que a vida em outros planetas tem sido considerada, há muito tempo, a confirmação potencial da opinião naturalista do mundo — a teoria de que a vida surgiu por forças meramente naturais. O jornalista científico, Timothy Ferris, argumenta no jornal *The New Yorker* que se existiam organismos em Marte, então "a vida, longe de ser um milagre singular" na Terra, pode ser, na verdade, a conseqüência previsível de certas condições planetárias. A vida em Marte, Ferris argumenta, provaria que a vida começa "rotineiramente", sempre que as condições estiverem corretas, na Terra, em Marte ou em qualquer outro lugar.

Em outras palavras, se a vida marciana realmente existiu, alguns interpretariam isso como algo que faz a balança pender a favor do naturalismo, ao invés de pender a favor do Criador.

Mas será que a vida em outros planetas realmente provaria que Deus não existe? Absolutamente não. Não importa onde a vida é encontrada, ela é mais complexa do qualquer coisa produzida por forças naturais. Encontrar novas formas de vida em lugares estranhos não muda o fato.

Imagine que você fosse da cultura da Idade da Pedra e visse um computador pela primeira vez. Você não teria a menor idéia de onde veio uma estrutura tão complexa. Se alguém lhe entregasse um segundo computador, isto lhe diria de onde vêm os computadores? Claro que não. Nenhum mistério jamais foi resolvido acrescentando-se um outro mistério.

Da mesma maneira, se a origem da vida na Terra é um mistério, encontrar vida em outro lugar não colabora em nada com a solução do mistério — apenas acrescentaria um segundo mistério. Os seres viventes mais simples são espantosos em sua complexidade. Se a vida, mesmo como uma minúscula bactéria, existisse em Marte, ainda estaria muito além de algo puramente natural que as leis pudessem explicar.

Os cristãos crêem que onde quer que a vida ocorra, ela foi criada por um Deus pessoal. Como diz o biólogo e filósofo Paul Nelson, "a reivindicação do planejamento inteligente não significa que a vida esteja restrita à Terra. Significa que, onde quer que a vida exista, devemos saber que foi criada pela inteligência".

As Escrituras não dizem nada quanto à existência de outras formas de vida em outros lugares no universo. Ao longo da história, muitos cristãos têm considerado perfeitamente possível que exista vida em outros planetas. Na obra *God in the Dock* (Deus no Banco dos Réus), C. S. Lewis escreveu que o universo "pode estar repleto de vida", e argumenta que nós humanos não temos o direito de prescrever limites aos interesses de Deus. Naturalmente, as moléculas impregnadas na rocha encontrada na Antártica podem ou não indicar, realmente, traços de vida. Muitos cientistas permanecem céticos, e talvez deste lado do céu jamais saibamos com certeza se existe vida em outros planetas.

No entanto, onde quer que a vida exista, podemos estar certos de uma coisa: ela não foi o produto de forças naturais, mas de um Criador inteligente.

RESUMO DOS PONTOS PRINCIPAIS

√ Se Deus existe ou a natureza é tudo o que existe continua sendo uma questão filosófica, quer seja respondida por cientistas quer por teólogos.

√ As famosas experiências em tubos de ensaio sobre a origem da vida somente provaram quanta inteligência é necessária para se aproximar da origem da vida. Os cientistas não provaram por nenhum meio que a vida possa acontecer por acaso.

√ A macro-evolução — a evolução gradual de novas espécies — nunca foi provada. A complexidade e a organização inteligente do código do DNA sugere que a macro-evolução se apóia em uma teoria completamente falsa.

√ Os próprios evolucionistas insistem em que a sua teoria não deixa lugar para Deus. A evolução "teísta" pode ser uma transigência insustentável.

√ Além do código de DNA, o princípio antrópico e a complexidade irredutível das estruturas vivas são evidências de um planejamento inteligente. É relativamente fácil distinguir fenômenos naturais (como as ondas rebentando na praia) de fenômenos inteligentemente criados (como as pirâmides do Egito). O critério que usamos para distinguir um do outro pode ser aplicado à origem da vida.

√ O "fato da evolução" é um mito poderoso hoje, e traz enormes desafios aos cristãos ponderados, sejam adolescentes ou adultos.

√ O cristianismo é amplamente responsável pelo advento da ciência moderna dentro da cultura ocidental. O cristianismo não se opõe à ciência; antes, fornece um contexto apropriado para as investigações científicas.

CAPÍTULO 4

Podemos realmente Acreditar na Bíblia?
Fundamentos, Evidências Históricas e as Escrituras

30. *A Bíblia não é como os outros livros antigos, cheia de mitos e superstições?*

Esta pergunta não deve ser inesperada. Muitas vozes na nossa cultura estão fazendo o melhor que podem para alimentar essa impressão. Durante uma recente época natalina, o jornal *USA Today* publicou um artigo chamado "Quem foi Jesus?", que retratava o evangelho como uma coleção de mitos e lendas. Outro jornal, o *Newsday*, publicou um artigo com uma temática semelhante. O *Toronto Star* e até mesmo o conservador *U. S. News and World Report* fizeram a mesma coisa.

Contudo, os meios de comunicação praticamente ignoraram uma história muito mais interessante que surgiu na mesma ocasião, uma história que confirma a Bíblia.

A algumas milhas de Nazaré, onde Jesus cresceu, os arqueólogos encontraram duas cidades soterradas que revelam um nível de cultura surpreendentemente avançado. Removendo com muito cuidado a poeira de séculos, eles desenterraram jóias, utensílios de cerâmica, prensas para extração de azeite de oliva em escala industrial e um anfiteatro romano com espaço suficiente para acomodar mil espectadores. Os estudiosos ficaram maravilhados. Obviamente, Nazaré não era um lugar atrasado. Estava situada no meio de um centro de cultura e comércio cosmopolita.

E os discípulos de Jesus não eram viajantes rústicos nem esfarrapados. Eram proprietários de pequenos negócios, possuíam considerável conhecimento de economia e estavam envolvidos no comércio com cidades distantes. Parece que a Galiléia era tão sofisticada quanto qualquer outra parte do Império Romano.

Essa não é a primeira vez que arqueólogos fornecem mais informações a nossa compreensão histórica da Bíblia. Houve uma época em que os críticos diziam que Moisés não poderia ter escrito o Pentateuco porque a escrita ainda não havia sido inventada. Então os arqueólogos descobriram que a escrita estava bastante desenvolvida, não apenas nos tempos de Moisés como antes de Abraão. Séculos antes do nascimento de Abraão, o Egito e a Babilônia estavam repletos de escolas e bibliotecas. Os arqueólogos escavaram e encontraram dicionários escritos em quatro línguas, compilados para tradutores.

Houve uma época em que os críticos duvidavam da geografia bíblica. Por exemplo, em uma ocasião, alguns estudiosos referiram-se aos heteus como um povo mitológico mencionado unicamente na Bíblia. Mas hoje muitos museus expoem as estátuas de pedra maciça, características da cultura desse povo.

Em outro momento, os críticos reservaram o seu ceticismo mais agudo para os primeiros capítulos de Gênesis, reduzindo os patriarcas a uma simples lenda. No entanto, a arqueologia demonstrou que o livro de Gênesis dá uma descrição minuciosa de nomes, lugares, rotas de comércio e costumes da época dos patriarcas.

Nas palavras do historiador inglês Paul Johnson "o cristianismo, como o judaísmo que o originou, ou é uma religião histórica ou não é nada. Ele não lida com mitos, metáforas e símbolos, nem com situações passageiras ou ciclos. Lida com fatos".

Agora não é o homem de fé, mas sim o cético, que tem razão para temer o curso das descobertas.

Paul Johnson, "A Historian Looks at Jesus" ("Um Historiador Olha para Jesus")

Naturalmente, sempre haverá críticos. Mas a Bíblia continua a ser aprovada com notas excelentes quando se põe à prova sua exatidão histórica, o que não acontece com outros livros antigos. A Bíblia foi examinada de maneira minuciosa, e conclui-se que é absolutamente confiável.

31. *A Bíblia foi escrita por tantas pessoas — que grau de precisão ela pode ter?*

Muitas pessoas pensam que a Bíblia apresenta erros porque foi copiada e recopiada muitas e muitas vezes. Este é um detalhe importante, em particular com relação ao Novo Testamento.

O cristianismo depende da história. Por essa razão, poucos assuntos têm sido mais exaustiva e criticamente verificados ao longo dos séculos do que aqueles que estão relacionados à exatidão das Escrituras.

Meu próprio estudo como um advogado cético me levou às seguintes conclusões inesperadas. Os homens que escreveram o Novo Testamento eram hebreus, e os estudiosos concordam que os hebreus eram meticulosos — suas transcrições eram precisas e literais. O que fosse dito ou feito deveria ser registrado com detalhes esmerados e fiéis; se houvesse qualquer dúvida sobre um determinado acontecimento ou detalhe, este não era incluído.

Além disso, para assegurar a autenticidade da Bíblia, Deus se certificou de que a vida de Cristo fosse registrada a partir de várias perspectivas. Por mais estranho que pareça, todos os relatos coincidem, até mesmo o de Paulo, embora ele não fosse um seguidor de Cristo durante o ministério terreno do Senhor.

Novas descobertas arqueológicas no campo dos estudos bíblicos reforçaram a evidência de que os Evangelhos foram escritos por contemporâneos de Jesus, que conheceram em primeira mão a sua vida e os acontecimentos da Igreja Primitiva. (Discutiremos isto com mais detalhes no próximo capítulo.) Existem mais motivos do que nunca para acreditar que a Bíblia foi transcrita fielmente e que tem absoluta precisão histórica.

32. *Por que as pessoas são tão céticas sobre a exatidão da Bíblia?*

Os céticos freqüentemente criticam os cristãos por terem um determinado ponto de vista em relação ao conteúdo das Escrituras — por verem na Bíblia o que querem. Mas esse argumento pode se voltar contra eles mesmos. Talvez os céticos é que tenham a sua própria interpretação.

Na verdade, a maioria das teorias dos céticos sobre as Escrituras surgiu antes que a arqueologia se tornasse uma ciência. As pessoas tornaram-se céticas não por causa dos fatos, mas por causa da filosofia — por mais estranho que pareça, trata-se da mesma filosofia sobre a qual o darwinismo se apóia: a evolução.

Muito antes que Darwin desenvolvesse a evolução como uma teoria biológica, ela já era uma filosofia. Há aproximadamente duzentos anos, o filósofo Georg Friedrich Hegel argumentou que tudo se desenvolve através de estágios, do simples ao complexo — inclusive as sociedades e as idéias. "Nenhuma idéia", disse ele, "é verdadeira em um sentido absoluto ou atemporal".

No campo teológico, a filosofia evolutiva de Hegel levou ao que chamamos de "alto criticismo" e está em aplicação hoje em dia em projetos como o Seminário de Jesus. Se as idéias evoluem, decidiram os teólogos, então as idéias religiosas devem começar com as noções cruas e simples sobre Deus, e evoluir gradualmente para noções mais elevadas.

O problema é que a Bíblia não mostra nenhuma progressão desse tipo. Ela não começa com idéias "primitivas", como o animismo ou o politeísmo, para ir progredindo em direção a idéias mais "avançadas" como o monoteísmo. Em vez disso, ela reflete um elevado monoteísmo ético desde as primeiras palavras de Gênesis.

Mas isso não deteve os teólogos modernistas. "Descobriremos a seqüência evolutiva 'correta'", disseram eles, "e reordenaremos a Bíblia para que ela se encaixe". Os trechos que esses teólogos julgavam mais primitivos eram considerados anteriores aos trechos que julgavam mais refinados — independentemente da verdadeira localização desses trechos no texto bíblico.

"O simples fato de a Bíblia não se encaixar na seqüência evolutiva", dizem os críticos, "prova que ela está repleta de erros".

As evidências arqueológicas têm comprovado a Bíblia repetidamente. Em conjunto, não pode haver dúvida de que os resultados de escavações aumentaram o respeito dos estudiosos pela Bíblia como uma coleção de documentos históricos.

Millar Burrows, citado em Bibliotheca Sacra

Aqui está a raiz do ceticismo bíblico. Ele não nasceu de nenhuma dificuldade de se fazer a correspondência entre a Bíblia e os fatos históricos da arqueologia. Foi simplesmente um esforço de inexperientes para obrigar o cristianismo a se adequar a um modelo evolutivo.

Assim, quando você ouvir a palavra "evolução", não pense apenas em Darwin. A parte mais destrutiva da evolução foi a sua filosofia — aquela que insiste em obrigar que tudo, até mesmo a religião, faça parte de uma seqüência evolutiva pré-concebida.

E cada vez que os arqueólogos fazem novas descobertas, a filosofia evolutiva se torna ainda mais desacreditada.

33. *E os milagres? Foram e são reais?*

Quando falo sobre a verdade histórica da Bíblia, as pessoas freqüentemente perguntam: "E Jonas e o grande peixe? E Noé e o Dilúvio? E a abertura do mar Vermelho?" Essas histórias parecem tão absurdas a ponto de comprometer a seriedade da Bíblia.

Mas os cientistas que estudam esses acontecimentos dizem que eles não são tão impossíveis quanto parecem. Às vezes, são apenas casos especiais de leis da natureza perfeitamente normais.

Vejamos, por exemplo, a abertura do mar Vermelho. O registro bíblico diz que Deus usou o vento leste, que soprou durante toda a noite, para abrir as águas. É uma verdade científica bastante conhecida que um vento constante soprando sobre um corpo d'água pode mudar o nível da água. Então, dois oceanógrafos decidiram verificar se a mesma coisa poderia acontecer no trecho estreito do mar Vermelho que alcança o Golfo de Suez, por onde muitos estudiosos acreditam que os israelitas tenham passado para fugir do exército de Faraó.

A conclusão dos cientistas, expressa no *Bulletin of the American Meteorological Society*, é que um vento moderado, soprando constantemente durante aproximadamente dez horas, poderia perfeitamente ter causado um recuo de um quilômetro e meio a três quilômetros das águas do mar. O nível da água baixaria em três metros, fornecendo terra seca para que os israelitas pudessem atravessar. "O Golfo de Suez possui um corpo de água ideal para um processo como este por causa da sua geografia única", disse um dos cientistas.

Mais tarde, uma mudança súbita no vento poderia ter feito com que a água retornasse rapidamente — em uma onda repentina e devastadora. Essa pode ter sido a armadilha para o exército do Faraó, da mesma forma como a Bíblia descreve.

Naturalmente, o estudo não prova que a travessia do mar Vermelho tenha acontecido desta maneira. Apenas mostra que

Deus poderia ter usado forças perfeitamente normais para realizar a libertação milagrosa do povo.

Agora, um cético poderia argumentar que, se existe uma explicação natural, então isso não foi um milagre. Mas se foi apenas um acontecimento natural, não é estranho que o mar tenha se aberto exatamente quando Moisés conduzia o seu povo? E que tenha voltado ao seu leito exatamente quando os soldados do Faraó entraram nele para continuar a perseguição?

Não, Deus pode usar um processo natural para atingir os seus objetivos, mas ainda assim esta será uma obra da sua mão, no seu ritmo e para cumprir os seus propósitos.

Às vezes, até a Bíblia dá algumas pistas intrigantes que tardam anos para serem verificadas. Em seu livro *An Anthropologist on Mars* (Um Antropólogo em Marte), Oliver Sacks descreve o caso de um homem chamado Virgílio, que era cego desde a infância. Com a idade de cinqüenta anos, Virgílio fez uma cirurgia que lhe trouxe de volta a visão.

O que Virgílio vivenciou posteriormente, sem querer, confirmou o relato da Bíblia sobre um dos milagres de Jesus. Depois da cirurgia, ele sofreu o que é chamado de síndrome pós-cegueira: a incapacidade de compreender o panorama de cores e formas que abarrotam o nosso campo de visão. Como Sacks escreveu, Virgílio "captava detalhes... um ângulo, uma ponta, uma cor, um movimento, mas não era capaz de sintetizar tudo para formar uma percepção complexa de imediato". Por exemplo, quando olhasse para um gato, ele "veria uma pata, o focinho, o rabo, uma orelha, mas não conseguiria enxergar o gato como um todo".

Levou algum tempo e foram necessários vários exercícios, mas Virgílio estudou uma árvore e finalmente aprendeu a colocar todas as imagens juntas. Nas palavras de sua esposa, "ele agora sabe que o tronco e as folhas estão juntos para formar uma unidade completa".

Estas palavras deveriam fazer "soar uma campainha" para os cristãos que conhecem o Novo Testamento. A história de Virgílio tem uma fantástica semelhança com a história do cego de Betsaida.

Em Marcos 8.24 está escrito que depois de ser curado de sua cegueira, o homem disse a Jesus: "Vejo os homens, pois os vejo como árvores que andam".

Na *National Review*, D. Keith Mano observa que esta frase "não é uma imagem poética, mas uma descrição clínica". Esta cura bíblica descreve o mesmo fenômeno vivido por Virgílio. Resumindo, Mano conclui: "Esta é uma evidência irrefutável de que um milagre realmente ocorreu em Betsaida... nenhum [charlatão] na multidão poderia ter simulado tudo isso fingindo ser cego... um embusteiro, não sabendo nada sobre a síndrome pós-cegueira; teria dito que Jesus lhe havia dado a visão perfeita".

Assim, o Novo Testamento diz que Jesus curou o homem duas vezes: uma da cegueira e depois da síndrome pós-cegueira (ver Mc 8.25).

Na idade da ciência, os céticos e até mesmo alguns cristãos estão muito ansiosos para explicar os milagres de Cristo. Eles dizem que os progressos na ciência irão finalmente fornecer uma explicação natural aos eventos que parecem ser sobrenaturais.

Entretanto, ironicamente, como mostra a história de Virgílio, a ciência está fornecendo uma explicação maravilhosa para o cristianismo. A história da cura milagrosa do cego por Jesus não pôde ser entendida até os nossos dias, quando a medicina moderna nos deu informações adicionais sobre o restabelecimento da visão.

O incidente da cura do cego em Betsaida não apenas ajuda a nossa compreensão científica da visão, mas também atesta a responsabilidade que os escritores dos Evangelhos sentiram ao descrever corretamente os detalhes — mesmo aqueles que não compreendiam.

34. *Preciso acreditar na Bíblia toda? Não posso acreditar somente nas partes com que me sinto bem ou que têm a ver com a minha própria filosofia?*

Vivemos em um mundo de escolhas. Os progressos da tecnologia nos dão mais liberdade para viver e trabalhar em nossos próprios termos e dentro das nossas áreas de conforto. Com o simples apertar de um botão podemos ver ou ouvir mais de mil fontes de informação, usando o que quisermos e descartando o resto. Por que não poderíamos ter a capacidade de "passear" pela Palavra de Deus escolhendo aquilo que nos convém, da mesma maneira que escolhemos aquilo que vamos comer em um restaurante?

Porque quando usamos o método de escolher na Bíblia as passagens que quisermos para justificar os nossos próprios preconceitos, o resultado poderá ser o desastre ou um evangelho privado do seu poder de salvação. A história está repleta de relatos sobre como a Palavra de Deus foi distorcida e forçada, usada como mera ferramenta para defender cruzadas pessoais e teologias equivocadas. No século XIX, muitos americanos que apoiavam a escravidão citavam versículos da Bíblia fora do contexto original como justificativa para o seu ponto de vista.

De maneira diferente das duras cruzadas do passado, a cruzada da atualidade — essa abordagem do tipo "self-service", ou seja, escolher apenas a parte desejada — freqüentemente procura usar as Escrituras com o único objetivo de assegurar as áreas de conforto de alguém.

Uma dessas cruzadas de "área de conforto" é a de remodelar o papel do Senhor Jesus com a finalidade de encaixá-lo em uma perspectiva secular moderna. Essa tendência está crescendo, e os teólogos são os líderes. Basta examinar o título de alguns livros que chegam às livrarias. O livro *Born of a Woman: A Bishop Rethinks the Birth of Jesus* (Nascido de Mulher: Um Bispo Reconsidera o Nascimento de Jesus), de John Spong, oferece a absurda sugestão de que Maria tinha sido estuprada e que o nascimento virginal tenha sido tramado pela igreja como um disfarce.

Em *Jesus the Man* (Jesus, o Homem), a professora de divindade Barbara Thiering escreve que Jesus não morreu na cruz, mas foi envenenado. Disse ainda que o Senhor reviveu, casou-se e teve três filhos.

Em *The Historical Jesus* (O Jesus Histórico), o teólogo católico John Crossan argumenta que Jesus não ressuscitou dos mortos. Em vez disso, seu corpo teria sido sepultado em uma cova rasa, desenterrado e devorado por cães.

Considerados em conjunto, livros como esses podem criar um amplo ambiente de opinião de que a Bíblia seja simplesmente uma coleção de mitos e erros. Até mesmo os cristãos evangélicos podem gradativamente aceitar o mesmo princípio e começar a separar a fé dos fatos. Alguns chegam a dizer que a Bíblia é verdadeira em sua mensagem espiritual, porém repleta de erros em sua história.

Mas as Escrituras nunca separam a fé dos fatos. Em 1 Coríntios 15, Paulo explicitamente argumenta que se Cristo não ressuscitou dos mortos, a nossa fé é vã. Também nos adverte com as palavras mais fortes possíveis contra alterar o evangelho a nosso bel prazer, ou para servir aos nossos propósitos. Ele escreve: "Assim como já vo-lo dissemos, agora de novo também vo-lo digo: se alguém vos anunciar outro evangelho além do que já recebestes, seja anátema" (Gl 1.9).

Além disso, uma vez que você aceite que as Escrituras podem estar erradas, começará a realizar "cirurgias" no texto. Você separará alguns detalhes históricos e os armazenará em uma pilha identificada como "possível de se acreditar", etiquetará o restante como "inacreditável" e jogará fora. Mas esta atitude com certeza não teria lógica. Trata-se de um só e o mesmo texto. Se a Bíblia é confiável quanto a determinados fatos, por que se tornaria repentinamente não confiável quanto a outros?

Não, a Bíblia não é como uma poltrona feita com almofadas macias, que se ajustam a cada pessoa. Devemos aceitar por completo a Bíblia e a sua mensagem. De outra forma, estaremos "recriando" o papel do Senhor Jesus, na tentativa de fazer com que Ele se adapte aos nossos preconceitos pessoais.

RESUMO DOS PONTOS PRINCIPAIS

√ A Bíblia é historicamente precisa. As evidências arqueológicas refutaram muitas objeções feitas pelos críticos.

√ Temos todas as razões para acreditar na exatidão dos textos do Novo Testamento. Muitos dos homens que o escreveram eram hebreus, e os estudiosos concordam que os hebreus eram meticulosos, e suas transcrições precisas e literais.

√ O ceticismo sobre a exatidão da Bíblia se intensificou em virtude da filosofia evolutiva de Hegel, e não por causa de alguma evidência empírica. Ele ensinava que as idéias evoluem e, como resultado, os teólogos decidiram que as idéias religiosas deveriam começar com as mais rudes e simples noções a respeito de Deus, e mover-se gradualmente, passando a noções mais elevadas. A Bíblia não mostra nenhuma progressão desse tipo. Ela reflete um elevado monoteísmo ético desde as palavras iniciais do livro de Gênesis.

√ Os teólogos modernistas aplicaram as noções evolutivas de Hegel às Escrituras, atribuindo datas anteriores aos trechos que consideraram mais primitivos e datas posteriores aos trechos que consideraram mais refinados. Isso é a base do que veio a ser chamado de "alto criticismo" e hoje em dia é aplicado em projetos como o Seminário de Jesus.

√ Os milagres da Bíblia tendem a ser confirmados, e não refutados, pelas investigações científicas.

√ A Bíblia deve ser aceita como um todo. As Escrituras nunca separam a fé dos fatos (ver 1 Co 15).

CAPÍTULO 5

Quem É Jesus Cristo, e por que Ele É Importante?

A Realidade, a Missão e a Obra de Jesus Cristo

35. *Como podemos saber se Jesus realmente existiu? Talvez os discípulos o tenham inventado.*

Como os jovens quase nunca falam de Jesus na escola, podem com facilidade ter a impressão de que Ele não existiu, ou, se existiu, não foi realmente importante.

Sabemos que Jesus viveu porque temos relatos históricos que foram registrados durante vinte a quarenta anos após a sua crucificação. É o tempo de uma geração — menos tempo do que o período que nos separa do final da Segunda Guerra Mundial — e um período muito curto para que se criem mitos e lendas.

Na verdade, se tentarmos equiparar as evidências históricas de Jesus com as evidências de outros personagens que viveram em épocas antigas, não há comparação. Pense nisso: embora não tenhamos os documentos originais do Novo Testamento, temos milhares de cópias — algumas delas escritas nos cem primeiros anos após a morte de Jesus.

Compare esse fato às evidências de vários outros escritores. O escritor romano Tácito é considerado uma fonte histórica de primeira categoria. Mas temos somente vinte cópias de seu trabalho, e o primeiro manuscrito data de mil anos após a sua morte. Ninguém duvida da autenticidade do filósofo grego Aristóteles. Todavia a primeira cópia de seu trabalho data de quatrocentos anos após a sua morte. Sabemos tudo sobre Júlio

César, mas a primeira cópia de suas *Guerras Gálicas* é datada de mil anos após o original.

Simplesmente, não pode haver dúvida de que o Novo Testamento seja um documento autêntico — que descreve acontecimentos reais. A existência de Jesus é um fato com mais autenticidade do que qualquer outro personagem dos tempos antigos. Assim, quando seus adolescentes ou seus amigos perguntarem se Jesus foi uma pessoa real, responda com a pergunta deles: Júlio César foi uma pessoa real? E Aristóteles? Se eles responderem que sim, diga-lhes que a evidência relacionada a Jesus é muito mais forte.

Ainda mais surpreendente é um estudioso alemão ter revelado novas evidências de que os três pequenos fragmentos das Escrituras que ele encontrou em uma biblioteca na Universidade de Oxford foram escritos por um contemporâneo de Cristo — um contemporâneo que tinha provas em primeira mão de que Jesus era o Filho de Deus. Esses fragmentos contêm linhas de Mateus 26, e descrevem a ocasião em que uma mulher derramou ungüento sobre Cristo e a traição de Judas.

Os fragmentos foram doados à biblioteca de Magdalen College, em Oxford, em 1901, por um ex-aluno missionário que os tinha trazido do Egito. E ali permaneceram por quase um século, até que um pesquisador alemão chamado Carsten Thiede recentemente decidiu examiná-los com mais cuidado.

Os primeiros estudiosos acreditavam que os manuscritos no papiro foram escritos no segundo século da era cristã. Porém os progressos na pesquisa de textos gregos possibilitaram que o Dr. Thiede chegasse a uma conclusão diferente e mais precisa. Ele percebeu que os fragmentos estavam escritos em um estilo grego que era comum no século I a.C., mas que saiu de moda na metade do século I d.C. O pesquisador também concluiu que o manuscrito de Magdalen College tinha sido, de fato, escrito aproximadamente no ano 50 d.C., algo como dezessete anos depois da crucificação de Cristo. E o manuscrito de Oxford é uma cópia, o que quer dizer que o original do Evangelho de Mateus provavelmente foi escrito antes.

Considerando a descoberta do Dr. Thiede, isso poderia significar que o Evangelho de Marcos, que precede o de Mateus, foi escrito por volta do ano 40 d.C. — apenas sete anos após a crucificação.

Imagine só — apenas sete anos!

As conclusões do Dr. Thiede desacreditam os ensinamentos de estudiosos liberais, que afirmam que os Evangelhos foram escritos depois de cem anos ou mais da crucificação de Cristo e que os contemporâneos de Jesus não acreditavam quando Ele falava de sua divindade. Eles consideram os relatos acerca de seus milagres e da ressurreição como produtos da tradição oral.

Em nenhum outro caso o intervalo entre a composição do livro e a data dos primeiros manuscritos [ainda existentes] é tão curto como no Novo Testamento... É tão curto que chega a ser insignificante, e a última sombra de dúvida de que as Escrituras chegaram a nós substancialmente como foram escritas foi agora dissipada.

Sir Frederick G. Kenyon

Entretanto, se os Evangelhos realmente foram escritos pouco tempo depois de Jesus ter andado pelas estradas da Galiléia, como acreditam os evangélicos, então não houve tempo para que surgisse uma tradição oral baseada na imaginação. Mais emocionante ainda é o fato de que quando os manuscritos de Magdalen College se referem a Jesus, eles usam a palavra "Senhor", traduzida de um termo grego que era reservado como referência exclusiva a Deus, provando que os primeiros cristãos realmente acreditavam que Jesus era o próprio Deus.

Os cristãos não deveriam se surpreender quando documentos históricos autenticam a veracidade da Bíblia. Como escreve o historiador Paul Johnson: "Em longo prazo, a verdade cristã e a verdade histórica devem coincidir".

Em virtude de décadas de ensinos liberais, hoje em dia muita gente não tem certeza de que o Novo Testamento seja confiável. É por isso que esses fragmentos de Magdalen College são tão importantes. Eles fornecem evidências sólidas da historicidade das Escrituras e trazem a realidade histórica de Cristo a um foco mais detalhado do que nunca.

36. *Será que muitas das "evidências históricas" do cristianismo não terão sido simplesmente fabricadas pelos cristãos?*

Ninguém jamais encontrou qualquer evidência sólida que confirmasse essa idéia. Os primeiros cristãos sabiam que sua fé estava fundamentada em acontecimentos históricos, e a evidência exterior continua a confirmar a exatidão histórica dos relatos dos Evangelhos. Os Evangelhos dizem que Jesus foi julgado perante o sumo sacerdote Caifás. Quando foi escavada uma antiga tumba em Jerusalém em 1993, foi descoberto o túmulo da família de Caifás. Dentro dela estavam os ossos do infame sumo sacerdote mencionado nos Evangelhos.

Os Evangelhos mencionam que Jesus também foi levado ao governador da Judéia, Pôncio Pilatos: uma inscrição do século I, descoberta em Cesaréia, confirma que Pilatos foi o governador da Judéia entre os anos 26 e 36 d.C.

Além disso, Tácito, o historiador romano do século II, confirma que o cristianismo foi fundado por um homem chamado Christus, afirmando que ele foi "levado à morte como um criminoso por Pôncio Pilatos, procurador [ou governador] da Judéia, durante o reinado de Tibério".

O mais bonito no cristianismo é que, se tivéssemos estudiosos que gastassem suas vidas inteiras para levantar dúvidas, no final iríamos encontrar somente mais e mais força em nossa tradição. Não deveríamos ter medo das investigações honestas.

James Charlesworth

Algumas pessoas pensam que os lugares sagrados em Israel são apenas o produto de lendas da fé. Ao longo dos anos, pagãos fervorosos tentaram esconder as raízes do cristianismo construindo templos e outras estruturas sobre elas. Mas os seus esforços tiveram o efeito oposto. Em vez de esconder os lugares sagrados do cristianismo, eles os deixaram marcados para sempre, dando um testemunho poderoso dos registros dos Evangelhos.

Por exemplo, no ano 135 d.C. o imperador romano Adriano tinha acabado de subjugar a Judéia após a Segunda Revolta dos Judeus. Decidido a impor a religião romana aos judeus, ele destruiu as sinagogas em Jerusalém e então voltou sua atenção aos cristãos. Haveria melhor maneira de esmagar essa religião florescente do que destruir os seus lugares sagrados?

Os cristãos da época veneravam o lugar da crucificação e ressurreição de Cristo; então Adriano ocultou o lugar debaixo de uma plataforma maciça de concreto e no seu topo construiu um templo ao deus pagão Zeus.

Quase dois séculos depois a situação se reverteu. Quando o imperador Constantino converteu-se ao cristianismo, quis construir uma magnífica igreja em Jerusalém para homenagear a crucificação e a ressurreição de Cristo, e insistiu que a igreja deveria ser construída no lugar onde os fatos ocorreram. Quando os arquitetos de Constantino chegaram à Palestina, os cristãos lhes mostraram o templo de Adriano, que marcava o lugar com precisão.

Os construtores começaram o trabalho demolindo o templo pagão. Seguramente, debaixo do templo eles encontraram a antiga pedreira chamada Gólgota e, nas proximidades, o que restava da tumba de Cristo. Atualmente, a Igreja do Santo Sepulcro, na cidade velha de Jerusalém, ainda destaca o lugar da crucificação e ressurreição de Cristo.

Os cristãos construíam igrejas por toda a Terra Santa para assinalar o local dos verdadeiros acontecimentos históricos, e não de lendas de fé.

37. *Jesus pode ter sido uma pessoa real, mas será que Ele é Deus?*

A essência do cristianismo se resume em uma frase que deixa a mente humana perplexa: Jesus Cristo é Deus (Jo 10.30).

Não apenas uma parte de Deus... ou apenas enviado por Deus... ou relacionado com Deus. Ele é Deus.

Quanto mais eu combatia essas palavras quando comecei a considerar a verdade do cristianismo, mais elas destruíam uma porção de velhas e cômodas noções com as quais eu tinha vivido.

Em seu livro *Mere Christianity* (Cristianismo Puro e Simples), um dos livros que mais me influenciaram em minha conversão, C. S. Lewis diz de forma clara e direta: "Para que Cristo tivesse falado como falava, vivido como vivia, e morrido como morreu, ou Ele era Deus ou um homem completamente louco".

Essas duas alternativas colocam cada um de nós frente a uma opção — simples, inflexível e assustadora. Antes de ler a apresentação direta de Lewis sobre as duas únicas maneiras possíveis de enxergar a Jesus Cristo, eu estava satisfeito em pensar nEle como um profeta e professor inspirado que tinha caminhado pelas estradas empoeiradas da Terra Santa. Se uma pessoa não considerar a Cristo como mais do que isto, eu pensava, então o cristianismo será, para ela, como tomar um remédio coberto de açúcar uma vez por semana, aos domingos pela manhã.

Os líderes da época de Jesus não quiseram a sua morte porque Ele era simplesmente um homem bom (louco) ou uma ameaça à autoridade deles. Jesus foi acusado de blasfêmia por declarar que era Deus (Mc 14.61-64). Ele foi executado porque afirmava ser exatamente o que os cristãos de hoje afirmam que Ele é — o Deus verdadeiro.

38. *O que prova que Jesus é Deus?*

A ressurreição do corpo de Cristo dentre os mortos confirma a reivindicação de Jesus de que Ele é Deus. A ressurreição estabelece a autoridade de Cristo e, dessa forma, valida os seus ensinos sobre a Bíblia e sobre si mesmo. Como mencionamos anteriormente, o apóstolo Paulo não mediu palavras sobre isso: "Se Cristo não ressuscitou, é vã a vossa fé, e ainda permaneceis nos vossos pecados" (1 Co 15.17).

Paulo pode ser considerado severo por basear o cristianismo na ressurreição do corpo. Mas ele tinha certeza absoluta da ressurreição de Cristo. Tinha se encontrado face a face com Jesus na estrada para Damasco, e tinha caminhado com os apóstolos que estiveram com Jesus e com muitas das quinhentas testemunhas que viram o Senhor ressuscitado (1 Co 15.6). A ressurreição confirma a reivindicação de Jesus de que Ele é o Messias e o próprio Deus.

Algumas pessoas consideram a ressurreição como uma fraude, o resultado de uma conspiração de Paulo e dos outros apóstolos. Como um co-participante na conspiração no escândalo Watergate, sei que a ressurreição não poderia ser uma fraude perpetrada por uma conspiração ou um complô.

Em março de 1973, nove meses depois da infame invasão Watergate no centro de operações do Comitê Nacional Democrático, finalmente foi se tornando claro para mim e para os outros auxiliares mais próximos de Richard Nixon que existia uma trama criminosa, na qual o presidente poderia estar envolvido. Não havia mais do que doze de nós que entendíamos a gravidade da situação. A questão era: poderíamos suportar a situação e salvar o presidente?

Você precisa levar em consideração que éramos políticos zelosos e estávamos entre os homens mais poderosos do mundo. Com tudo aquilo em jogo, e com todo o nosso poder, você esperaria que fôssemos capazes de sustentar uma mentira para proteger o presidente. Mas não fomos.

O coração humano é singularmente suscetível aos caprichos, às mudanças, às promessas, ao suborno. Tudo o que um dos discípulos tinha de fazer era negar a sua história, persuadido por alguma dessas coisas, ou ainda por causa da possível prisão, tortura e morte, e estariam todos perdidos.

Blaise Pascal, Pensées

O primeiro a ceder foi John Dean, o assistente que conhecia mais informações. Ele se dirigiu aos promotores e se ofereceu para testemunhar contra o presidente. Depois disso, todos começaram a lutar para proteger a si mesmos. Quando isso aconteceu, o presidente já estava condenado: a conspiração foi rapidamente esclarecida. O grande disfarce de Watergate durou apenas três semanas. Nós éramos alguns dos políticos mais poderosos do mundo, e não conseguimos sustentar uma mentira por mais de três semanas.

O que é que este fiasco do século XX pode nos dizer sobre o século I? Um dos argumentos mais comuns contra o cristianismo é a teoria da conspiração. Os críticos freqüentemente tentam explicar o túmulo vazio dizendo que os discípulos mentiram — que eles roubaram o corpo de Jesus e conspiraram fingindo, juntos, que Ele tinha ressuscitado. Então, os apóstolos conseguiram recrutar mais de quinhentas pessoas (1 Co 15.6) para que mentissem como eles, dizendo que viram a Jesus depois que Ele ressuscitou dos mortos.

Mas quão plausível é essa teoria?

Para sustentá-la, você deve estar disposto a acreditar que durante os cinqüenta anos seguintes os apóstolos estariam prontos a suportar o ostracismo, os espancamentos, as perseguições e (para todos menos um) uma morte de mártir sem jamais renunciar à convicção de que eles tinham visto o corpo ressuscitado de Jesus. Será que alguém realmente acha que eles poderiam ter sustentado uma mentira o tempo todo?

Não, alguém teria cedido, exatamente como aconteceu com tanta facilidade no caso Watergate. Algum tipo de evidência incontestável ou confissão em um leito de morte teria aparecido. Mas aqueles homens tinham estado face a face com o Deus vivo. Eles não poderiam negar o que tinham visto.

O fato é que as pessoas darão a vida por aquilo que acreditam ser verdade, mas nunca darão a vida por aquilo que sabem que é mentira. O disfarce de Watergate prova que os doze homens mais poderosos na América moderna não conseguiram manter uma mentira; por esta razão, os doze homens menos poderosos, há dois mil anos, não poderiam estar dizendo nada além da verdade.

39. *Por que foi necessário que Jesus morresse?*

Começamos a responder a essa pergunta no capítulo em que tratamos do problema da impiedade. Jesus — o Deus encarnado — "se deu a si mesmo" (Gl 1.4; Ef 5.25) para ser a ponte que faltava, e possibilitar a salvação para a humanidade decaída e pecadora. Em sua morte, o Senhor Jesus Cristo tomou sobre si os nossos pecados: "Àquele que não conheceu pecado, o fez pecado por nós; para que, nele, fôssemos feitos justiça de Deus" (2 Co 5.21).

Deixe-me citar outras palavras do apóstolo Paulo: "Porque todos pecaram e destituídos estão da glória de Deus, sendo justificados gratuitamente pela sua graça, pela redenção que há em Cristo Jesus" (Rm 3.23,24). O versículo 26 diz: "... para que ele seja justo e justificador daquele que tem fé em Jesus".

Somos convidados a responder positivamente ao presente que Deus nos deu com a morte e ressurreição de Jesus, a aceitar a verdade desses acontecimentos, a pedir o perdão de Jesus e a sua presença em nossa vida.

Para entendermos o que Deus quer de nós, consideremos a própria cena da crucificação. Ela nos apresenta cinco tipos diferentes de pessoas, representando todas as possíveis respostas a Jesus. Cada um de nós precisa escolher que tipo de pessoa deseja ser.

Podemos ser como os guardas que estavam sorteando as roupas de Jesus. Um bando de pessoas tentando descobrir o que podem conseguir de Deus.

Em seguida vêm aqueles que riem e zombam — como os líderes que zombaram de Jesus: "Aos outros salvou; salve-se a si mesmo, se este é o Cristo, o escolhido de Deus" (Lc 23.35). Uma grande parte do mundo zomba de Jesus hoje em dia.

A maioria das pessoas que assistiu a execução provavelmente esteve com as mãos nos bolsos, sem nada fazer. Essas são as mais tristes de todas. Posso compreender as pessoas que estavam tentando obter as roupas de Jesus e os que zombavam, mas não consigo entender o terceiro tipo de pessoas, aquelas que simplesmente ficaram ali e assistiram, e não se preocuparam enquanto o Filho de Deus era crucificado por elas.

Ainda há outros dois tipos de pessoas — representadas pelos ladrões que morreram ao lado de Jesus. O primeiro disse a Jesus: "Se tu és o Cristo, salva-te a ti mesmo e a nós" (Lc 23.39). Esta é uma oração humana universal: "Deus, tire-me daqui".

Mas aquele primeiro ladrão não entendeu o que o segundo conseguiu compreender. O segundo ladrão respondeu: "Não! Jesus é inocente, mas nós estamos recebendo o que merecemos".

Porque Deus amou o mundo de tal maneira que deu o seu Filho unigênito, para que todo aquele que nele crê não pereça, mas tenha a vida eterna. Porque Deus enviou o seu Filho ao mundo não para que condenasse o mundo, mas para que o mundo fosse salvo por ele.

João 3.16,17

Esta é uma das mais puras expressões de arrependimento em todas as Escrituras. A palavra grega para arrependimento é *metanoia*, que quer dizer "uma mudança de pensamento ou opinião". O arrependimento é o processo por meio do qual nos vemos, dia após dia, como realmente somos: pessoas pecadoras, necessitadas, dependentes. E vemos também como Deus realmente é: impressionante, majestoso e santo.

As palavras desse ladrão moribundo a Jesus, "lembra-te de mim", representam a clássica afirmação de fé (Lc 23.42). Com poder e simplicidade, esse homem se arrependeu e creu. Ele morreu confiando em Cristo e crendo no lugar que Ele lhe prometeu no Paraíso.

Jesus morreu pelos nossos pecados — quer sejamos ladrões na cruz ou estudantes na escola. Sua morte pagou a dívida que nós tínhamos, para que não tenhamos que enfrentar a morte eterna. Ele morreu para que possamos escolher a vida.

40. *E as outras religiões que dizem que existe um único Deus? Elas não serão tão boas quanto o cristianismo?*

Os muçulmanos compartilham a nossa convicção de que não é possível explicar a nossa existência de maneira naturalista. Mas a revelação e a compreensão deles a respeito da salvação são muito diferentes da nossa. Somente a visão cristã de mundo oferece a explicação do dilema humano. Somente a morte expiatória e a ressurreição de Jesus Cristo, o Deus encarnado, são a saída para o dilema humano.

Se compararmos as visões de mundo de vários credos (o marxismo, o naturalismo, o pós-modernismo, o existencialismo, o hinduísmo, o xintoísmo, o budismo, o islamismo, o judaísmo e o cristianismo), veremos isso com clareza. Os muçulmanos crêem que a única esperança de redenção — isto é, a libertação da condição pecadora em que se encontram — é caminhar por uma perigosa espada de julgamento depois de sua morte. Se escorregarem, estarão perdidos.

Os judeus ainda estão esperando a vinda do Messias; não têm a garantia de que os seus pecados estejam perdoados.

Com o pensamento oriental típico, os hindus acreditam que na próxima vida alguém lhes fará o que eles fizeram a outras pessoas nesta vida. Esta simples crença perpetua a maldade e conserva o indivíduo em uma condição pecadora e sem esperança.

Outras religiões orientais prometem ciclos de vida, ou carma (destino), também chamados de "roda de sofrimento", mas nessas crenças não há esperança, não há uma redenção prometida, não há um deus pessoal que ofereça perdão.

A maioria das religiões da Nova Era são simples adaptações do pensamento oriental. Como as pessoas acreditam que estão em perfeita união com a natureza, sendo "um com ela", adoram a "mãe terra". O máximo que podem esperar é alguma harmonia ou unidade com a natureza, tornando-se deuses. Mas isso não oferece uma esperança segura, nenhuma certeza de que estamos libertos do grande dilema da vida.

Todas as promessas seculares de libertação fracassaram. Alguns dizem, por exemplo, que a liberação de influências repressivas e a permissão de viver com liberdade sexual iriam verdadeiramente ser uma forma de redenção. Ao invés disso, só levaram as pessoas à dependência.

Nossos adolescentes precisam saber, quando comparamos as visões de mundo, que a visão cristã da realidade é a única que oferece um encontro pessoal com um Deus vivo que nos liberta de nossos pecados. Também é a única visão da realidade que está de acordo com a maneira como as coisas são de fato, que possibilita a dignidade humana e fornece uma explicação sobre para onde vamos e com que objetivo.

O apóstolo Paulo diz que devemos estar preparados para mostrar a razão da esperança que temos dentro de nós, mas sempre com mansidão e respeito. Quando estivermos falando com pessoas que têm outras crenças, devemos sempre proclamar a verdade singular do cristianismo com amor. Nunca devemos tratar mal aqueles que não compartilham a nossa fé. Devemos ser pacientes e gentis com aqueles que não têm olhos para ver ou ouvidos para ouvir o Evangelho.

41. *O que acontece com as pessoas que morrem sem jamais ter ouvido falar de Cristo? Não parece justo que elas tenham de ir para o inferno.*

Essa questão pode começar a ter uma urgência real para os jovens, especialmente quando um amigo morre como conseqüência de uma doença ou de um acidente trágico. Mas essa pergunta também é a primeira da linha de ataque daqueles que insistem que esse cristianismo que reivindica a salvação apenas através de Cristo é simplesmente injusto.

Essa não é realmente uma pergunta sobre os perdidos. O assunto é muito mais amplo do que isso. O problema real é se Deus vai ser Deus nos nossos termos, ou se nós é que devemos nos sujeitar aos termos dEle. Deixe-me explicar.

Suponhamos que nossa resposta a essa pergunta seja: "Bem, Deus não considera responsáveis aqueles que nunca ouviram falar de Jesus. Ele encontrará outra maneira de salvá-los, talvez através da sinceridade de suas crenças". Existem dois problemas sérios com esta resposta.

Em primeiro lugar, ela contradiz a afirmação de Jesus de que somente Ele é "o caminho, e a verdade, e a vida", e que "ninguém vem ao Pai" exceto por Ele (Jo 14.6). Os apóstolos também reconheciam que "em nenhum outro há salvação" a não ser em Jesus Cristo (At 4.12). Ou Jesus e os apóstolos estavam corretos em suas afirmações, ou toda a estrutura da fé cristã se despedaçará aos nossos pés.

Em segundo lugar, suponhamos que Deus não julgará aqueles que nunca ouviram falar dEle. Nesse caso, se um cristão decididamente se recusar a mencionar o nome de Jesus a qualquer pessoa, isso não seria o maior ato de amor? Dessa forma, todos seriam salvos, ou pelo menos nós não mais seríamos a causa de que alguém ouça falar do evangelho e o rejeite, e assim seja condenado.

No entanto, isso fica sem efeito perante a Grande Comissão, o mandamento do Senhor para que fôssemos pregar o evangelho a todas as criaturas (Mc 16.15). A urgência da Grande Comissão sugere que devemos empreender essa tarefa a qualquer custo e perseverar nela até que o Senhor retorne para a consumação da história. Na verdade, isso é exatamente o que a igreja tem se esforçado por fazer ao longo dos tempos.

Mas apesar disso, algumas pessoas nunca ouvirão o evangelho. É justo que Deus julgue e condene essas pessoas? Podemos responder a essa pergunta de duas formas, cada uma delas solidamente fundamentada nas Escrituras.

Em primeiro lugar, a Bíblia nos diz que cada indivíduo possui um conhecimento básico de Deus (como já discutimos anteriormente). Deus revelou-se de forma tão clara na natureza e na consciência humana que as pessoas não têm mais desculpas perante Ele (Rm 1.20). Mas sem desculpas para quê? Por exemplo, por não terem procurado obter mais conhecimento a respeito dEle. Paulo diz que uma das razões pelas quais Deus se revelou tão claramente é porque Ele queria que as pessoas o buscassem, para que o encontrassem enquanto Ele lhes mostrava mais a sua graça e a sua verdade (At 14.17; 17.26,27).

Lamentavelmente, muitas pessoas se afastam da clara revelação de Deus para procurar outros deuses para si. Nas culturas remotas, os indígenas fazem ídolos de madeira e de metais preciosos, ou atribuem poderes divinos a rios, nuvens e montanhas. Povos mais "sofisticados" do Ocidente colocam a sua fé no dinheiro, no prestígio e nas experiências sensuais. Em vez de buscar a Deus, que está continuamente revelando-se a eles — apesar da rebelião contra Ele —, despejam suas energias em todos os tipos de falsos deuses e adotam a ética que esses deuses inspiram (ver Rm 1.21-32). Isso os leva a níveis cada vez mais profundos de pecado e desobediência, ao endurecimento de seus corações em relação a Deus e, finalmente, a uma atitude que diz "Não há Deus" (Sl 14.1). Tal postura não pode evitar que o indivíduo caia na condenação do Deus dos céus e da terra.

Ainda mais difícil de entender é o que as Escrituras ensinam sobre a natureza da salvação. A Bíblia nos diz: "A salvação vem do Senhor" (Sl 3.8). Ninguém merece ser salvo. Todos nós, por causa da nossa rebelião contra Deus e da nossa inclinação ao pecado, mereceríamos ser submetidos a sua eterna ira. Em um mundo de pessoas pecadoras, o fato de algumas serem salvas e passarem a desfrutar uma nova vida gloriosa por meio de Jesus Cristo é um testemunho da grandeza da graça e da misericórdia de Deus.

Quem será salvo? Todos os que confessarem a Jesus como Senhor e acreditarem em seu coração que Deus o ressuscitou dos mortos (Rm 10.9-11). Mas quem fará isso? Todos os que ouvirem o evangelho e receberem o dom da fé. Mesmo a fé para crer no evangelho é um presente da graça de Deus (Ef 2.8-10). Quanto a nós, devemos ser fiéis ao proclamar a mensagem do amor de Deus em Jesus Cristo, e convocar nossos amigos e vizinhos a arrependerem-se e acreditarem nEle. Mas a disposição final da salvação está nas mãos do Senhor.

Algumas pessoas perguntarão: "Como Deus ainda pode encontrar culpa? Se a salvação pertence a Ele, e Ele a dá a quem quiser, como Ele pode condenar aqueles que não ouviram falar dEle? Como pode condenar aqueles que jamais ouviram a mensagem do evangelho?" A resposta de Paulo aos romanos, quando fizeram a mesma pergunta, foi essencialmente esta: "Vocês não podem fazer essa pergunta" (Rm 9.19-24). É arrogância ao extremo insistir que Deus responda a essa pergunta, pedir que Ele explique sua prerrogativa soberana de escolha a criaturas decaídas e pecadoras, para satisfazer a lógica e o senso de justiça que também são decaídos e pecadores. "Porque os meus pensamentos não são os vossos pensamentos, nem os vossos caminhos, os meus caminhos, diz o Senhor. Porque, assim como os céus são mais altos do que a terra, assim são os meus caminhos mais altos do que os vossos caminhos, e os meus pensamentos, mais altos do que os vossos pensamentos" (Is 55.8,9). Em outras palavras, é chegada a hora de confiar na bondade e na sabedoria de Deus sem ter de entender em detalhes exaustivos por que Ele faz o que faz. Temos simplesmente que decidir ser leais à Grande Comissão e deixar nas mãos de Deus a questão final das pessoas às quais Ele irá mostrar sua misericórdia (Rm 9.15-23). Como as Escrituras nos asseguram, "Não faria justiça o Juiz de toda a terra?" (Gn 18.25)

RESUMO DOS PONTOS PRINCIPAIS

√ A existência histórica de Jesus é mais e melhor autenticada do que a de outros personagens de épocas antigas, como Tácito e Aristóteles. Não temos razão para duvidar da vida terrena de Cristo.

√ Novas evidências da biblioteca do Magdalen College, da Universidade de Oxford, sugerem que o Evangelho de Marcos pode ter sido escrito no ano 40 d.C., apenas sete anos depois da crucificação de Cristo. A nova evidência também prova que os primeiros cristãos acreditavam que Jesus era o próprio Deus.

√ Jesus afirmava ser Deus e por este motivo foi executado.

√ A ressurreição de Jesus prova que Ele é Deus.

√ As pessoas darão a vida por aquilo que acreditam ser verdade, mas nunca darão a vida por aquilo que sabem que é mentira. Todos os apóstolos, exceto um, sofreram a morte como mártires, mas nunca renunciaram à ressurreição do corpo de Jesus. É completamente improvável uma conspiração entre os seguidores do Senhor Jesus Cristo, mentindo sobre a sua ressurreição com a finalidade de satisfazer os seus próprios interesses.

√ Jesus morreu pelos nossos pecados. Ele quer que peçamos o seu perdão e a sua presença em nossa vida — assim como fez o "ladrão arrependido" que foi crucificado ao lado dEle.

√ Somente o cristianismo apresenta a maneira pela qual cada pessoa pode ser salva — ter o relacionamento com Deus restaurado através de Jesus Cristo. Tendo dito isto, devemos afirmar com amor a exclusiva verdade do cristianismo, em oposição às outras religiões.

√ Devemos deixar nas mãos de Deus a questão final da salvação de cada indivíduo, inclusive daqueles que nunca ouviram falar do evangelho antes de morrerem. A nossa tarefa é ir por todo o mundo e pregar as Boas Novas.

CAPÍTULO 6

O que Significa Tornar-se Cristão?

A Vida de Fé

42. *Além da promessa de uma vida eterna, o que existe de tão importante em ser cristão? Será que os cristãos são fanáticos e vivem presos a regulamentos?*

Não são apenas os adolescentes que têm essas preocupações. Muitas pessoas que atualmente compartilham nossa cultura tentam aplicar aos cristãos o estereótipo de seres anormais e fanáticos, de beatos legalistas que vivem se dedicando ao estudo da Bíblia.

Alguns até retratam os cristãos como pessoas mentalmente desequilibradas. Em 1991, ao fazer a reformulação de seu filme policial *Cape Fear* (Cabo do Medo), de 1962, o cineasta Martin Scorsese introduziu uma mudança significativa: transformou o vilão demente, com uma cruz tatuada nas costas, em um cristão pentecostal que vivia citando a Bíblia. Em uma determinada cena, o personagem tenta estuprar uma mulher e grita: "Você está pronta para nascer de novo?"

A mensagem que este ímpio tenta transmitir é clara: pessoas que acreditam na Bíblia são lunáticas e até perigosas. Scorsese estava dando uma expressão particularmente dramática a uma premissa que hoje é muito comum nos meios de comunicação e nas universidades: a religião é prejudicial à saúde mental. Essa idéia vem desde a época de Sigmund Freud, que considerava a crença em Deus uma neurose.

Mas, em uma entrevista ao *Christianity Today*, o psiquiatra cristão David Larson expõe essa premissa como totalmente fantasiosa. Em todo o seu treinamento como psiquiatra, Larson ouviu repetidamente que as pessoas religiosas são mais neuróticas. Porém, ao examinar todas as informações empíricas de que dispunha, encontrou exatamente o oposto. Descobriu que pessoas religiosas na verdade são mais saudáveis do que a população em geral, tanto física quanto mentalmente.

Por exemplo, ao rever a literatura sobre o assunto, Larson encontrou que dezenove entre vinte estudos mostravam a religião exercendo um papel positivo na prevenção do alcoolismo. E que dezesseis dentre dezessete estudos mostravam que a religião também tinha um aspecto positivo na redução dos suicídios.

O comprometimento religioso estava associado a índices menores de doenças mentais, uso de drogas e sexo pré-matrimonial. Pessoas que freqüentam a igreja regularmente exibem até níveis inferiores de pressão arterial.

Uma das diferenças mais notáveis encontradas por Larson está ligada aos índices de divórcio. Pessoas comprometidas com a religião revelam ter níveis mais elevados de satisfação com seu casamento e índices mais baixos de divórcio.

Isso, por sua vez, diminui significativamente a incidência de problemas relacionados com o divórcio, como por exemplo estresse, depressão e até disfunções físicas.

Em geral, os dados empíricos mostraram que as pessoas religiosas são simplesmente mais felizes e melhor ajustadas na vida.

Eu vim para que tenham vida e a tenham com abundância.

João 10.10

Os cristãos que vivem pela verdade revelada de Deus não o fazem com o intuito de negar a vida, mas de vivê-la mais intensamente. Acreditamos que a nossa fé nos ensina a agir de acordo com a realidade; não precisamos nos chocar contra as muralhas morais como se fôssemos cegos. Isso faz parte da graça que Deus nos concede. O Senhor nos dá todas as informações a respeito do tipo de comportamento que traz mais satisfação e realização à vida.

Decisivamente, devemos sempre insistir que o cristão não está apenas preocupado com a obediência aos mandamentos: seu grande objetivo é amar ao Deus que criou o nosso mundo. Por causa desse amor, reconhecemos que Deus é aquilo que Ele nos revelou a seu próprio respeito, e a nossa felicidade é uma conseqüência de acreditarmos suficientemente nEle — amá-lo — a fim de acreditarmos naquilo que Ele nos revela.

Apesar desse estereótipo popular, os cristãos não estão tentando impor seus regulamentos aos outros; simplesmente compartilhamos as Boas Novas com eles para que possam encontrar o mesmo sentimento de felicidade e realização que experimentamos na vida cristã.

43. *Não seria o cristianismo uma religião para os fracos?*

Nada responde melhor a esta pergunta do que as histórias de verdadeiro heroísmo. Aqui estão quatro delas, extraídas da história recente do cristianismo — uma história que constantemente me impressiona com a riqueza de tais exemplos.

Há cerca de cinqüenta anos, um jovem pastor luterano chamado Dietrich Bonhoeffer encontrou-se envolvido em uma conspiração para assassinar Adolf Hitler e foi executado pelos nazistas por traição.

Bonhoeffer não foi apenas um líder da resistência durante o Terceiro Reich, mas também uma voz poderosa a favor da igreja. Em seu livro *The Cost of Discipleship* (O Preço do Discipulado) ele faz um retrato muito preciso do que significa ser fiel à fé cristã vivendo sob um regime hostil. Enquanto sofria a perseguição, o autor descobriu que a graça de Deus, embora seja concedida gratuitamente, exige um grande sacrifício. Ele descobriu a "preciosa graça" — o chamado de Deus àquilo que podemos chamar de heroísmo cristão.

Foi a preciosa graça que levou Bonhoeffer a abandonar a América, onde estava a salvo, para retornar à Alemanha nazista a fim de poder compartilhar do sofrimento de seus companheiros alemães.

Foi a preciosa graça que o levou a continuar ensinando e pregando a Palavra de Deus, embora os nazistas tivessem tentado reprimir seu trabalho.

Foi a preciosa graça que o levou a se colocar contra uma igreja renegada que misturava a doutrina nazista com a verdade cristã. Com outros crentes fiéis, ele assinou a Declaração de Barmen que, corajosamente, declarava a sua independência, tanto do estado como de uma igreja corrompida.

A preciosa graça levou Bonhoeffer a tentar contrabandear judeus para fora da Alemanha, embora isso o tenha levado à prisão.

A preciosa graça levou esse jovem pastor a abandonar o seu compromisso com o pacifismo e juntar-se à conspiração para assassinar Hitler — o que acabou levando-o à execução pelos nazistas.

Mesmo na prisão, sua vida brilhava com a graça divina. Ele confortava os outros prisioneiros que o consideravam como seu conselheiro. Escreveu muitas cartas emocionantes que, mais tarde, foram reunidas em um volume chamado *Letters and Papers from Prison* (Cartas e Registros da Prisão), um livro que li durante o período em que eu mesmo estive preso, encontrando nele força e coragem.

Na manhã de 9 de abril de 1945 — menos de um mês antes da derrota de Hitler — Bonhoeffer ajoelhou-se, orou e depois acompanhou os guardas até o patíbulo onde foi enforcado como traidor.

Hoje, ele está finalmente recebendo um reconhecimento oficial à altura da inspiração espiritual que trouxe a tantos crentes. No livro *The Third Testament* (O Terceiro Testamento), de Malcolm Muggeridge, o falecido jornalista inglês escreveu um tributo a Bonhoeffer. "Agora, olhando para os anos que se foram", escreve, "o que permaneceu foi a memória de um homem que morreu, não em nome da liberdade, da democracia ou de um produto nacional bruto em franca ascensão, nem em nome de quaisquer falsas esperanças ou desejos do século XX, mas em nome de uma cruz sobre a qual outro homem morreu há quase 2.000 anos."

A lição que aprendemos da vida e morte de Bonhoeffer é que a graça de Deus exige tudo — até a nossa vida — mas, em contrapartida, nos dá uma vida nova que transcende até as mais tirânicas condições políticas.

* * *

Nosso segundo exemplo também vem da Segunda Guerra Mundial. Quando Adolf Hitler ocupou a Polônia, em 1939, reuniu não só os judeus, mas também todo o tipo de outros "elementos indesejáveis" que poderiam lhe oferecer alguma oposição. No topo dessa lista estavam as autoridades religiosas.

E foi assim que o Maximilian Kolbe, um gentil sacerdote comprometido com a evangelização, foi parar em Auschwitz, um conhecido campo de concentração. Era o campo da morte: os judeus eram exterminados imediatamente e os prisioneiros não-judeus tinham de trabalhar até morrer.

Nesse lugar de desespero, o ministro Kolbe trouxe esperança a seus companheiros de cárcere. Ele orava por eles, além de dividir suas reduzidas rações. Os prisioneiros, esfarrapados e esqueléticos, amavam o irmão Kolbe e viam nele o amor de Cristo.

Mas o verdadeiro teste aconteceu numa manhã de verão de 1941, quando os homens que estavam no alojamento de Kolbe foram chamados e colocados em fila. Furioso, o comandante gritava: "Um prisioneiro fugiu! Fugiu! E quem vai pagar por isso? Vocês. Dez de vocês serão enviados ao corredor da fome".

Os prisioneiros se agitaram, aterrorizados. Qualquer coisa era melhor que o corredor da fome — morte na forca, uma bala na cabeça, até a câmara de gás. Esses castigos eram mais rápidos que uma morte lenta e dolorosa sem alimento ou água.

O comandante caminhou entre as fileiras e escolheu, ao acaso, dez prisioneiros. Um por um, foram anotados os números desses prisioneiros. Um por um deles abaixavam a cabeça, desesperados. Mas um deles não conseguiu conter sua agonia. "Minha pobre esposa!", gritou. "Meus filhos! O que será deles?"

De repente, um prisioneiro deu um passo à frente.

"Pare!", disse o comandante. "O que esse porco polonês quer de mim?"

Os prisioneiros suspenderam a respiração. Era o seu amado sacerdote Kolbe.

Ele falou mansamente: "Quero morrer no lugar desse homem", apontando para o prisioneiro que soluçava por sua família.

Por um momento o campo de morte de Auschwitz ficou em silêncio. O prisioneiro que chorava, Bruno Borgowiec, olhou estupefato. Os outros prisioneiros nem respiravam. Então o comandante nazista puxou violentamente Kolbe das fileiras e permitiu que Borgowiec voltasse a seu alojamento.

Os condenados foram levados para o corredor da fome. Mas uma coisa muito estranha aconteceu. Durante os dias seguintes, ao invés de ouvirem os habituais gritos e gemidos, todos que se aproximavam das celas da morte ouviam o abafado som de um cântico. Kolbe havia levado seu rebanho através do vale da sombra da morte. E, no final, uniu-se ao Salvador cujo amor havia demonstrado tão bem.

Bruno Borgowiec, o prisioneiro que havia gritado pela família, foi um dos poucos que sobreviveram a Auschwitz. E passou o resto de seus dias contando e recontando a história do homem que havia morrido em seu lugar — e que lhe havia dado uma vida nova.

* * *

O terceiro herói não morreu por sua fé; mas vive essa fé, ano após ano, com grande coragem. Trata-se de Lady Caroline Cox, de Queensbury, Inglaterra, que dirige o *Christian Solidarity International*, uma organização comprometida com a ajuda humanitária e os direitos humanos.

Se você imagina que Lady Caroline seja uma mulher que se veste muito bem e gasta seu tempo não fazendo nada além de comparecer a reuniões, é melhor mudar seu pensamento. Assim como o coelho da propaganda das pilhas Duracell, a baronesa Cox está sempre em movimento — indo e vindo diretamente das regiões mais perigosas do mundo, onde o risco é mortal.

Por exemplo, ela já fez mais de duas dúzias de viagens à região de Karabah, assolada pela guerra e onde 150.000 armênios cristãos estão defendendo suas terras contra sete milhões de muçulmanos do Azerbaijão. Em uma dessas viagens, o jipe de Lady Cox foi sacudido por um míssil antitanque, com propulsão a foguete. Seu chofer fugiu, mas Lady Cox retornou trazendo alimentos, remédios e amor cristão.

Ela fez o mesmo no sul do Sudão, onde milhões de cristãos têm sido perseguidos, mortos e escravizados pelos soldados islâmicos da região norte do país. Enquanto outras agências assistenciais foram forçadas a se retirar, Lady Cox se dedicou ao que ela chama de "envio não oficial de remédios". Em outras palavras, ela desafiou a política do governo, contratou aviões e transportou remédios — e até trouxe um pastor para que seus irmãos e irmãs em Cristo pudessem realizar um culto, com a presença do primeiro sacerdote que haviam visto depois de muitos anos.

Na cidade de Leningrado, Lady Cox investigou os orfanatos e ajudou a salvar crianças que estavam vivendo em condições desumanas. Voando de volta à Armênia, pela enésima vez, a baronesa visitou um menininho que havia ficado cego com o estilhaço de uma bomba de ação múltipla e chorou com uma enfermeira que havia visto os soldados assassinarem o seu filho.

Lady Cox nos lembra a mensagem de Paulo à igreja de Corinto: "Se um membro sofre, todos sofrem com ele". Isso nos leva à definição cristã de heroísmo: a disposição de sofrer e de se sacrificar em benefício de outros.

* * *

O quarto exemplo é o de um corajoso adolescente que arriscou a própria vida para salvar um pastor de uma denominação diferente da sua.

Laszlo Tokes, pastor de uma pequena Igreja Reformada Húngara, situada em Timisoara, Romênia, pregava corajosamente o evangelho e em apenas dois anos o número dos membros dessa igreja havia aumentado para cinco mil.

Mas o sucesso pode ser perigoso em um país comunista. Aos domingos, as autoridades colocavam policiais armados com metralhadoras na frente da igreja. Contrataram assassinos para atacar o pastor Tokes, confiscaram seu talão de racionamento a fim de impedir que comprasse alimentos ou combustível. Finalmente, em dezembro de 1989, decidiram enviá-lo ao exílio.

Mas quando os policiais chegaram para levar o pastor à força, ficaram paralisados. Em volta da entrada da igreja havia uma parede humana. Membros de outras igrejas — Batista, Adventista, Pentecostal, Ortodoxa, Católica — haviam se reunido para protestar.

Embora a polícia tentasse dispersar a multidão, as pessoas continuaram em seus postos o dia todo e após anoitecer. Então, pouco depois da meia noite, um jovem estudante batista de dezenove anos chamado Daniel Gavra tirou do bolso um pacote de velas. Acendeu uma e passou ao seu vizinho.

Então, acendeu outra e mais outra. Uma a uma as velas acesas foram passando entre a multidão. Logo a escuridão da noite de dezembro ficou iluminada com a luz de centenas de velas.

O heroísmo cristão não tem as mesmas origens dos outros tipos de heroísmo. Ele tem sua origem no coração do Deus açoitado, desdenhado e crucificado fora dos muros da cidade.

Jacques Maritain, Freedom in the Modern World
(Liberdade no Mundo Moderno)

Quando o pastor Tokes olhou pela janela, foi inundado pelo afetuoso calor que emanava de centenas de rostos. Ali estavam inúmeros membros do corpo de Cristo que, ignorando completamente a divisão das denominações, davam as mãos em sua defesa.

A multidão ali permaneceu a noite toda — e também na noite seguinte. Finalmente, os policiais avançaram. Destruíram a porta da igreja, ensangüentaram o rosto do Pastor Tokes e em seguida fizeram com que desfilasse, com sua esposa, através da multidão noite adentro.

Mas isso não é tudo. As pessoas afluíram para a praça principal da cidade e começaram a fazer uma grande manifestação contra o governo comunista. E, novamente, Daniel distribuiu velas.

Primeiro eles haviam acendido as velas pela unidade cristã, agora as estavam acendendo pela liberdade.

Isso era mais do que o governo podia tolerar. Tropas foram trazidas com a ordem de abrir fogo contra a multidão. Centenas de pessoas foram atingidas. Daniel sentiu uma dor lancinante quando sua perna foi destruída. Mas o povo de Timisoara continuou a enfrentar corajosamente a barragem de balas.

E, através de seu exemplo, inspiraram toda a população da Romênia. Dentro de poucos dias, toda a nação havia se sublevado, e o sanguinário ditador Ceausescu foi deposto.

Pela primeira vez em meio século, os romenos puderam celebrar o Natal em liberdade.

Daniel festejou o Natal no hospital onde estava aprendendo a andar com muletas. Seu pastor veio para lhe oferecer suas condolências, mas Daniel não estava procurando condolências.

"Pastor, não estou preocupado com a perda de uma perna", disse ele. "Afinal, fui eu que acendi a primeira vela".

A vela que iluminaria todo o país.

Que imagem mais poderosa — a escuridão de uma noite de dezembro que foi iluminada pelo fervoroso testemunho da unidade e da liberdade. Uma vela acesa por um adolescente cristão.

* * *

Uma fé para os fracos? Não. A vida desses quatro cristãos — e de inúmeros outros como eles — mostra como o verdadeiro cristianismo pode ser desafiador. Viver a fé quase sempre apresenta um desafio muito maior que uma simples rebelião. Muitas vezes, a vida cristã exige uma coragem muito maior do que aquela que temos — uma coragem que só Deus pode nos dar.

44. *Os cristãos dizem que estão "salvos", mas por que alguns deles são tão mesquinhos e egoístas?*

Muitas discussões terminam prematuramente quando os pais, preocupados em proteger a sua crença, negam o que qualquer um pode ver: existem muitos cristãos com os quais não gostaríamos de passar nossas férias.

Às vezes os cristãos são egoístas. Isso é lamentável e indesculpável. E quando somos egoístas, estamos desonrando o nome de Cristo.

De vez em quando sou acusado de ser um homem muito obstinado. Quando trabalhava na Casa Branca, diziam que eu seria capaz de passar por cima da minha avó para conseguir a reeleição do presidente. (Uma afirmação que, embora não fosse literalmente verdadeira, de fato refletia a minha atitude.) Mas isso foi antes de me tornar cristão. Sei que hoje sou uma outra pessoa, com diferentes valores, objetivos e sensibilidades. A graça de Deus me transformou, e espero que meu comportamento seja um espelho disso.

Pense em tudo aquilo que poderíamos ser se a graça de Deus não nos transformasse. Vários escritores me ajudaram a colocar essa questão sob uma perspectiva clara. O escritor Evelyn Waugh tinha o "dom" especial de fazer comentários tão ásperos que feriam até os seus próprios amigos. Certa vez, uma senhora lhe perguntou:

— Senhor Waugh, como pode se comportar dessa maneira e ainda considerar-se cristão?

Waugh respondeu:

— Madame, posso ser tão ruim como a senhora diz. Mas acredite, se não fosse pela minha fé em Cristo, faltaria muito para que fosse um ser humano.

O cristianismo não torna as pessoas perfeitas. Mas nos faz ser muito melhores do que seriamos sem ele. Se eliminássemos o controle das leis de Deus, veríamos romper a pior das barbáries.

C. S. Lewis se expressou assim: "Uma velha excêntrica pode ser considerada uma pobre testemunha da fé cristã. Mas quem pode imaginar quão insuportável ela seria se não fosse cristã?"

Apesar dos defeitos dos cristãos, o cristianismo e a graça de Deus tornaram o mundo e as pessoas muito melhores do que seriam se eles não existissem.

45. *Então o que devo fazer para me tornar cristão?*

Essa é a melhor de todas as perguntas. Louvo a Deus pelo adolescente que tem a coragem de fazê-la e pelos pais que o levaram a enxergar a importância de tal pergunta.

Existem muitas maneiras de começar a responder a essa pergunta. Mas acredito que, de longe, a melhor seria partilhar sua história com outro adolescente. É claro que as duas histórias seriam diferentes, porém o próprio testemunho de uma pessoa pode abrir uma porta para discussões mais detalhadas. Peça ao Senhor para abrir os ouvidos de seus filhos através de histórias que transformaram sua vida ou a vida de alguém. Você pode conhecer a história da minha conversão, todavia, em poucas palavras, prefiro repeti-la como está em meu primeiro livro, *Born Again* (Nascido de Novo).

Eu tinha servido como conselheiro do presidente Nixon, uma das posições mais poderosas nos Estados Unidos, mas no verão de 1973 descobri que meu mundo havia desabado em meio ao escândalo de Watergate. Tom Phillips, um amigo e homem de negócios, havia me falado a respeito de sua conversão a Cristo. Fiquei muito impressionado pela diferença que podia observar em sua vida atual e resolvi procurá-lo, para que me dissesse o que realmente havia acontecido com ele.

O momento crucial aconteceu em uma tarde cinzenta e nublada, quando visitei Phillips em sua casa. Ele leu em voz alta o capítulo sobre o orgulho do livro de C. S. Lewis, *Mere Christianity* (Cristianismo Puro e Simples). Esse capítulo atravessou a armadura protetora na qual, sem saber, eu havia me envolvido nos últimos quarenta e dois anos. À medida que ele continuava a ler, percebi que eu conhecia a Deus. Mas como poderia? Durante todo esse tempo estive preocupado comigo mesmo. Tinha feito isso e aquilo. Tinha alcançado sucesso. Fui bem-sucedido. Naqueles breves momentos da leitura de Tom, eu me via como nunca havia feito antes, e a imagem diante dos meus olhos era muito feia.

"Gostaria de orar comigo, Chuck?", Tom perguntou, fechando a Bíblia.

Assustado, despertei de meus profundos pensamentos. "Claro... acho que gostaria... seria bom." Eu nunca havia orado com uma pessoa antes, exceto quando alguém orava antes de uma refeição. Tom abaixou a cabeça. "Senhor", começou, "oramos por Chuck e sua família, para que possas abrir seus corações e mostrar-lhes a luz e o caminho".

Enquanto Tom orava, alguma coisa começou a circular dentro de mim — uma espécie de energia. Depois veio uma onda de emoção que quase me fez chorar. Porém lutei contra elas. Parecia que Tom estava falando direta e pessoalmente com Deus, como se Ele estivesse sentado bem ao nosso lado. Mais tarde, do lado de fora da escuridão, o grilhão de ferro que havia segurado minhas emoções começou a se afrouxar. As lágrimas afluíram aos meus olhos quando tateava no escuro procurando a chave para dar partida no carro. Irritado, limpei as lágrimas e liguei o motor.

Quando me afastava da casa de Tom, as lágrimas voltaram incontrolavelmente. Comecei a chorar com tanta intensidade que precisei estacionar o carro ao lado da estrada.

Havia esquecido todas as pretensões, todos os receios de ser fraco. E, ao fazê-lo, comecei a experimentar um maravilhoso sentimento de liberdade. Então, veio uma estranha sensação de que a água não estava apenas escorrendo pelo meu rosto, mas também percorrendo todo o meu corpo, me limpando e refrescando. Não eram lágrimas de tristeza, remorso ou mesmo alegria; eram lágrimas de alívio.

E foi então que fiz minha primeira oração verdadeira. "Deus, não sei como encontrá-lo, mas vou tentar! Não sou muita coisa do jeito que estou agora, mas quero dedicar-me a ti." Por não saber mais o que dizer, repetia muitas e muitas vezes essas palavras: "Fique em minha vida".

Na semana seguinte, em férias com minha esposa, estudei o livro *Mere Christianity* (Cristianismo Puro e Simples), que meu amigo havia me dado, e lutei com as grandes perguntas: "Será que precisava ser salvo?", "Será que precisava nascer de novo?", "Será que Jesus era realmente Deus?"

A princípio, a curiosa frase "Aceite a Jesus Cristo" havia me parecido piedosa e mística, a linguagem de um fanático, talvez até coisa de magia negra. Mas depois daquela tarde com Tom Phillips, sabia que não poderia mais evitar a pergunta essencial que fora colocada perante mim.

Eu deveria aceitar, sem reservas, a Jesus Cristo como o Senhor da minha vida? Era como uma porta a minha frente. Não havia possibilidade de contorná-la. Deveria atravessá-la ou permanecer do lado de fora.

"Aceitar" não significa nada mais do que "acreditar". Será que acreditava no que Jesus havia dito? Se a resposta fosse sim, então eu aceitaria.

Não havia absolutamente nada de místico ou sobrenatural, e também nenhum meio termo. Acreditava ou não. Deveria acreditar em tudo ou em nada.

Era uma sexta-feira, o fim de uma semana passada no Maine, procurando por Deus e pela verdade. Ao analisar aquela semana, minha pesquisa não havia sido tão importante como imaginara. Ela simplesmente me levou para onde havia estado quando disse a Deus "Fique em minha vida", em um momento de entrega em uma pequena estrada. O que havia estudado com tanto afinco durante aquela semana abriu totalmente um novo mundo dentro do qual eu já dera meus primeiros passos, hesitantes.

Assim, bem cedo naquela manhã de sexta-feira, enquanto estava sentado sozinho olhando para o mar que amo, palavras que não tinha certeza de entender ou dizer saíram naturalmente de meus lábios: "Senhor Jesus, eu creio em ti. Eu te aceito. Por favor, entre em minha vida. Eu a entrego em tuas mãos".

Com essas poucas palavras veio uma segurança de pensamento semelhante à profundidade do sentimento que tinha em meu coração. Deus preencheu até a borda o espaço vazio que havia conhecido por tantos meses com uma espécie de consciência totalmente nova.

Se o seu adolescente nunca orou assim e se encontra sem um sentimento genuíno de crença, convide-o para orar. Que maravilhoso momento a ser partilhado com ele! Você deu a vida ao seu filho, agora lhe dê a oportunidade de encontrar a vida eterna em Cristo.

46. *Eu fiz a oração. Agora, o que mudou em mim?*

Quando entregamos a nossa vida ao senhorio de Jesus Cristo, o Deus do universo vem viver dentro de nós na pessoa do Espírito Santo. Nos tornamos sua "casa", membros de seu Reino e sentinelas do céu aqui na terra.

Entretanto, no início não vamos nos sentir completamente diferentes. Estabelecemos um relacionamento íntimo com Deus, prometemos ser seus amigos e colaboradores. Ele pode precisar nos modificar de muitas maneiras antes de prestarmos alguma ajuda. C. S. Lewis fala sobre como os novos cristãos geralmente procuram por alguns simples aperfeiçoamentos — uma nova decoração ou renovação de sua alma. Contudo, o que podem vir a experimentar é um programa completo de reconstrução: Deus transformando uma cabana em sua própria mansão.

Talvez o processo de conversão e de "santificação" (de tornar-se a "mansão" que Deus deseja que sejamos) possa ser observado melhor na vida de cada um.

O grande hino do reavivamento, "*Amazing Grace*" (Graça Maravilhosa), pode ser o único hino cristão que encontrou lugar na contracultura. Todos, desde a cantora popular Joan Baez até Jimi Hendrix e os atuais cantores de "rap" fizeram arranjos e gravaram esse "clássico espiritual".

Não há dúvida de que até seu compositor, John Newton, ficaria surpreso com a popularidade alcançada por esse hino.

As circunstâncias que o inspiraram a escrevê-lo, mais de duzentos anos atrás, eram muito diferentes de tudo que eu e você já experimentamos.

Newton era apenas um menino quando foi para o mar no navio de seu pai. Ainda jovem ele não passava de um libertino vivendo uma vida cheia de devassidão. Seus deveres incluíam ajudar na captura e transporte de africanos para as Índias Ocidentais para serem vendidos no leilão. É evidente que o horror indizível da escravidão não incomodava Newton, pois ele rapidamente chegou a ser capitão de seu próprio navio negreiro.

Então, em uma viagem da África para a Inglaterra, em 1748, a graça de Deus interveio. Levantou-se no mar uma terrível tempestade. Enquanto as ondas ameaçavam virar o navio, Newton procurava nas prateleiras de sua cabine alguma coisa que pudesse afastar o medo de sua mente. Ele agarrou um exemplar do livro *The Imitation of Christ* (Imitando Cristo), o clássico livro devocional de Thomas à Kempis, um sacerdote holandês do século XV. O mar aos poucos se acalmou, mas a experiência mudou John Newton para sempre. Como escreve Kenneth Osbeck em seu livro *One Hundred and One Hymn Stories* (A História de Cento e Um Hinos), "a mensagem do livro e a aterrorizante experiência no mar foram usadas pelo Espírito Santo para plantar as sementes da conversão na vida de Newton".

No entanto, Newton continuou como capitão do navio negreiro ainda por muitos anos. Tentava justificar seu modo de vida melhorando as condições a bordo de seu navio e até realizando cultos religiosos para a tripulação. Mas, com o tempo, percebeu que essas medidas não eram suficientes e que a própria escravidão era detestável a Deus.

Finalmente, Newton abandonou esse nefando comércio e tornou-se um poderoso cruzado[1] contra a escravidão juntando forças com o grande abolicionista William Wilberforce. O antigo capitão do mar foi ordenado ministro anglicano em 1764 e, nos quarenta anos seguintes, escreveu centenas de hinos. Acredita-se que a melodia usada no hino "*Amazing Grace*" era originalmente um canto africano que Newton havia ouvido se levantar do porão do navio em uma de suas viagens como comerciante de escravos. Não há dúvida de que isso seria muito apropriado.

John Newton, o antigo capitão de um navio negreiro, conhecia bem "como é doce o som" da graça de Deus — pois estava dolorosamente consciente de que "estava perdido" antes de ser achado por Deus, e também "estava cego" antes que Deus lhe fizesse ver.

Pouco antes de morrer, com a idade de oitenta e dois anos, Newton exclamou: "Minha memória quase se apagou, mas lembro-me de duas coisas: sou um grande pecador e Cristo é um grande Salvador!"

Como John Newton, os novos cristãos iniciam uma jornada de crescimento durante toda a vida para se tornarem semelhantes a seu Senhor — para tornarem-se cada vez mais como Jesus, dia após dia. Na conversão pedimos ao Senhor para residir em nossa vida e torná-la sua. Ele é um Senhor extremamente paciente e bondoso, que com o tempo irá formar e transformar o convertido. Ouça a sua consciência. Comece a ler a Bíblia e a orar diariamente. Peça a Cristo para ajudá-lo a abandonar hábitos perniciosos e outros comportamentos que transformam sua vida num lugar impróprio para a presença de Deus. Essa é uma tarefa para a vida toda.

47. *Mas não consigo me lembrar do tempo em que não acreditava. Isso é errado?*

A nova vida no Espírito é concebida em um lugar secreto da alma, escondido dos olhos humanos.

Muitos evangélicos acreditam que uma pessoa deve saber o momento preciso em que fez a "oração do pecador", sendo capaz de descrever a experiência de "aceitar a Cristo". Na minha vida, como acabei de contar, Deus interveio poderosamente em um momento que nunca esquecerei. Presenciado por um amigo fiel e humilhado pelo Espírito, em uma torrente de lágrimas entreguei minha vida a Jesus Cristo.

Para alguns, isso não aconteceu assim. Depois de minha muito comentada conversão, irmãos e irmãs cristãos começaram a se aglomerar em torno de minha esposa, Patty, todas as vezes que ela me acompanhava a eventos públicos. "E quando você nasceu novamente, Sra. Colson?", perguntavam, curiosos por outra história fascinante.

No começo, essa pergunta levava minha esposa Patty às lágrimas. "Não sei", ela respondia. "Tudo que sei é que acredito profundamente".

Seus perseguidores se afastavam, e mais de uma vez ela ouviu quando comentavam entre si: "Pobre Sr. Colson. Sua esposa não nasceu de novo". Mas Patty, como milhões de outras pessoas, não pode definir o momento exato ou o repentino despertamento para esse novo nascimento. Ela cresceu em um lar cristão, sempre freqüentou os cultos e não consegue se lembrar de nenhum momento em que não tenha acreditado. Ela cresceu na fé de uma forma muito tranqüila, mas igualmente verdadeira. Depois de minha conversão, Cristo tornou-se alguém muito íntimo para nós dois, o centro de nosso casamento. E Patty tem experimentado um relacionamento cada vez mais profundo com Ele.

Mais tarde descobrimos que Patty tem uma excelente companheira: Ruth Bell Graham, esposa de Billy Graham, que se aproximou mais de Cristo quase imperceptivelmente, com o decorrer do tempo, no contexto de um lar cristão.

Passar do desconhecimento de Deus, a ser um filho de Deus, representa o fato básico de uma conversão. Esse novo relacionamento irá nos proporcionar um novo relacionamento com a nossa própria pessoa, com os nossos irmãos, com a natureza, com o universo. Não estamos mais lutando contra o universo; estamos lutando ao seu lado... Fomos perdoados por Deus e agora podemos perdoar a nós mesmos.

Todo ódio, desprezo e rejeição são abandonados, e passamos a nos aceitar em Deus, a nos respeitar e a nos amar... Começamos a nos movimentar com amor em direção aos nossos semelhantes.

E. Stanley Jones, Conversion *(Conversão)*

O vento do Espírito sopra onde lhe apraz. Ouvimos seu ruído e constatamos sua existência, mas não sabemos como esse misterioso sopro de Deus toca o coração dos homens.

Se o seu adolescente é capaz de dizer "Jesus é o Senhor", com verdadeiro entendimento e convicção, você não precisa introduzir nele uma ansiedade desnecessária, tentando identificar o momento em que essa crença tornou-se uma realidade. Talvez você tenha feito um trabalho melhor do que pensa quando ensinou fielmente a seu filho as noções básicas da fé cristã.

48. *Como posso saber a vontade de Deus para a minha vida?*

Essa pergunta é, ao mesmo tempo, fácil e difícil de responder.

A resposta fácil é que Deus revelou a sua vontade para a nossa vida através das Escrituras. A Bíblia é a lâmpada para os nossos pés e a luz para o nosso caminho (Sl 119.105). É a inspirada revelação de Deus, capaz de nos preparar para todas as boas obras da vida (2 Tm 3.15-17). Portanto, faz muito sentido que nós, que amamos ao Senhor e desejamos agradar-lhe, procuremos entender o máximo possível daquilo que nos foi revelado em sua Palavra.

No entanto, ainda lutamos freqüentemente diante das escolhas. Devemos namorar essa pessoa ou outra? No que deveria me especializar? Que espécie de carreira seria mais adequada para mim? Qual universidade deveria freqüentar? Essas perguntas não estão diretamente relacionadas com a obediência ou a desobediência a alguma revelação divina específica. Antes, são perguntas que exigem uma aproximação maior com o Senhor e o uso dos recursos que Ele colocou a nossa disposição para discernirmos qual seria a sua direção específica para a nossa vida.

Mas quais são esses recursos?

Primeiro, a oração. São poucas as decisões que, de fato, precisam ser tomadas imediatamente. A maior parte delas — como algumas que sugerimos acima — pode ser levada ao Senhor através da oração, expostas com sinceridade e profundamente exploradas até que Ele toque o nosso coração, de uma forma ou de outra, deixando-nos em paz a respeito de nossa escolha (ver Fp 4.6,7).

Segundo, mentores e exemplos. Os jovens precisam aprender a olhar para aqueles que são mais sábios do que eles. Essa é uma espécie de disciplina que lhes servirá durante toda a vida. Se pudermos fornecer-lhes exemplos de adultos afetuosos, sábios e acessíveis — pais, pastores, idosos, mestres, vizinhos, etc. — que conhecem a Deus, pessoas cuja caminhada ao lado do Senhor as transforma no tipo de pessoa em quem um adolescente pode confiar, então estes buscarão conselhos e orientação de tais pessoas quando tiverem de tomar uma decisão.

Terceiro, a direção do Espírito Santo. Ensine seus filhos a "ouvir" a orientação do Espírito Santo. Não estou sugerindo que devam ouvir uma voz ou uma revelação especial de Deus. No entanto, uma vez que uma decisão tenha sido tomada, eles poderão descobrir várias formas de confirmar essa decisão ou os vários obstáculos para implementá-la. Essas confirmações, ou esses obstáculos, os ajudarão a saber se isso é realmente o que Deus deseja que façam. Paulo experimentou algo assim quando o Espírito Santo estava trabalhando para mudar seu plano missionário e levá-lo à Grécia (ver At 16.6-10).

Nenhuma orientação especial será dada a respeito de um ponto sobre o qual as Escrituras são explícitas, e nenhuma orientação deverá ser contrária a elas.

Hannah Whitall Smith, The Christian's Secret of a Happy Life *(O Segredo Cristão de uma Vida Feliz)*

Continuando a crescer no entendimento da Palavra de Deus, e através da oração e dos conselhos das pessoas em quem confiam, os jovens podem aprender a distinguir a vontade de Deus das vozes sedutoras do mundo, principalmente quando chegar o momento das difíceis e importantes decisões que devem tomar.

RESUMO DOS PONTOS PRINCIPAIS

√ De forma geral, as informações empíricas revelam que as pessoas religiosas são simplesmente mais felizes e mais bem ajustadas, têm melhores casamentos, menos estresse e depressão, e até mesmo um menor número de distúrbios físicos.

√ Os cristãos não estão apenas preocupados com a obediência aos mandamentos; seu grande objetivo é amar a Deus.

√ Longe de ser uma religião para medrosos, o cristianismo precisou que muitos cristãos exibissem uma coragem heróica, como a que foi demonstrada por Dietrich Bonhoffer, o ministro Maximilian Kolbe, Lady Caroline Fox e o adolescente Daniel Gavra.

√ O cristianismo não torna as pessoas perfeitas, mas nos torna melhores do que seríamos sem ele.

√ Partilhar a história de nossa conversão com nossos filhos é um modo de começar a lhes explicar como se tornar um cristão.

√ Para tornarmo-nos cristãos, devemos confessar nossos pecados a Cristo, confessar a crença em seu sacrifício e ressurreição, e pedir que Ele retire os nossos pecados e venha morar em nosso coração. Um exemplo de oração poderia ser: "Senhor Jesus, eu creio em ti. Eu te aceito. Por favor, entre em minha vida. Eu a entrego em tuas mãos".

√ O novo cristão poderá sentir que não houve nenhuma mudança importante. Entretanto, por mais lento que seja a princípio, é inevitável que o trabalho individual de Cristo trará mudanças muito mais abrangentes que, com a cooperação do crente, tornarão a alma capaz de receber muito mais da vida de Cristo.

√ Mesmo que uma pessoa não tenha tido uma experiência aparentemente espetacular no momento de sua conversão, a capacidade de dizer "Jesus é o Senhor", com convicção e a compreensão de seu significado, confirmará que essa pessoa iniciou o seu relacionamento com Cristo. A maioria das crianças que nasce em lares cristãos cresce na fé de uma forma gradual e quase imperceptível.

√ O crente conhece a vontade de Deus principalmente através das Escrituras. As escolhas individuais, dentre as várias opções possíveis (escolhas que não estão relacionadas ao que é certo ou errado), são mais bem orientadas através da oração, do conselho de cristãos maduros e da sensibilidade às circunstâncias da vida que o Espírito Santo usa como sinais para confirmar ou redirecionar as suas decisões.

[1] Expedicionário das Cruzadas (N. do E.).

PARTE II

O QUE DEVO FAZER SOBRE...?

QUESTÕES CONTEMPORÂNEAS E O SEU ADOLESCENTE

CAPÍTULO 7

Por que os Cristãos...?
Esclarecendo Conceitos Errados

49. *Meus amigos dizem que os cristãos estão sempre tentando impor a sua moralidade aos outros. Por que não deixar que as pessoas tomem suas próprias decisões sobre o que está certo ou errado?*

Esta pergunta se refere a nossa discussão sobre a ciência e a natureza do universo. Assim como muitas pessoas acreditam que o universo veio a existir por acaso, elas também acreditam que a ética humana só pode ser governada através de uma simples escolha. Meus valores correspondem simplesmente àquilo em que prefiro acreditar — aquilo em que desejo acreditar ou em que gosto de acreditar.

O sociólogo Robert Bellah diz que os americanos, por exemplo, atualmente se caracterizam pelo que ele chama de "individualismo radical". Em seu livro *Habits of the Heart* (Hábitos do Coração), Bellah descreve uma pesquisa feita com mais de duzentos americanos comuns pertencentes à classe média. Ele descobriu que, na maioria dos casos, a filosofia de vida dos entrevistados não ia além de um sentimento de gratificação individual.

Não é que os americanos não se importem com os seus semelhantes. Muitas das pessoas que ele entrevistou estão profundamente comprometidas com seu casamento, família e comunidade. Mas quando Bellah perguntou a razão de tal compromisso, tudo o que podiam mencionar era sua preferência pessoal — "Eu me sinto feliz ao fazer isso", "Isso faz com que me sinta bem", "Isso me parece ser o correto".

Muitas pessoas não têm uma estrutura bem desenvolvida em relação ao que é verdade ou legítimo, onde possam basear suas preferências morais. Desistiram da noção de uma ética baseada em alguma coisa maior que elas mesmas ou seus próprios sentimentos.

Um entrevistador de televisão pareceu intrigado com a história da minha conversão a Cristo. Mas quando abordamos o assunto da ética ele me olhou com uma expressão de zombaria e perguntou: "Você precisa ser cristão para ser bom? Quero dizer, será que um ateu também não pode ser bom?"

Parei por um momento e então disse: "Os ateus podem ser bons, mas não de forma constante — eles são bons apenas por impulso. Não têm uma razão objetiva para a sua bondade, nenhum padrão objetivo para lhes orientar".

Quando compromissos morais não têm qualquer base além do impulso pessoal, eles podem ser muito precários. Os sentimentos podem ser transitórios ou contraditórios especialmente durante os anos tumultuados da adolescência. Que impulso um adolescente deveria seguir? Como saber qual impulso é o mais correto? A ética baseada em uma simples preferência produz a inconsistência e, muitas vezes, um comportamento impróprio. Essa é a resposta pragmática à pergunta sobre a razão pela qual as pessoas não podem simplesmente escolher, por si mesmas, o que é certo e errado.

A resposta mais completa nos leva novamente à crença na criação intencional do universo. Como Deus fez o universo e a humanidade, tanto o mundo como os seres humanos têm uma realidade objetiva. Os padrões bíblicos sobre o certo e o errado estão baseados nessa realidade — eles podem nos ensinar a viver de acordo com a realidade; são para nós um padrão objetivo de comportamento ético.

O grande escritor russo, Alexander Solzhenitsyn, diz que a linha entre o bem e o mal foi traçada não entre principados ou poderes, mas em cada coração humano. Se as pessoas acreditam que tudo o que importa é o que faz com que se sintam bem, ficam desprovidas dos recursos para desarmar o mal que existe dentro delas e fazer o bem.

Ter uma convicção firme de que os princípios éticos não são apenas uma criação de minha própria mente e de meus sentimentos irá tornar esses princípios obrigatórios. Se eu sou bom somente porque esse é o meu desejo, também posso, da mesma forma, ser mau.

50. *Não seria apenas um julgamento dos próprios cristãos quando dizem que os sentimentos de uma pessoa não são legítimos?*

Não há dúvida de que as emoções das pessoas são bastante reais. Mas estas não constituem uma base para a moralidade. A moralidade não é uma questão de sentimentos pessoais. Os cristãos, por causa de sua vocação para amar o próximo, não podem abdicar da responsabilidade de recomendar que as escolhas morais devam ser baseadas em uma realidade comum — e não nas emoções particulares de cada pessoa.

Como já dissemos, atualmente a maioria dos americanos nem sequer consegue enxergar essa diferença. Infelizmente, isso se aplica tanto a cristãos como a não-cristãos.

Veja a questão do aborto, por exemplo. Muitas pessoas não sabem justificar sua opinião além dos próprios sentimentos sobre essa questão. Quando o sociólogo James Davison Hunter entrevistou pessoas para seu livro *Before the Shooting Begins* (Antes que o Tiroteio Comece), descobriu que a maioria dos americanos baseia inteiramente os seus princípios morais em sentimentos particulares.

Vamos analisar um jovem chamado Scott, um ex-católico. Com toda veemência ele argumenta que, embora o feto seja um ser humano, o aborto deveria ser permitido. Por quê? "Para mim, o feto é uma pessoa", diz Scott, "mas pode não ser uma pessoa para a mãe".

O que Scott não está percebendo é que ser uma pessoa é um fato objetivo, isto é, o feto é uma pessoa independentemente do que você ou eu possamos pensar a respeito. Mas Scott é o exemplo de muitos americanos que baseiam seus conceitos morais em sentimentos, e não em convicções.

Quando Hunter perguntou a um arquiteto chamado Paul porque ele apoiava o direito ao aborto, Paul se mostrou agitado: "Não quero entrar em discussões filosóficas ou teológicas. Minha opinião a esse respeito está baseada em experiências próprias e você não vai me dizer que elas estão erradas".

Veja como Paul se afasta de qualquer discussão objetiva sobre o aborto baseada na filosofia ou na teologia, por mais elementar que seja. Em vez disso, considera sua experiência pessoal como uma decisão da Suprema Corte. Se Paul dirigisse sua empresa de arquitetura da mesma forma como toma suas decisões morais, se baseasse os projetos das construções apenas em seus sentimentos, certamente esses prédios iriam desabar. Para ser um bom arquiteto, Paul precisa tratar com respeito os conceitos da física. Eles governam a prática de sua profissão. Mas Paul não demonstra o mesmo respeito pelas leis morais porque não acredita que existam.

Quando fazemos a separação entre conceitos e valores, torna-se impossível realizar um debate legítimo. Se a moralidade fosse apenas uma questão de conceitos particulares, então as pessoas iriam pensar que nossa tentativa de argumentar chegaria a ser um ataque pessoal.

Uma jovem mãe chamada Karen disse a Hunter que jamais pensaria em fazer um aborto, mas ao mesmo tempo não conseguia afirmar que o aborto fosse moralmente errado para todas as pessoas. "Não sei como as outras pessoas se sentem, ou o que pensam", disse para se defender. Aparentemente, o grande medo de Karen era ofender os sentimentos de alguém se dissesse que o aborto é uma coisa errada.

A maioria dos americanos, conforme Hunter descobriu, comporta-se exatamente como Karen: a favor da vida em sua conduta particular; no entanto, a favor da livre escolha quando querem se mostrar "politicamente corretos" em seus relacionamentos. Muitos se mostram até hostis perante os movimentos a favor da vida porque, em suas palavras, os ativistas estão "tentando impor o seu ponto de vista às pessoas".

Porém, expressar nossa convicção moral não significa "impor". Podemos respeitar a opinião das outras pessoas e, ainda assim, com toda a tolerância, afirmar que existe um padrão objetivo que deve ser a base de nossas decisões acerca das grandes questões morais. As civilizações ocidentais têm sido governadas por uma tradição bem estabelecida, por um consenso moral baseado na revelação bíblica.

Não existe nada no mundo como o direito à liberdade, isto é, agir de acordo com a lei essencial do nosso ser — e não com a lei de nossos sentimentos, que são passageiros.

George Macdonald, God's Word to His Children *(A Palavra de Deus aos seus Filhos)*

Como pais, devemos respeitar constantemente os sentimentos de nossos filhos — suas ansiedades em relação a todas as coisas, desde o medo que os bebês sentem do escuro até o temor dos adolescentes sobre o casamento e a vida familiar —, aceitando que esses sentimentos estão baseados em uma realidade. Fazer julgamentos sobre questões morais, falar com nossos vizinhos ou nossos adolescentes a respeito dessas questões irá demandar exatamente o mesmo tipo de reação.

51. *Não devemos ser tolerantes com as crenças de outras pessoas?*

A tolerância é muitas vezes exaltada como uma das principais virtudes da democracia. Mas qual é a verdadeira natureza da tolerância? E até que ponto ela deve ser estendida?

Uma série especial de uma expedição do Instituto Smithsonian para a televisão chegou a conclusões absurdas sobre a tolerância. O programa mostrava uma tribo da Nova Guiné, chamada

Korowai, que nunca havia sido objeto de estudos. O programa apresentava essa tribo como constituída por pessoas esclarecidas, que viviam em harmonia com seu meio ambiente.

Ah, sim, elas também praticavam o canibalismo.

Paul Taylor, um curador do *Smithsonian's National Museum of Natural History* (Museu de História Natural), era o patrocinador desse programa. A narrativa começava informando que o objetivo da antropologia é fazer com que as tradições locais pareçam "lógicas, razoáveis, racionais e compreensíveis".

Isso era exatamente o que Taylor estava ansioso por fazer. Ele disse aos espectadores que os *Korowai* vivem em casas feitas nas árvores que podem ser tão altas como um edifício de seis andares, o que Taylor descreveu como sendo "uma grande conquista arquitetônica em qualquer lugar do mundo". Os *Korowai* também praticam a igualdade entre os sexos de uma forma que, segundo ele, "as feministas de qualquer país do mundo estariam inteiramente de acordo".

As coisas ficam um pouco mais complicadas quando se trata da igualdade de direitos em outras áreas: por exemplo, a questão da pessoa que será morta e devorada. Os *Korowai* praticam o canibalismo não só contra as tribos inimigas, mas também contra seu próprio povo como castigo pelos crimes mais graves. Para os homens, crimes graves incluem feitiçaria e assassinato. As mulheres podem ser devoradas por roubar bananas e outros alimentos.

Os *Korowai* ficaram felizes por descrever detalhadamente esse ritual. Primeiro, a vítima é amarrada e depois recebe inúmeras flechadas. Em seguida, o corpo é cuidadosamente cortado em seis pedaços enquanto as pessoas "se divertem e cantam". Por fim, cozinham os pedaços no fogo e comem.

O programa apresentava esse horrível ritual como algo que os ocidentais não deveriam condenar, mas tentar "entender". "Muitas coisas sobre os *Korowai* podem parecer desnorteantes", diz o narrador, "até que eles sejam vistos por dentro".

Ficamos sabendo que dentro dessa sociedade o canibalismo não representa uma "simples violência", mas um "exemplo bem-sucedido de como funciona um completo sistema de justiça criminal". Na verdade, o título do programa era *Treehouse People, Cannibal Justice* (Pessoas que moram em árvores, justiça canibal).

Em seu entusiasmo para fazer com que parecessem "razoáveis" e "lógicos", Taylor nunca mencionou se esses canibais insistiam em um julgamento justo antes de condenarem alguém ao caldeirão. Na verdade, ele teve o cuidado de se abster totalmente de fazer qualquer julgamento moral sobre essa prática.

Todo o programa não foi mais que um exercício sobre o relativismo cultural — um esforço para negar a existência de padrões objetivos com os quais podemos avaliar as diferentes práticas culturais.

Visto de "dentro" do Terceiro Reich, o assassinato de milhões de judeus e ciganos também parecia "razoável" e "lógico". Vistas de "dentro", as sociedades fundamentalistas islâmicas e as leis que proíbem às mulheres os mais corriqueiros direitos humanos — como por exemplo, a capacidade de requerer uma carteira de motorista — podem igualmente parecer "razoáveis" e "lógicas".

Ser tolerante às opiniões dos outros não significa dar validade a essas opiniões. Esse é o problema que existe com o termo "multiculturalismo", que ouvimos tantas vezes especialmente em escolas e faculdades. É claro que devemos mostrar respeito às outras culturas e ser sensíveis às diferenças culturais. Mas isso não significa que todas as culturas sejam moralmente iguais. Na Índia, por exemplo, a viúva às vezes é queimada na pira fúnebre do esposo. No Brasil, muitos homens ainda são machistas, o que chega a levá-los a abusar das mulheres. Não podemos considerar essas práticas como, no mínimo, humanas.

Não existe nada de errado ou intolerante quando realçamos a superioridade moral do Ocidente naquelas áreas onde a verdade bíblica agiu como um "fermento cultural". Devemos avaliar a opinião e as práticas de nossos semelhantes — sua, minha ou de nossos vizinhos — à luz do Cristo revelado no evangelho da verdade.

52. *Isso pode significar que os cristãos sejam totalmente inflexíveis?*

Essa é uma acusação muito freqüente. Uma pesquisa do Instituo Gallup verificou que 50% dos americanos estão preocupados com o fundamentalismo. E o que os preocupa é que os fundamentalistas realmente acreditam em absolutos morais.

Mas por que isso provoca um frio na espinha dessas pessoas? Porque elas confundiram a crença em "absolutos" com "absolutismo" — uma mentalidade rígida, inflexível, irracional e hostil.

Entretanto, existe um mundo de diferenças entre absolutos e absolutismo. É essencial que você torne esse aspecto bastante claro para seus adolescentes.

Veja, todas as vezes que você coloca um "-ismo" em um termo, está mudando o significado da palavra. Pense na palavra "individual" — uma boa palavra que sugere a dignidade e o valor de cada um. Mas a palavra "individualismo" denota algo totalmente diferente — uma mentalidade egoísta que coloca o interesse da própria pessoa em primeiro lugar.

Pense em outros exemplos: existe uma grande diferença entre "material" e "materialismo", entre "humano" e "humanismo", entre "feminino" e "feminismo". Da mesma forma, os cristãos devem ter a coragem de defender a realidade da existência dos absolutos. Porém isso não significa simplesmente que somos absolutistas em nossa mentalidade. Uma crença em absolutos significa apenas que acreditamos em uma ordem criada — em uma fonte da verdade. Acreditamos que existem alguns padrões normativos para o casamento, para os negócios e para o governo. Em resumo, acreditamos que existem leis para o comportamento humano, exatamente como existem leis para o mundo físico.

Acreditar nessas coisas não lhe torna uma pessoa mais absolutista do que você já é por acreditar na lei da gravidade. E se eu tentar persuadi-lo a respeito de uma lei moral, não estarei "impondo a minha opinião" mais do que se estivesse lhe ensinando sobre os efeitos dessa lei.

Adotando uma atitude bondosa e paciente, ao falar com os nossos adolescentes estaremos mostrando, através de nosso exemplo, que acreditar em absolutos não nos torna pessoas absolutistas.

53. *Então, por que algumas pessoas consideram os cristãos intolerantes?*

Atualmente, nos Estados Unidos, nenhum grupo é submetido a um estereótipo tão severo como aquele aplicado ao Direito Religioso pelos meios de comunicação. Mas uma análise cuidadosa dos fatos leva facilmente esse estereótipo a se desintegrar. Em 1992, George Gallup publicou um dos estudos mais significativos sobre os cristãos. Intitulado *The Saints Among Us* (Os santos entre nós), esse estudo descobriu que pessoas possuidoras de uma fé cristã sólida são mais felizes, mais generosas quando se trata de ajudar os outros e — aqui temos uma grande surpresa — mais tolerantes.

Na pesquisa foram feitas perguntas como: "Você tem alguma objeção à idéia de uma pessoa de outra raça mudar-se para a casa ao lado?" Entre os mais profundamente religiosos, 84% disseram que não fariam qualquer objeção quando comparados aos 63% dos não religiosos. Os religiosos entrevistados também registraram valores mais elevados quanto às virtudes relacionadas, tais como compaixão e perdão.

Estes resultados provam que os cristãos não têm nada que ver com o estereótipo de "intolerantes semeadores de ódio".

Mas se esse estereótipo é contrariado pelas evidências, por que é tão difundido? Para começar, as conclusões do Instituto Gallup se aplicam somente a pessoas profundamente comprometidas com a fé cristã, isto é, cerca de 10% da população. Os que freqüentam a igreja sem tanta assiduidade mostram uma diferença muito pequena em relação à população em geral. Assim sendo, quando os não-cristãos olham atentamente através das portas de uma igreja, vêem, muitas vezes, pessoas cujas vidas revelam muito pouco do poder transformador de Deus. Os não-cristãos não conseguem obter uma impressão muito precisa dos efeitos positivos do cristianismo sobre as pessoas que o praticam com toda sinceridade.

Todavia, a sociedade acusa os cristãos de serem intolerantes por outro motivo: nossa cultura tem uma visão distorcida do que é a verdadeira tolerância. Temos a tendência de definir tolerância como neutralidade moral — recusam-se a julgar o comportamento das pessoas como sendo certo ou errado. A definição clássica da tolerância, entretanto, está baseada no julgamento: significa tolerar pessoas exatamente quando acreditamos que estão erradas; significa respeitar todos os pontos de vista, e não silenciar os debates como as críticas "politicamente corretas" fazem hoje.

A definição clássica da tolerância se origina do sentido cristão do pecado e do erro. Como todas as pessoas em algum momento cometem erros, somos levados a tolerar suas fraquezas — desde que não sejam ameaças graves à vida comunitária — procurando, ao mesmo tempo, convencê-las bondosamente da verdade.

A verdadeira tolerância é uma virtude cristã, e as evidências mostram que os cristãos são aqueles que melhor a praticam.

A seguinte experiência pessoal pode proporcionar algum entendimento sobre nossa discussão a respeito do julgamento moral e da tolerância. Acredito que essa história possa revelar as premissas comuns de nossa cultura a respeito dos cristãos e da verdadeira separação que existe entre aqueles que acreditam e os que não acreditam em uma ordem moral objetiva. Ela mostra como é difícil para pessoas leigas — ou para os nossos adolescentes que estão imersos na cultura leiga — compreender o ponto de vista cristão.

Participei do programa *Nightline* por ocasião do vigésimo aniversário do episódio de Watergate (entendo que seus filhos possam não ter sequer idéia do que foi o caso Watergate). O apresentador, Ted Koppel, é um pensador. De alguma forma, durante o desenrolar dos trinta minutos no ar, eu e Koppel iniciamos uma discussão sobre os valores absolutos. Analisamos o que estava acontecendo com os Estados Unidos, como estávamos imersos na banalidade da televisão e como havíamos perdido nossa capacidade de pensar.

Quando o programa terminou, Koppel disse: "Gostaria de discutir essas coisas com você. São questões realmente interessantes".

Caminhamos para o Salão Verde, onde nos sentamos e conversamos. Koppel me disse: "Não entendo pessoas como você, pessoas do novo Direito Religioso. Simplesmente não entendo. Vocês são intolerantes. Aparecem com esse conjunto de valores e querem enfiá-los pela minha garganta abaixo. As pessoas se ressentem disso, e essa é a razão porque estamos zangados com vocês, cristãos".

"Isso reflete justamente a nossa incapacidade de explicar a você aquilo em que acreditamos", respondi.

Lembrei-me de um discurso que ele fez na Universidade Duke, um discurso em que declarou: "Os Dez Mandamentos representam Dez Mandamentos, e não Dez Sugestões".

"Isso mesmo", ele disse, "mas eu queria dizer uma coisa muito diferente". Ele falou sobre a opinião de Aristóteles a respeito do meio-termo ideal e de como vivemos a nossa vida aspirando alcançar certos objetivos.

Então, tentei explicar porque acreditamos em absolutos — na verdade essencial e o que ela significa. Durante quarenta e cinco minutos tentei explicar o meu ponto de vista. "Não queremos enfiar nosso ponto de vista pela garganta de ninguém", disse. "Mas queremos ter o direito de defender a nossa posição. Por que não posso fazer isso sem ser chamado de intolerante?"

Koppel acreditava, como muitos atualmente, que uma vez tenha confessado sua crença nos absolutos morais, você já reivindicou para sua posição um privilégio de que os outros não desfrutam.

A verdadeira questão subjacente é se tal privilégio realmente existe, isto é, se os absolutos morais realmente existem.

Finalmente, tentei apresentar um último exemplo como forma de abrir a possibilidade dos absolutos morais realmente existirem. Perguntei:

— Ted, você costuma navegar, não é?

— Sim, é verdade.

— Você já navegou à noite?

Ele assentiu com a cabeça.

— Bem, como alguém pode navegar à noite?

— Através da navegação celeste. Você se orienta pelas estrelas.

E começou a explicar o que é navegação celeste.

— O que aconteceria se estivesse navegando à noite — perguntei —, se as estrelas estivessem sempre em uma posição ao acaso, sempre em um lugar diferente? Você só pode navegar porque sabe onde estão as estrelas, permanentemente.

Ah — ele concordou com a cabeça —, estou entendendo seu argumento.

— As estrelas estão lá — eu disse —, e sempre em uma posição fixa. Existe uma ordem no universo. Se existe uma ordem no universo, também existe uma ordem moral pela qual vivemos. No início dos tempos, a civilização — não apenas os cristãos que crêem na Bíblia, mas a civilização inicial — acreditava na existência dessa ordem. É uma ordem moral fixa com absolutos, mas ninguém pode fazer você viver por ela. Se está navegando à noite e não quer olhar para essas estrelas, ninguém pode obrigá-lo. Porém quer você olhe quer não, elas estão lá.

Essa analogia com a navegação pode o ajudar a explicar a natureza dos absolutos morais e mostrar a importância de oferecer uma resposta razoável à acusação de intolerância.

54. *Por que as mulheres são oprimidas no cristianismo?*

Atualmente, muitos jovens estão preocupados com o papel e os direitos das mulheres na sociedade. Mas como não estariam, com toda a atenção que a sociedade tem dedicado a esse assunto — tanto de forma certa quanto errada — nos últimos anos?

Aqueles que afirmam que o cristianismo oprime as mulheres são aqueles a quem cabe o ônus da prova. Uma simples comparação do Ocidente cristão com o mundo islâmico, por exemplo, mostra uma grande diferença na forma como a sociedade cristã considera as mulheres. Quem pode duvidar de que essa parte do mundo, influenciada através dos séculos pelo evangelho do Senhor Jesus Cristo, oferece mais oportunidades e maior liberdade às mulheres do que as nações islâmicas?

A verdade é que o Senhor Jesus foi o grande libertador das mulheres. Na história da humanidade, nenhuma outra pessoa fez tanto para tornar possível que as mulheres alcançassem o seu pleno potencial como portadoras da imagem de Deus. Ele falava diretamente às mulheres em público, numa época em que isso não era aceito, numa época em que a maior parte do mundo considerava as mulheres como algo apenas um pouco superior às suas posses pessoais. (Os "iluminados" romanos tinham tão pouca consideração pelas mulheres que muitas vezes expunham as jovens à morte pelas feras ou simplesmente as arremessavam no Rio Tiber). O relacionamento de Jesus com as mulheres era cheio de ternura, amor e cuidados. Ele as tratava com absoluta e idêntica dignidade. O texto em João 4 descreve um incrível relato de Jesus apresentando o evangelho a uma mulher desprezada, que havia tido cinco maridos diferentes e estava, portanto, vivendo em adultério. João 4.39 indica que o próprio testemunho da mulher trouxe muitas outras pessoas daquela cidade para Cristo. E, por ocasião de sua ressurreição, o Senhor Jesus preferiu mostrar-se primeiramente às mulheres que tinham vindo lamentar a sua morte.

Os apóstolos Pedro e Paulo também honraram as mulheres como igualmente portadoras da imagem de Deus. Paulo esclarece que somos todos iguais em Cristo, todos amados por Deus e chamados para servir-lhe (Gl 3.28,29). Embora algumas mulheres ativistas ou não se ofendam com o mandamento bíblico de que as mulheres devem ser submissas ao marido, elas se esquecem de olhar para o correspondente e ainda maior mandamento dirigido aos homens. O marido tem o dever de amar a sua esposa como Cristo amou a Igreja, honrá-la como se fosse seu próprio corpo e estar disposto a sacrificar qualquer coisa pelo seu bem-estar (Ef 5.25-33). Isso significa que o esposo deve estar disposto a dar a sua vida pela esposa. Da mesma forma, Pedro ordenou ao marido que olhasse a esposa com compreensão e carinho (1 Pe 3.7). Nas igrejas dirigidas por Pedro e por Paulo, as mulheres ensinavam outras mulheres e ajudavam os esposos a treinar outras pessoas para a obra do Senhor (At 18.26). Muitos a quem Paulo saudava como colaboradores na obra do Senhor eram mulheres (veja, por exemplo, Rm 16).

Através dos séculos, a Igreja deu prosseguimento a essa tradição. Sim, é verdade que tem ocorrido alguns abusos contra as mulheres — e alguns até usam o nome de Cristo de forma indevida —, mas tanto naquele tempo quanto agora pessoas fundamentadas no conceito mundial do cristianismo têm valorizado as mulheres e o seu papel na sociedade.

Desse lado do Atlântico, por exemplo, as mulheres cristãs desempenharam um papel crucial na campanha abolicionista. Entre os nomes mais conhecidos estão a ministra Quaker Lucretia Mott e uma afro-americana chamada Sojourner Truth. Na luta pelo direito feminino ao voto, nenhum nome é mais proeminente do que o de outra devota Quaker, Susan B. Anthony. Muitas outras mulheres cristãs — inclusive Anna Howard Shaw, Alice Paul e Laura Clay — lutaram pelo direito de votar.

As pessoas que reclamam que o cristianismo oprime as mulheres não compreendem nem as Escrituras nem os registros históricos.

55. *Como podem os cristãos condenar os homossexuais por serem como Deus os fez?*

Primeiro, precisamos entender que a opinião dos cristãos sobre essa questão começa e termina com a realidade do amor de Deus. O que um Deus cheio de amor pode desejar dos homossexuais? Será que Ele os fez do jeito que são ou será que sua preferência sexual é uma conseqüência daquilo que levou o nosso mundo à degradação?

Muitos "sermões seculares" poderão tentar nos convencer de que a homossexualidade é determinada pela genética, mas eles desaparecem rapidamente diante das provas empíricas contrárias. Pesquisadores que periodicamente procuram o gene gay estão sempre anunciando novas provas de sua existência, porém essas provas logo evaporam ante o exame de outros pesquisadores. Por exemplo, um estudo do *National Institutes of Health*, de autoria de Dean Hamer, registrou a suposta existência de um marcador genético que predispõe os indivíduos a um comportamento homossexual.

Entretanto, ao fazer uma revisão da pesquisa de Hamer, o geneticista Dr. Evan Balaban afirmou que ela apresentava graves defeitos, tanto em sua metodologia como em suas premissas básicas — o que talvez não seria uma surpresa, considerando-se que o próprio Hamer é um homossexual ativista, o que pode ter influenciado os resultados obtidos. O mais revelador de tudo é que muitos dos homens gays do estudo de Hamer não possuíam o marcador genético que ele afirma estar ligado a um comportamento homossexual.

Se a homossexualidade não é geneticamente determinada, então esse comportamento envolve, até certo ponto, um elemento de escolha. Isso não significa que algumas pessoas não tenham uma certa predisposição à homossexualidade — elas têm, da mesma forma como outras pessoas têm diferentes predisposições que devem ser controladas.

David Persing, um pesquisador da genética molecular e um cristão, diz que o ensino bíblico de que toda a natureza está decaída, inclui a nossa herança genética. Como resultado, todos nós temos uma tendência congênita a várias formas de comportamento pecaminoso, desde o alcoolismo às práticas heterossexuais por vício, e até mesmo à homossexualidade. Mas esse fato não serve como desculpa para a escolha do pecado, diz Persing. O cristianismo nos exorta a lutar contra as nossas tendências naturais. Quaisquer que sejam essas tendências, elas ainda nos dão muito espaço para fazermos as escolhas morais corretas.

Como cristãos, devemos nos colocar contra a filosofia do determinismo genético que reduz as pessoas — como Alan Medinger — a simples fantoches.

Alan fora um homossexual praticante por dezessete anos. Atualmente, ele é um cristão e o fundador da instituição que se chama "Regeneração", um ministério dirigido aos homossexuais. "A homossexualidade não se refere apenas às relações sexuais", diz Medinger, "ela representa uma completa orientação da personalidade, um conjunto de atitudes em relação à masculinidade e à feminilidade".

Ele atribui sua homossexualidade a uma interrupção do processo normal de amadurecimento — muitas vezes, o resultado de um abuso ou de um trauma emocional. Em seu livro *The Other Way Out* (A outra Saída), o Reverendo Paul Brenton observa que a luta de muitos homens contra a homossexualidade tem suas raízes no abuso emocional ou nas violências sexuais. "Eles guardam uma imagem distorcida de si mesmos, o que faz com que se sintam como seres inferiores aos homens normais", diz Brenton. "Muitos deles sentem-se prisioneiros de seu estilo de vida e desejam sinceramente abandoná-lo."

Esse, com certeza, foi o caso de John Paulk, dantes um prostituto e travesti. Sua vida como homossexual foi uma tentativa mal orientada e dolorosa de enfrentar a dor emocional de uma rejeição. Em sua obra *Every Student's Choice* (A Escolha de todo Estudante) ele escreve: "Existiam muitas máscaras em meu passado sob as quais eu me escondia para me proteger".

Atualmente, John está casado com Anne, uma ex-lésbica que teve uma história semelhante à dele. Foi a profunda necessidade de amor e aceitação que a levou ao lesbianismo, diz ela, até que amigos cristãos estenderam-lhe a mão e ofereceram uma amizade sincera.

John e Anne estão sempre prontos a falar a respeito do poder transformador de Deus em suas vidas. As Boas Novas do amor de Cristo os afastaram da homossexualidade. "O poder transformador do Senhor era tão evidente durante a cerimônia de nosso casamento", disse John mais tarde, "que minha mãe e meu padrasto aceitaram ao Senhor naquela mesma noite".

Esse é um poderoso testemunho que demonstra uma poderosa verdade: o evangelho pode libertar os homossexuais, levando-os a uma vida de relacionamento heterossexual monógamo.

É claro que ficar livre da homossexualidade envolve, muitas vezes, um caminho difícil que recompõe o processo de desenvolvimento a fim de criar uma identidade heterossexual. Mas a questão é que os homossexuais podem encontrar a libertação e a cura.

Uma pergunta subseqüente poderia ser: "Por que os homossexuais procurariam essa libertação? Será que as provas sugerem que existem razões práticas para a posição bíblica?"

O estilo de vida dos homossexuais exige um ônus pessoal pesado. De acordo com Bob Davies, diretor executivo da *Exodus International* — um ministério dedicado aos homossexuais —, 25 a 33% deles são alcoólatras comparados a 7% da população em geral. E, em relação aos homens normais, os homossexuais têm seis vezes mais a possibilidade de cometer suicídio (aqueles que defendem o comportamento gay insistem que essas estatísticas refletem o preconceito da sociedade contra os homossexuais).

Muitas e muitas vezes os cientistas têm afirmado que genes especiais, assim como as regiões dos cromossomos, encontram-se associados a traços de comportamento, somente para eliminar suas conclusões quando elas não podem ser reproduzidas... Tudo foi anunciado com grande sensacionalismo, tudo foi recebido com otimismo pela imprensa popular; mas tudo agora caiu em descrédito.

C. Mann, "Genes and Behaviour"
("Os Genes e o Comportamento")

As estatísticas revelam uma história muito promissora a respeito daqueles que são capazes de lutar contra o abuso sexual e emocional que sofreram. De acordo com Bill Consiglio, diretor da *Hope Ministries*, 40% dos homossexuais que procuram mudar "passam para a heterossexualidade total, e muitos chegam ao casamento e à paternidade". Um outro grupo de 40% é capaz de passar a viver como celibatários solteiros.

Isso também é comprovado por outras fontes. A terapia dirigida a uma mudança da preferência sexual freqüentemente apresenta bons resultados. Por exemplo, um estudo realizado em

1974 mostrou que a terapia tinha um índice de sucesso superior a 70% depois de seis anos de acompanhamento. E em 1986, um psicanalista holandês estudou 101 pacientes e encontrou um índice de sucesso de 65%.

Entretanto, a sociedade atual está bloqueando o potencial de cura — ironicamente — ao se mostrar receptiva ao estilo de vida gay. Como afirmou uma ex-lésbica, os grupos a favor dos gays estão verdadeiramente criando empecilhos àqueles que desejam romper com este estilo de vida destrutivo. Segundo esses grupos, como não existe nada de errado em ser gay; os homossexuais não devem sentir a necessidade ou o desejo de serem curados.

Considerando que o estilo de vida gay acarreta sofrimento e até tragédias, que resposta compassiva poderíamos oferecer? Anne Paulk diz: "Como lésbica, encontrei pessoas feridas em busca de amor. Como cristã encontrei pessoas amorosas desejando apenas curar as minhas feridas". Como cristãos, não podemos negar o ensino bíblico de que a homossexualidade é um pecado (Rm 1.24-27); no entanto, permanecemos ao lado dos homossexuais ajudando-os a lutar contra esse pecado em suas vidas. Da mesma forma que oramos por eles hoje, quando forem libertos estarão conosco em nossas lutas.

56. *Como alguém pode defender o cristianismo quando essa religião tem sido responsável por tantas guerras e outras atrocidades? E o que dizer sobre as Cruzadas e a Inquisição Espanhola?*

Já ouvi essa pergunta muitas vezes — provavelmente todos nós já a tenhamos ouvido. Em um artigo publicado no *New York Times*, o historiador Arthur Schlesinger foi longe demais, a ponto de dizer que a crença em uma verdade absoluta é responsável por guerras, escravidão, perseguição e torturas. Essa objeção levou o famoso escritor Malcolm Muggeridge a manter-se afastado da fé por muitos anos, até que finalmente se converteu.

Há pouco tempo eu estava conversando com um amigo que não é crente, e ele trouxe à tona o mesmo assunto: "Chuck", ele disse, "tudo que você diz sobre o cristianismo parece muito bom. Mas o que de fato me incomoda é o seu registro histórico. As Cruzadas, a Inquisição — todas as coisas terríveis que foram supostamente feitas em nome de Cristo".

"É verdade", eu disse, "mas procure se lembrar de que isso nada representa comparado com as coisas feitas em nome dos diferentes credos leigos. Pense em Hitler — seis milhões de judeus assassinados no Holocausto. E em Stalin — cerca de cinqüenta milhões de pessoas trucidadas no Gulag. O ateísmo produz conseqüências muito, mas muito piores, do que qualquer abuso cometido em nome do cristianismo".

"Vamos fazer um simples cálculo numérico de pessoas", eu disse. "A história do cristianismo inclui as Cruzadas e a Inquisição. Mas, pelos padrões modernos, os exércitos das Cruzadas eram extremamente diminutos e, em sua maioria, as guerras medievais consistiam em batalhas isoladas entre soldados profissionais. Contraste este fato com o que aconteceu na Segunda Guerra Mundial, quando os nazistas mergulharam o mundo todo na guerra — e exterminaram milhões de pessoas nos campos de concentração. Pelos padrões modernos, a Inquisição também representa apenas um número insignificante. Calcula-se que três mil pessoas tenham sido mortas em um período de trezentos anos. É claro que esse número é elevado, mas procure compará-lo aos sessenta milhões que foram mortos durante os setenta anos da opressão comunista".

Continuei a explicar que quando um Hitler ou um Stalin comete atrocidades, está agindo de acordo com a sua ideologia. Está demonstrando as conseqüências lógicas daquilo em que acredita. Quando supostos cristãos são cruéis, estão agindo de modo contrário àquilo em que deveriam crer.

Portanto, quando os cristãos agem de acordo com a sua fé, mesmo em uma pequena escala, o resultado será uma atitude de bondade desconhecida pelo mundo. Os cristãos têm construído, no mundo todo, escolas, universidades, orfanatos e hospitais. Têm dado todo apoio às leis e à moralidade pública. Têm resgatado crianças que são abandonadas para morrer, têm ajudado os pobres e visitado aqueles que estão nas prisões.

As evidências da história são bastante claras. Apesar dos nossos erros humanos, o cristianismo tem tornado o mundo e as pessoas muito melhores do que seriam, se porventura ele não existisse.

57. *Por que os cristãos são antiintelectuais?*

Na revista *Free Inquiry*, o biólogo inglês Richard Dawkins chama a religião de "vírus mental" — uma falsa crença que infecta a mente da mesma forma que um vírus pode infectar o organismo. Observe os sintomas, de acordo com Dawkins: as pessoas não adotam uma religião depois de ter pesado cuidadosamente suas provas — a fé é "contagiada" da mesma forma que uma pessoa com resfriado. Ela se espalha de pessoa a pessoa como uma infecção, especialmente dentro das famílias. Em relação aos que contribuem para a conversão de outras pessoas, o evangelista pode ser um agente infeccioso e o avivamento, uma virtual epidemia de fé.

Bem, isso não deixa de ser uma metáfora biológica, mas afirmo que o Dr. Dawkins foi demasiadamente precipitado em seu diagnóstico, e o mesmo posso dizer em relação àqueles que acusam o cristianismo de ser irracional. Embora seja verdade que a maioria das pessoas aprenda sobre a fé com seus pais, a maneira como aprendemos a colocar a fé em prática é uma questão muito diferente da veracidade daquilo que acabamos de aprender.

Não importa o que qualquer um de nós tenha aprendido quando criança, todos nós chegamos a um ponto em que estabelecemos nosso próprio compromisso — em que acreditamos por estarmos pessoalmente convencidos pela experiência e pelas provas. Ao contrário das outras religiões, o cristianismo não prega uma experiência mística que domina a razão. A Bíblia, ao contrário, relaciona sua mensagem com os acontecimentos históricos que podiam ser constatados e confirmados por qualquer pessoa que estivesse presente na ocasião em que ocorreram — desde Eliseu, clamando pelo fogo do céu no monte Carmelo, até a crucificação pública do Senhor Jesus e sua ressurreição dentre os mortos.

Quando Dawkins chama a religião de vírus, ele está ignorando o verdadeiro caráter do cristianismo. Está presumindo que as pessoas aceitam a religião sem qualquer raciocínio inteligente — que sua aceitação é movida por uma exclusiva necessidade emocional. Já ouvimos outras versões desse mesmo sentimento que nada mais são do que o velho argumento de que a religião representa uma muleta para os fracos. Karl Marx chamava a religião de "ópio do povo", e Sigmund Freud rotulou-a como uma neurose.

No entanto, nem Dawkins, Marx ou Freud jamais provaram que a religião seja uma doença mental. Eles simplesmente presumiram que o cristianismo era falso e, em seguida, se colocaram em campo para identificar alguma aberração mental que explicasse por que as pessoas ainda acreditam nele. Todo o seu argumento é irreparavelmente circular. Primeiro, eles assumem que o cristianismo é falso; em seguida, a fé é considerada uma doença, a fim de convencer as pessoas de que ele é falso.

A verdadeira fé cristã não infecta; ela respeita a sua mente. Os cristãos devem ser as pessoas mais realistas que existem. Se a verdade é mesmo verdade, então qualquer pergunta sincera não deve representar uma ameaça para nós. Não precisamos fugir das perguntas difíceis. Por Cristo ser a personificação da verdade, nós, cristãos, gozamos da maior liberdade para fazermos as perguntas mais difíceis, e não devemos nos sentir ameaçados quando outras pessoas nos fazem essas perguntas. Por essa razão, nenhuma pesquisa honesta sobre a verdade pode ser contra a fé cristã.

Através dos tempos, o que vemos é que grandes nomes cristãos demonstraram que o cristianismo não tem nada de antiintelectual. Esses crentes, levados por sua fé cristã, produziram alguns dos maiores tesouros de arte e fizeram alguns dos maiores avanços científicos da história do Ocidente.

Um caso em particular, que o mundo leigo se mostra relutante em reconhecer, é o do artista holandês Vincent van Gogh. Sua vida foi o tema de um filme francês muito elogiado, mas você nunca conhecerá exatamente como ele era apenas através desse filme. Ele omite o fato essencial da sua vida: a sua profunda fé cristã.

Quando jovem, van Gogh queria tornar-se um pastor. Entretanto, suas esperanças malograram-se quando foi rejeitado pelo seminário. Ele pregava o evangelho com intrepidez aos miseráveis mineiros de carvão, vivia entre eles e com eles dividia a sua pobreza. O objetivo de van Gogh foi novamente contrariado quando ele começou a mostrar sinais de instabilidade mental e perdeu o apoio financeiro de sua sociedade missionária.

Foi então que se voltou à arte e produziu centenas de pinturas excepcionais. Continuou a batalhar contra a doença mental até os trinta e sete anos quando, sofrendo de delírios que comprometiam sua razão, cometeu suicídio.

É uma história trágica. Mas quase igualmente trágico é o fato de não ouvirmos falar dela com freqüência. Os livros da história da arte geralmente omitem sua história completa e, com todo cuidado, eliminam qualquer referência à sólida fé cristã de van Gogh.

No entanto, a história desse artista não é a única. Muitas pessoas conhecem o nome do grande pintor Rembrandt, mas não sabem que ele também foi um cristão devoto. O poeta Samuel Taylor Coleridge tornou-se um ícone da cultura das drogas nos anos 60 porque compôs muitos de seus poemas sob a influência do ópio. Todavia, ninguém menciona o fato de que Coleridge foi liberto de seu vício ao entregar sua vida ao Senhor Jesus Cristo.

A maioria das pessoas sabe que os compositores Bach e Handel eram cristãos. Mas, e sobre Vivaldi? Vivaldi foi um sacerdote que recebeu o apelido de Sacerdote Vermelho por causa da cor rubra de seu cabelo brilhante. Antonín Dvorák, o compositor de vibrantes melodias eslavas, era um vigoroso cristão. Felix Mendelssohn, filho de pais judeus, era um piedoso luterano.

Os apontamentos dos cientistas Copérnico, Kepler, Newton e Pascal estão repletos de louvores ao Criador.

Ao longo da história, muitos dos maiores mestres da língua inglesa foram poetas cristãos. Pense em John Milton que compôs o poema épico "Paradise Lost" para "justificar os caminhos de Deus para os homens". E a magnífica linguagem do poeta Gerard

Manley Hopkins é incomparável: "O mundo está saturado da grandeza de Deus. Ele irá se inflamar como um ouropel brilhante".

Os cristãos deram a sua contribuição a praticamente todos os campos da arte e do conhecimento. No entanto, os modernos livros de história raramente mencionam o papel que a fé desempenhou na edificação de nossa cultura. Isso facilita as coisas para aqueles que não compartilham a nossa fé, e que querem depreciar os cristãos dizendo que são presumidos e ignorantes. E assim nós, cristãos, somos impedidos de conhecer a rica e intelectual herança que é legitimamente nossa.

58. *Por que os cristãos não se importam muito com a ecologia?*

Durante anos, os adeptos da Nova Era têm colocado a culpa da crise ecológica no cristianismo. Mas a Bíblia realmente nos transmite um elevado conceito sobre a criação. Quando Deus colocou Adão no jardim do Éden, mandou que cultivasse e conservasse a terra. As palavras da língua hebraica para essas tarefas significam "servir" e "cuidar". O livro de Gênesis ensina que os seres humanos têm "domínio" sobre a natureza, porém isso não significa uma ordem arbitrária, e sim um cuidado especial. Essa é a palavra de Deus, e somos responsáveis perante Ele pela forma como cuidamos da terra.

É verdade que os ocidentais muitas vezes abusam da natureza. Mas isso não tem origem no cristianismo, e sim no humanismo. À medida que a cultura ocidental rejeitou a Bíblia, deixou de considerar os seres humanos como servos de Deus para vê-los como o pináculo da evolução, como a vitória da luta de Darwin pela existência, a vitória daquele que não deve nada a ninguém.

Pense no século XIX: os capitalistas industriais não apelavam para o cristianismo a fim de justificar suas táticas assassinas. Apelavam para a evolução. Ouça as palavras de William Graham Summer, o mais influente dos socialistas darwinianos na América: "Não existem direitos contra a natureza, a não ser extrair dela tudo que pudermos".

Atualmente, ficamos aterrorizados perante uma atitude tão estúpida; e com toda razão. Mas o antídoto ao humanismo ocidental não é um panteísmo oriental, aquilo que tem sido chamado de "religião baseada na natureza". O panteísmo, isto é, a crença de que tudo participa da divindade, de que tudo é Deus, nega que os seres humanos sejam especiais; o panteísmo nos coloca no mesmo nível da grama e das árvores.

O valor das coisas não está exclusivamente nelas, mas no Deus que as fez — e assim elas merecem ser tratadas com extremo respeito... Quando você está lançando o machado contra uma árvore porque precisa de lenha, não está abatendo uma pessoa; está cortando uma árvore... Devemos entender que foi feita por Deus e merece respeito porque Ele assim a fez.

Francis Schaeffer, Pollution and the Death of Man
(Poluição e Morte do Homem)

Mas os seres humanos têm, realmente, poderes únicos que nenhum outro organismo possui. A única religião que pode "resolver" nossos problemas ecológicos é aquela que reconhece a nossa singularidade e oferece diretrizes que orientam nossas capacidades. O cristianismo faz exatamente isso: ensina que Deus criou os seres humanos a sua imagem, para serem os responsáveis pela criação.

RESUMO DOS PONTOS PRINCIPAIS

√ Como Deus criou o universo e a humanidade, tanto o mundo como os seres humanos têm uma realidade objetiva. E é essa realidade objetiva que forma a base dos padrões bíblicos daquilo que é certo e daquilo que é errado.

√ Todas as emoções são bastante reais, mas apenas como emoções. Precisamos basear nossas decisões éticas na verdade — na realidade objetiva — e não naquilo que "sentimos" ser o correto.

√ Os cristãos acreditam em absolutos, mas isso não quer dizer que abracem o absolutismo, uma mentalidade rígida que é inflexível, irracional e hostil. Os cristãos devem expressar a sua crença em absolutos de forma diligente e atraente.

√ Estudos revelaram que os cristãos são realmente mais tolerantes do que seus semelhantes leigos. Também estão muito mais com os pobres e os destituídos.

√ O verdadeiro significado da tolerância está baseado no julgamento, isto é, no respeito ao direito dos outros terem sua própria opinião, mesmo acreditando que essas opiniões estejam erradas.

√ O Senhor Jesus Cristo mostrou claramente que homens e mulheres são iguais aos olhos de Deus. O cristianismo, em sua maior parte, tem sido o grande libertador das mulheres, como podemos constatar quando comparamos nossa cultura ocidental com outras culturas ao redor do mundo.

√ O cristianismo exorta os homossexuais a se recuperarem de sua inclinação sexual, assim como exorta os heterossexuais a se absterem da promiscuidade e de outros vícios. A homossexualidade está errada e existem muitas e boas razões práticas para que os homossexuais procurem ajuda para esse tipo de inclinação sexual.

√ Embora alguns fatos históricos, como as Cruzadas e a Inquisição, representem graves máculas no registro cristão, mortandades e destruições têm sido muito mais freqüentes na humanidade em nome de ideologias leigas do que em nome de Cristo.

√ Longe de ser antiintelectual, a fé cristã proporciona ao crente plena confiança de que "toda verdade é verdade de Deus". A maior parte das glórias da civilização ocidental na ciência, na arte e nas letras tem sido o resultado de pesquisas cristãs feitas na natureza do mundo criado por Deus.

CAPÍTULO 8

Por que não devo...?
Sexo, Amor e Casamento

59. *Será que todas as leis proibitivas dos cristãos não teriam se originado de um ódio ao corpo? Será que eles consideram o corpo uma coisa suja?*

A tendência de se considerar o corpo humano como algo impuro se origina da crença de que podemos separar o corpo da mente: isto se chama "dualismo". Esse erro tem afligido não só os cristãos, mas também outras formas de pensar em diferentes épocas e culturas.

Vimos um terrível exemplo dessa questão na trágica seita *Heaven's Gate*. Os membros dessa seita eram facilmente reconhecidos. Todas as vezes que deixavam a mansão de seu Rancho Santa Fé, tinham exatamente a mesma aparência: roupas pretas, tênis *Nike* e cabelos ouriçados. Quando a polícia invadiu a mansão e encontrou os corpos, pensou, a princípio, que todos os trinta e nove membros dessa seita fossem jovens do sexo masculino.

Um dos aspectos mais intrigantes dessa estranha seita era sua obsessiva conformidade. Mas a explicação é bastante simples. A seita ensinava uma filosofia baseada no ódio a todas as coisas físicas — especialmente ao corpo.

Os membros da seita acreditavam que para alcançar a salvação precisavam desprender-se de seu corpo terreno. Consideravam o corpo uma espécie de cárcere onde a alma estava aprisionada e acreditavam que a salvação iria acontecer quando a alma deixasse o corpo. É por isso que se referiam ao corpo como "veículo" ou "container". (Não deixa de ser interessante que esse é o princípio usado para justificar a promiscuidade: tratar o corpo como se ele fosse distinto da pessoa — uma mentira que serve tanto aos propósitos falsos quanto aos depravados propósitos transcendentais.)

A seita proibia o casamento e toda atividade sexual, e tentava evitar o que chamavam de "comportamento mamífero humano".

Assim como os membros da seita *Heaven's Gate*, todos os dualistas acreditam não só na existência de uma separação radical entre o corpo e a alma, mas também que o corpo humano e o mundo material sejam malignos.

O dualismo teve uma influência perniciosa particular na igreja cristã nos primeiros séculos. Mas foi corretamente denunciado como heresia porque as Escrituras explicitamente rejeitam o dualismo. O livro de Gênesis ensina que Deus criou o céu e a terra, inclusive o corpo humano. Deus declarou que estava contente com a sua criação. O apóstolo Paulo se refere ao nosso corpo como o templo do Espírito Santo e escreveu a Timóteo dizendo: "... toda criatura de Deus é boa" (1 Tm 4.4).

Segundo o entendimento cristão, o homem é formado de corpo, alma e espírito, que compõem um todo. Os leigos modernos é que aviltam o corpo humano, exigem controle sobre ele e o consideram como algo que deva ser usado para o prazer pessoal.

A mensagem bíblica é clara: o corpo humano não é um pecado em si mesmo; são os desejos da carne — como fornicação, ciúmes e embriaguez — que são pecaminosos e devem ser colocados sob controle.

Por este motivo é tão importante entender toda a mensagem da visão bíblica de mundo. O reconhecimento cristão quanto à excelência da criação nos leva a valorizar essa criação, inclusive o corpo: temos o dever de cuidar do corpo, evitando violar a sua ordem moral. As proibições do cristianismo contra o sexo antes do casamento, a homossexualidade e outras formas de licenciosidade sexual não representam regras repressivas com o propósito de nos negar o prazer. Elas estão presentes para promover o respeito à dignidade humana e permitir que tenhamos uma liberdade cristã para desfrutarmos os legítimos prazeres criados por Deus.

60. *Por que os cristãos são tão confusos a respeito do sexo?*

Além dos adolescentes, muitas pessoas acreditam que não é saudável reprimir nossos sentimentos, e que todos nós estaríamos muito melhor se o sexo se tornasse apenas um dos grandes prazeres da vida. Em uma determinada ocasião, o coordenador da política do presidente Clinton em relação à AIDS chamou os Estados Unidos de "sociedade vitoriana reprimida". Segundo Kristine Gebbie, a própria idéia de ensinar a crianças a dizer não ao sexo é "criminosa". Ela "difunde o medo" e rouba às crianças uma visão positiva da sexualidade. O que realmente deveríamos ensinar-lhes, Gebbie continua, é que o sexo é uma coisa "essencialmente prazerosa e importante".

Nos Estados Unidos que conheço, somos tão reprimidos que pessoas como Madonna podem amealhar fortunas fazendo poses sensuais; a sociedade americana é tão vitoriana que quase todo comercial faz alusões indiretas ao sexo para vender seu produto; tão puritana que as revistas *Playboy* e *Hustler* são vendidas em quase todas as lojas.

Acho que podemos dizer, com toda segurança, que as pessoas já sabem que a sexualidade é prazerosa. O que elas precisam desesperadamente saber é que o sexo pode ser muito mais satisfatório quando mantido dentro dos limites da moralidade bíblica.

As estatísticas indicam que os "vitorianos" atuais — nome que muitas pessoas dão aos cristãos conservadores — realmente gozam de uma vida sexual muito satisfatória. Anos atrás, a revista *Redbook* realizou uma pesquisa entre os leitores e descobriu, para sua própria surpresa — que as mulheres que se caracterizavam como "fortemente religiosas" revelavam maior satisfação sexual do que as não religiosas que responderam à pesquisa.

Na verdade, enquanto a senhora Gebbie estava lançando suas acusações contra a moralidade sexual conservadora, os batistas do sul estavam realizando um festival de outono intitulado "Celebrando o Sexo em seu Casamento". Richard Land, porta-voz dessa denominação, comentou que a senhora Gebbie parecia estar comparando a abstinência fora do casamento com algum conceito vulgar a respeito do sexo no casamento.

Mas a ética da Bíblia não ensina um conceito vulgar sobre o sexo. Se a senhora Gebbie lesse mais atentamente o Livro que modela a atitude daqueles supostos cristãos vitorianos, encontraria o programa mais positivo para a educação sexual jamais elaborado. Longe de reprimir a sexualidade, a Bíblia faz a sua celebração. O livro de Cantares de Salomão representa um delicado quadro do desejo que o marido e a esposa sentem um pelo outro.

O Novo Testamento leva essa atitude ainda mais adiante, com Paulo ensinando em 1 Coríntios 7 que marido e mulher não devem se privar das relações sexuais — a sexualidade é uma parte importante do casamento.

Imagine isso: a Bíblia realmente ordena que os casais não se abstenham de seus desejos sexuais.

61. *Por que devo esperar o casamento para fazer sexo?*

Mais uma vez o ensino da Bíblia sobre sexualidade e casamento está centrado no propósito de Deus ao nos criar — no tipo de criaturas que somos. Não somos apenas uma mente que reside em um corpo. A mente e o corpo se completam: representam uma "unidade". Qualquer ato sexual nada mais é do que a entrega de uma pessoa — da pessoa toda — à outra. É por isso que a Bíblia fala do casamento como duas pessoas se tornando "uma só carne". É isso que acontece literalmente e, queiramos ou não, a união de nossos corpos tem uma dimensão psicológica e espiritual.

As Escrituras também deixam bem claro o impacto do pecado sexual: "Fugi da prostituição. Todo pecado que o homem comete é fora do corpo; mas o que se prostitui peca contra o seu próprio corpo" (1 Co 6.18).

Como disse o professor Robert George, de Princeton, no discurso intitulado "Porque a Integridade é Importante", proferido no Café da Manhã Nacional de Oração: "Quando o sexo é realizado por mero prazer, ou como meio de induzir sentimentos de proximidade emocional, ou por qualquer outro fim extrínseco [impessoal], o corpo é reduzido a um estado de realidade menos pessoal e puramente instrumental. Essa separação existencial entre o corpo e o consciente e a parte empírica do ser tem literalmente a função de desintegrar a pessoa. Ela isola a pessoa e, portanto, o benefício de manter um conjunto fica destruído".

Em outras palavras, a pessoa promíscua se compromete a amar outra pessoa através de um ato sexual para, em seguida, negar mentalmente esse compromisso. A fratura que acontece entre o significado do ato e os sentimentos da própria pessoa a seu respeito irá, inevitavelmente, criar um sofrimento emocional e espiritual. A pessoa estará vivendo uma mentira. Poderá perder a capacidade de distinguir a emoção real de suas imitações; na verdade, poderá prejudicar ou destruir a sua capacidade de amar.

Isso pode parecer um exagero, mas é a única forma de podermos explicar nossa cultura libidinosa e a popular queixa de ambos os sexos de que é impossível encontrar o amor.

O amor verdadeiro... pode enfrentar o teste do tempo sem intimidade física. Os sexualmente ativos perdem a objetividade.

Michael McManus, Marriage Savers

(O que Salva um Casamento)

Outro dia assisti a um filme muito antigo, *Os seus, os meus e os nossos.* O personagem principal (interpretado por Henry Fonda) estava levando sua esposa grávida (interpretada por Lucille Ball) ao hospital para ter um bebê. No caminho, encontram sua filha adolescente com o atrevido namorado. A jovem está se defendendo dos "avanços" dele, mas não sabe exatamente porque. Ela diz que o namorado insiste que deve dormir com ele, se ela o ama de verdade.

Fonda explica que o verdadeiro amor e o verdadeiro sexo são o que ele está tentando fazer — levar a esposa ao hospital para trazer uma nova vida ao mundo.

— É exatamente isso — diz Fonda. — Se você quer saber o que é o verdadeiro amor, olhe a sua volta. Olhe bem para a sua mãe.

Lucille Ball interrompe:

— Mas não agora.

— Sim, agora — Fonda responde —, até que você esteja preparada para todo o resto, o sexo será apenas uma grande mentira... A vida não é somente amor. São os pratos para lavar, o sapateiro e o bife batido em lugar do filé.

A filha tenta se opor ao pai:

— Mas Larry [seu namorado] disse...

Fonda interrompe:

— Vou dizer mais uma coisa. Não é indo para a cama com um homem que você vai provar que o ama. O que realmente conta é levantar-se de manhã disposta a enfrentar aquele mundo monótono, miserável e maravilhoso ao lado dele.

62. *Mas as pessoas aceitam normalmente o sexo antes do casamento. Como é possível que toda a sociedade esteja errada?*

É lamentável que a observação dessa adolescente esteja correta. O sexo fora do casamento é uma norma que existe em quase todo filme, canção de amor e programa de televisão. Para o adolescente, resistir às expectativas comuns torna-se um ato heróico e profundamente contrário à cultura do momento.

Mas alguns jovens estão respondendo a esse desafio. Nem todo o mundo está seguindo a mensagem enviada pelos meios de comunicação de massa.

Um recente exemplar da revista *American Demographics* apresentou aos leitores o jovem Ryan K., um estudante de dezenove anos da Universidade de Georgetown. Embora, em muitos aspectos, Ryan seja como os jovens que você vê representados nos filmes — até com um "piercing" na sobrancelha —, sua atitude em relação ao sexo e à moralidade é extremamente tradicional.

Nenhum homem ou mulher, menino ou menina, deveria confiar em um pedaço de borracha. A camisinha nunca impediu uma pessoa de ter o coração partido ou o sonho desfeito, não importa quantas sejam usadas. Para os solteiros: sexo seguro é a ausência de sexo. Ponto final. Essa é a única forma de se ter 100% de garantia.

A. C. Green, L. A. Lakers

Ryan diz que não tem a intenção de viver com uma mulher se não for casado. Ele disse à revista *American Demographics* que planeja fazer sexo pela primeira vez com sua futura noiva na noite de núpcias.

E Ryan não é o único a adotar hábitos sexuais mais tradicionais. Nos últimos vinte anos, tem dobrado o número de jovens entre dezoito e vinte anos que dizem: "é sempre errado fazer sexo antes do casamento". Nos últimos dois anos, a porcentagem de casais solteiros morando juntos caiu em quase um terço — uma surpreendente reversão se comparada às tendências anteriores.

Kirsty Doig, vice-presidente de um grupo de pesquisa de marketing chamado *Youth Intelligence* diz que esses números indicam uma nova e importante tendência entre os jovens — uma tendência que ela chama de "neotradicionalismo". Outros especialistas concordam e predizem um aumento repentino de casamentos entre adolescentes e da formação de famílias mais numerosas.

Mais fascinante que essas tendências são as razões por trás delas. Doig disse à revista *American Demographics* que, atualmente, os jovens de dezoito a vinte anos "ainda não têm muita estabilidade na vida". Como resultado, estamos observando "uma reviravolta, um retorno à tradição e aos rituais. E isso inclui o casamento".

Essa abertura à tradição brinda os cristãos com uma incrível oportunidade de dar seu testemunho. Sabemos que por mais positivas que sejam essas tendências, elas não são suficientes. Esses jovens estão fazendo a coisa certa. Mas agora eles precisam abraçar as verdadeiras razões para essa atitude.

Ensinando seu adolescente a respeito dos propósitos de Deus ao criar a sexualidade, você poderá ajudá-lo a encontrar a verdadeira realização sexual no casamento e na família. Você poderá inspirar um conjunto diferente de expectativas que darão ao seu adolescente uma razão para rejeitar aquelas premissas comuns e totalmente enganadoras a respeito do sexo antes do casamento.

63. *Mas um jovem precisa fazer sexo. Isso não é uma função natural?*

De acordo com o *New York Times*, as piscinas da cidade haviam se tornado o local do passatempo da moda chamado "redemoinho d'água". Vinte a trinta rapazes faziam um círculo e cercavam uma menina sozinha. Eles se aproximavam dela, mergulhavam sua cabeça na água, arrancavam seu maiô e a agarravam. O problema ficou tão sério que vários adolescentes foram presos por atentado sexual.

Os repórteres perguntaram a vários adolescentes o que podiam explicar a respeito da conduta predatória desses jovens. "É a natureza", respondeu um deles. "Observe um cão e uma cadela. Acontece o mesmo: você vê vinte cachorros em cima de uma cadela. De certa forma, isso é a natureza masculina."

Que coisa extremamente repugnante. Todavia, isto está de acordo com o que esses jovens aprenderam não só na escola, mas também através da cultura popular.

Alfred Kinsey, o grande precursor da educação sexual, construiu sua teoria da sexualidade diretamente sobre os fundamentos do naturalismo científico. Kinsey ensinou que os seres humanos fazem parte da natureza — nada mais. Como resultado, ele avaliava cada forma de atividade sexual em termos do papel dessas atividades na vida das espécies mais inferiores.

Qualquer comportamento encontrado entre os animais inferiores era considerado por ele como natural também para os seres humanos.

Segundo suas palavras, o comportamento faz "parte do quadro normal dos mamíferos".

Kinsey, como observamos também com outros pesquisadores, estava trabalhando segundo a premissa da evolução. O evolucionismo ensina que existe uma inquebrantável continuidade entre os seres humanos e o mundo animal. E, se somos apenas animais evoluídos, então nossa diretriz de conduta é fazer exatamente o que os animais fazem. De acordo com ele, na questão sexual os seres humanos devem acompanhar o exemplo de nossos "antepassados mamíferos".

A Bíblia não ensina que somos meramente cães no cio. Ela ensina que somos portadores da imagem de Deus. Somos criaturas, porém fomos criados um pouco menores que os anjos (Sl 8.5). Não agimos apenas movidos pelo instinto. Escolhemos não só como devemos agir, mas também a base sobre a qual agimos.

O sexo não é simplesmente uma função natural. É uma profunda expressão, como já dissemos, do corpo, da mente e do espírito. A Bíblia diz que através da relação sexual o homem e a mulher se tornam "uma só carne" significando não só que os dois se unem fisicamente, mas que através dessa união física eles se comprometem a amar um ao outro. O sexo sem amor é sempre uma mentira porque o ato sexual contém um significado inerente — uma promessa implícita — de amar a outra pessoa. Este significado não depende do que preferimos pensar a respeito de nossos atos; ele pertence ao ato em si. É por isso que o sexo casual gera tanto sentimento de tristeza. Uma das pessoas, ou ambas, se sente ludibriada, ainda que ambas procurem se convencer de que estão participando de uma atividade muito agradável.

Ao longo do tempo, o comportamento promíscuo pode realmente convencer uma pessoa de que a sexualidade existe apenas para o nosso prazer — assim como ao longo do tempo qualquer mentira ou argumentação se torna cada vez mais convincente. Contudo, a promiscuidade afasta a pessoa da verdadeira emoção — a pessoa se torna incapaz de compreender o pleno significado da união sexual. É por isso que a Bíblia ensina que o adultério e a fornicação são pecados contra a nossa pessoa — são mentiras que contamos para nós mesmos. São mentiras que trazem conseqüências desastrosas para a nossa vida emocional e espiritual.

64. *Por que o namoro acompanhado de estupro se tornou um problema tão grave?*

A resposta está no antigo princípio bíblico: você colhe aquilo que semeia.

Durante anos, nossa sociedade tem lançado a semente da permissividade sexual. O sexo domina o cinema, a televisão e a música popular. Como iremos discutir mais adiante no capítulo sobre a educação, em alguns lugares os jovens recebem um pacote de camisinhas quando se matriculam no segundo grau. Sem dúvida, um sinal bastante claro — por parte das próprias autoridades da escola — de que esperam que ele seja sexualmente ativo.

O antigo código do cavalheirismo tornou-se desacreditado. Lembra-se do tempo em que nenhum homem podia alegar ser civilizado se não mostrasse cortesia e proteção em relação às mulheres?

Agora, alguns homens adotaram um novo código em seu lugar; um homem de verdade agarra o que pode em termos de sexo e nunca aceita um "não" como resposta.

A perda do antigo código colocou as mulheres em perigo. Afirmando o óbvio, existem diferenças biológicas entre os sexos. É mais fácil atacar uma mulher do que um homem. Quando as barreiras morais e sociais são eliminadas, as mulheres se tornam as pessoas mais vulneráveis.

Feministas dizem que a solução para o namoro com estupro seria os homens respeitarem as mulheres que dizem "não". É claro que deveria ser assim, mas isso não é suficiente; afinal de contas, em primeiro lugar eles não deveriam fazer essa pergunta (isso significa que o estupro acontece depois de uma discussão). Na maioria das vezes o estupro é um ato violento e forçado que não leva em consideração que outra pessoa está envolvida, nem mesmo que essa pessoa tem um ponto de vista religioso que diz: "Não, eu não quero fazer isso". O verdadeiro problema é que o sexo tem sido esvaziado de sua dimensão moral. Ele tem sido reduzido a um conflito de desejos pessoais.

O homem diz "Eu quero", e a mulher responde "Eu não quero", mas eles não têm os princípios morais necessários para fundamentar suas tendências, nenhum código de decência comum a ambos os sexos e à sociedade como um todo. É uma disposição particular se opondo à de outra pessoa. Acrescentando álcool ou drogas à equação, temos o clássico cenário para um namoro com estupro.

Esses atos violentos exercem um efeito devastador sobre a vida da mulher, interfere em sua capacidade de amadurecer e de administrar adequadamente outros problemas da vida, e afeta a saúde e o bem-estar de sua futura família. Não cometa esse erro; estupro é estupro, acompanhado de todo o seu trauma.

É necessário reconhecer que o sexo é mais do que uma escolha particular. É uma questão moral. Existem padrões morais que transcendem o que você e eu queremos naquele momento — não apenas em relação ao sexo, mas a todas as áreas da vida.

A melhor maneira de convencer um jovem a tratar as mulheres com respeito é educá-lo segundo as virtudes tradicionais que consideram uma desgraça tratar alguém de forma ignóbil, desonesta ou exploradora.

Waller R. Newell, "The Crisis of Manliness" ("A Crise da Dignidade")

Os anos 60 semearam o slogan do sexo livre. Atualmente, estamos colhendo uma seara de sexo forçado. No sexo, assim como na política, a liberdade sem limitações morais pode levar o poderoso a fazer o que é justo — ou a desconsiderar de forma brutal os protestos das pessoas.

Os pais dos adolescentes devem ser especialmente cuidadosos em inculcar o devido respeito às jovens como pessoas. Os jovens têm de agir segundo o que conhecem como sendo verdadeiro a respeito de suas namoradas — que elas são pessoas feitas à imagem de Deus —, mesmo quando as jovens, influenciadas pela nossa cultura, estejam dispostas a trocar sexo por amor. Nossos filhos precisam compreender que nessa questão não existem concessões.

Os pais das adolescentes devem ajudá-las a compreender que precisam se manifestar quando um homem ultrapassa os limites, sexualmente falando. Fortaleçam a capacidade de sua filha de enfrentar os jovens ouvindo-as, fazendo-as saber que você respeita e valoriza suas opiniões. Ensine que ela é portadora da imagem de Deus, e por isso tem o direito e a responsabilidade de proteger essa imagem em seu corpo e de esperar que os outros igualmente respeitem esse direito.

65. *Será que as pessoas não deveriam ser livres para terminar um casamento que deixou de ser satisfatório?*

Dessa vez eu gostaria de responder com uma pergunta. O que você poderia dizer a um amigo meu que, entrando recentemente em meu escritório, disse que sua esposa informara que queria se separar depois de onze anos de casamento? Em questão de alguns minutos, sua vida e a de seus filhos pequenos havia virado de cabeça para baixo. Ele não queria que sua esposa o abandonasse, mas não dispunha de qualquer recurso ou solução social ou legal, a não ser deixar simplesmente que ela fosse embora.

Infelizmente, a trágica história desse meu amigo é muito comum. Todos os dias milhares de maridos e esposas recebem as mesmas notícias ruins. As leis do "divórcio sem culpa" fornecem às pessoas um estímulo legal para considerar seus votos de casamento como a crosta de uma torta — fácil de fazer, fácil de quebrar.

Como Maggie Gallagher escreve em seu livro *The Abolition of Marriage* (A Anulação do Casamento), durante trinta anos essas leis ensinaram aos americanos que o casamento é meramente um acordo temporário — um acordo que pode ser desfeito segundo o capricho de qualquer uma das partes.

Mas, felizmente, os votos do casamento "crosta de torta" em breve podem se tornar coisa do passado, pelo menos em alguns estados. O estado de Louisiana, com vários outros, acabou de aprovar uma lei chamada "Lei do Contrato de Casamento" como uma opção para os casais comprometidos com a santidade do matrimônio.

Os casais de Louisiana podem agora escolher entre a licença de casamento que permite uma união "sem culpa" e a licença para um "Contrato de Casamento" — pela qual ficam comprometidos com o casamento por toda a sua vida. Neste tipo de união, a lei reconhecerá o adultério, o abuso ou o abandono (ou uma separação por um tempo excessivo) como as únicas bases legais para o divórcio. Neste caso, os noivos deverão receber um aconselhamento específico antes do casamento.

Entretanto, se o casal não optar pelo contrato de casamento — bem, pelo menos a noiva ou o noivo estão sabendo que seu prometido planeja caminhar pela nave da igreja com os dedos cruzados.

Essa é uma informação que os potenciais nubentes devem saber, tendo em vista que 80% dos divórcios são unilaterais, isto é, são solicitados apenas por uma das partes. Como Maggie Gallagher escreve no periódico *First Things*, um termo mais preciso para o divórcio sem culpa poderia ser "Divórcio unilateral contra apresentação".

A Lei do Contrato de Casamento agora fornece aos cônjuges alguma proteção contra o divórcio unilateral. Ninguém é forçado a escolher o contrato de casamento, porém se os casais realmente o desejarem, a lei exige que seu compromisso mútuo e com os filhos tenha precedência sobre o desejo pessoal de auto-realização.

O casamento é a base sobre a qual se constrói a família e da qual todos os membros da família dependem. O casamento está "onde sempre esteve" e onde sempre estará.

John Rosemond, "Because I Said So"
("Porque eu Disse sim")

A nova lei já está fazendo os casais pensarem duas vezes a respeito de seus planos de casamento. Mark McDonald, morador de Louisiana, disse ao *Washington Post*: "Falei [para minha noiva] que não queria continuar se ela não quisesse um [contrato de casamento]... Estou falando muito sério quando digo que desejo um compromisso para a vida toda".

O casamento é exatamente isso — um "contrato" entre homem e mulher durante o tempo em que ambos viverem.

Jesus foi muito claro em sua resposta ao divórcio. Ele disse especificamente que ninguém poderia separar o que Deus havia ajuntado (Mt 19.6). No entanto, Jesus deu permissão para que houvesse o divórcio apenas em caso de adultério (Mt 19.9). A própria finalidade do casamento não é a auto-realização, mas a realização do laço que une duas pessoas. Isso representa tão bem a parte da plenitude para a qual o homem e a mulher foram criados, a ponto de Jesus ter chamado a si próprio de noivo e a Igreja de sua noiva. Se existem problemas no casamento, então ambas as partes têm a responsabilidade de trabalhar em prol da reconciliação.

66. *Papai e mamãe, desde que vocês se divorciaram não posso mais respeitá-los. Como posso ser culpada por minhas próprias decisões erradas, sabendo que vocês tomaram uma decisão ainda pior?*

Quero deixar bem claro que os adolescentes filhos de pais divorciados devem continuar a honrá-los e obedecer-lhes. Não importa se o pai ou a mãe tenha desobedecido ou não às leis de Deus. Todos os pais, de uma forma ou de outra, já desobedeceram.

É compreensível que muitos jovens se sintam ressentidos nas situações de divórcio, mas precisam entender que esse ressentimento faz com que seja ainda mais difícil alcançar uma vida saudável e bem equilibrada para si mesmos. Uma vez alguém disse: "Os ressentimentos são como comer veneno de rato e esperar que o rato fique doente". Os adolescentes devem aprender a perdoar e se colocar além da dor, não só por amor aos pais, mas também para o seu próprio bem-estar.

Também é essencial que os pais cristãos sejam como modelos de paternidade cristã mesmo que o relacionamento entre o casal tenha se rompido. Se você é divorciado, não diminua sua ex-esposa. Não discuta assuntos financeiros ou as negociações da custódia por intermédio de seus filhos. Procure chegar a um acordo sobre esses assuntos. Vá a extremos para demonstrar o seu amor mesmo em meio a uma grande mágoa. Isso dará um exemplo do qual seus filhos irão se beneficiar tanto hoje quanto no futuro.

Nada é mais importante para o seu adolescente do que ser capaz de absorver a compreensão bíblica sobre a família — mesmo em meio a um fracasso matrimonial — porque se não entenderem isso de forma correta, provavelmente não conseguirão que as outras áreas da vida andem tão bem quanto poderiam. Muitos pais demonstram — por amor aos filhos — uma virtude heróica em meio a circunstâncias difíceis.

RESUMO DOS PONTOS PRINCIPAIS

√ O cristianismo ensina que o corpo é o "templo do Espírito Santo" — uma visão totalmente positiva da vida física. A tendência de considerar o corpo como algo impuro vem do dualismo e resulta não só no desprezo ao corpo, mas também em usá-lo de forma promíscua para os prazeres ilícitos.

√ A Bíblia ensina que o sexo é uma excelente dádiva de Deus e que os cônjuges não devem se abster dele.

√ Como o sexo antes do casamento é tão aceito na cultura geral, a abstinência sexual para os adolescentes se tornou agora um ato profundamente anticultural. Os pais devem encorajar e apoiar seus adolescentes de todas as formas possíveis à medida que enfrentam esse desafio.

√ Os ensinos bíblicos sobre a sexualidade estão centrados naquilo que Deus nos criou para ser — no tipo de criatura que somos. Qualquer ato sexual representa a doação de uma pessoa — em sua totalidade — à outra. É por isso que a Bíblia fala do casamento como uma união em que duas pessoas se tornam "uma só carne". É por isso que a Bíblia insiste que as relações sexuais sejam reservadas apenas para as pessoas casadas.

√ O namoro com estupro, assim como outros atos de violência contra as mulheres, estão aumentando porque a cultura de nossos dias nos ensinou a considerar as pessoas como nada mais que animais. Os pais cristãos precisam ensinar seus filhos a valorizar as mulheres como pessoas — e não como objetos sexuais.

√ Mesmo que os pais tenham ou não seguido os ensinos bíblicos sobre o divórcio, seus adolescentes ainda assim devem honrá-los e obedecer-lhes. Os adolescentes que são filhos de pais divorciados devem pedir a Cristo para livrá-los da revolta e do ressentimento, e dar-lhes a graça necessária para perdoar os pais.

CAPÍTULO 9

Devo Ficar com o meu Bebê?

A Vida nos Limites: Gravidez, Aborto e Bioética

67. *Qual é o problema com o aborto? É apenas um feto, não uma pessoa.*

Quando se trata de aborto e "escolha", precisamos fazer uma pergunta fundamental: O que estamos escolhendo?

A prática do aborto depende de desumanizar o feto — acreditando que ele seja apenas um monte de células, nada mais que matéria fetal.

Por séculos o processo de crescimento de uma criança no útero da mãe esteve oculto em mistério. Mas a tecnologia médica de hoje abriu uma janela para o útero. Usando ondas sonoras refletidas, o ultra-som produz uma imagem do bebê movimentando e agitando seus braços dentro do útero da mãe.

O ultra-som tem revelado que os bebês no útero estão muito mais cientes do mundo exterior do que alguém poderia ter imaginado anteriormente. Uma luz brilhante colocada perto do abdômen da mãe sobressalta o bebê e faz com que ele se vire. Mas o bebê é atraído por luz suave e se volta em sua direção. Uma campainha alta fará o bebê pular. Mas ao som de um suave chocalho, o bebê responde tirando seu polegar da boca e olhando na direção do som. Um bebê no útero chega até mesmo a reconhecer a voz de sua mãe.

O ultra-som faz o feto parecer mais humano. Na verdade, a palavra "feto" parece não se encaixar mais, uma vez que você já viu como aquela pequena pessoa se move e responde. "Feto" soa como algo muito técnico, muito abstrato. Instintivamente, usamos a palavra "bebê".

A tecnologia médica verificou o que o salmista já havia nos dito há muito tempo: "Pois possuíste o meu interior; entreteceste-me no ventre de minha mãe [...] Os meus ossos não te foram encobertos, quando no oculto fui formado e entretecido como nas profundezas da terra. Os teus olhos viram o meu corpo ainda informe..." (Sl 139.13-16)

O que aconteceria se toda mulher que estivesse pensando em fazer um aborto visse antes um ultra-som de seu bebê?

Deixe-me contar-lhe uma história verídica. Uma jovem — que chamarei de Brenda — descobriu que estava grávida. Era uma gravidez não planejada e, ao anunciar isto no escritório em que trabalhava, Brenda mostrava-se notadamente deprimida.

Porém algumas semanas depois, ela entrou alegremente no escritório, cheia de entusiasmo. Em sua mão estavam fotos do ultra-som. Com muito orgulho, ela passou as fotos para que seus colegas de trabalho as vissem. "Você quer ver o meu bebê?", perguntava. "Olhe como é grande."

Ver seu bebê no ultra-som ajudou Brenda a começar a ter um vínculo com ele, mesmo antes do nascimento.

***

Uma outra história ilustra o terrível custo do aborto — do quanto é perdido quando tiramos a vida de uma criança antes de seu nascimento.

Vamos falar da época de 1930, quando a gravidez fora do casamento era rara e chocante. Uma menina de quatorze anos, filha de um ministro religioso, se encontra grávida. O que ela deveria fazer?

Hoje, nos Estados Unidos, uma adolescente assustada provavelmente abortaria sua criança, mas sessenta anos atrás o aborto era ilegal. A história desta menina de quatorze anos nos ajuda a entender o verdadeiro custo do aborto.

O comovente livro *A Severe Mercy* (Uma Forte Compaixão), do falecido Sheldon Vanauken, conta a história da peregrinação espiritual que o autor partilhou com sua falecida esposa, Davy, na Universidade de Oxford. Em seu livro final, *The Little Lost Marion and Other Mercies* (A Pequena Marion Perdida e outras Misericórdias), Vanauken relatou um capítulo mais particular da vida de Davy.

Com a idade de quatorze anos, muito antes de Davy conhecer Vanauken, ela deu à luz uma menina e a entregou a pais adotivos. Mas Davy nunca deixou de amar o bebê de olhos azuis do qual ela havia desistido. Após sua morte, nos anos 50, Vanauken começou a procurar pela criança a quem Davy havia dado o nome de Marion. Em 1988 ele finalmente a encontrou, agora uma jovem senhora que se parecia com sua querida esposa.

Conhecer a filha de Davy, casada e mãe de três filhos, deu a Vanauken uma visão maior do que ele chama de "visão completa" sobre o aborto.

No livro *The Little Lost Marion* (A Pequena Marion Perdida) Vanauken escreve: "Se Davy, a adolescente assustada, tivesse vivido nesta década e não naquela década remota, talvez tivesse confiado em um conselheiro escolar, que muito provavelmente lhe teria dito a respeito da possibilidade de um aborto rápido e fácil... Que menina de quatorze anos assustada não se agarraria à saída que o conselheiro lhe apresentasse?"

Mas uma visão completa exige olhar além das preocupações imediatas de uma gravidez de crise; é preciso olhar para as implicações totais e futuras do aborto. Para fazer isto, Vanauken escreve: "Devo enxergar não apenas a assustada Davy de quatorze anos... mas também a calorosa e viva Marion com sua família".

Cada novo ser começa quando as informações vindas do pai com o esperma se juntam com as informações vindas da mãe no óvulo. Como nenhuma outra informação entrará posteriormente no zigoto, o óvulo fertilizado,

somos forçados a admitir que todas as informações necessárias e suficientes para definir esta criatura específica, já estarão juntas na fertilização.

Jerome Lejeune, The Concentration Can *(O Recipiente de Concentração)*

Isto é especialmente comovente à luz do fato de que Davy e Vanauken não tiveram filhos. Se Davy tivesse abortado Marion, não haveria agora nenhuma mulher amável que chamasse Vanauken de pai; seus três filhos também não existiriam.

"Eu vislumbro", escreve Vanauken, "o que [John] Donne quis dizer quando declarou que a morte de qualquer homem o diminuía. Eu deveria me sentir diminuído se há meio século Davy tivesse se agarrado à oportunidade de um aborto. E todas as pessoas que tocaram ou tocarão a vida de Marion e seus filhos, e os futuros filhos destes, se sentiriam diminuídos".

Todo aborto representa a perda de um indivíduo; de uma pessoa. Esta é uma mensagem que precisamos de alguma forma comunicar àqueles que estão pensando em abortar outras "Marions".

Cada aborto é uma perda trágica; uma perda que nos diminui a todos.

68. *Os defensores pró-vida freqüentemente comparam a política do aborto na América com o Holocausto nazista. Isso não é um exagero?*

A comparação, sem dúvida, deixa os defensores do aborto chocados, mas os defensores pró-vida não estão sozinhos ao verem esta ligação.

Pouco tempo atrás, os oito juízes da Corte Constitucional da Alemanha pareciam resplandecentes em suas togas de cetim vermelho enquanto o chefe de justiça lia a decisão mais importante que havia tomado nas últimas décadas: A corte derrubou a lei liberal do aborto na Alemanha, que fora aprovada como um acordo entre as leis da Alemanha Oriental e Ocidental.

Sob o comunismo, a Alemanha Oriental havia abraçado o aborto livre. A fim de fazer um acordo, a Alemanha Ocidental aceitou uma lei que era muito mais permissiva do que a sua própria lei havia sido.

Imediatamente, a nova lei enfrentou os desafios de sua constitucionalidade. E nesse ponto reside uma história fascinante. A constituição da Alemanha data do final da Segunda Guerra Mundial e foi explicitamente criada para evitar outro Holocausto. Os nazistas haviam tentado justificar o uso das câmaras de gás alegando que a vida de algumas pessoas não valia a pena ser vivida, e que, portanto, era moral e legalmente permissível extingui-las.

Para se colocar contra esta idéia, a constituição alemã inclui uma cláusula de direito à vida que diz que "todos devem ter o direito à vida e à inviolabilidade física". A Corte Constitucional existe para revisar toda a legislação federal e assegurar que nenhuma lei sobrepuje o direito à vida.

Isto explica a decisão da corte de derrubar a nova lei de aborto na Alemanha. Os juízes declararam que a constituição "obriga o estado a proteger a vida humana" e que "os não nascidos são parte da vida humana".

Ao legislar desta maneira, a corte estava seguindo um precedente histórico de 1975. Naquele ano a corte derrubou uma outra lei permissiva do aborto, invocando a cláusula de direito à vida da constituição e argumentando que a "experiência amarga" do período nazista fornece evidências históricas do que pode acontecer quando esse direito não é uma prioridade absoluta.

O que torna o debate alemão tão interessante é o fato de que os defensores pró-vida americanos estão usando exatamente os mesmos argumentos neste lado do Atlântico. Eles argumentam que o aborto se apóia no mesmo princípio que envolveu o Holocausto nazista: a idéia de que algumas vidas humanas não são dignas de viver, e que é moral e legalmente permissível extingui-las.

No aborto isso se aplica a bebês não nascidos. Mas, uma vez que as pessoas aceitem este princípio, ele pode ser igualmente aplicado a outros grupos. Como Francis Schaeffer escreveu certa vez, "se o feto incomodar, abandone-o. Se o idoso incomodar, abandone-o. Se você incomodar..." E o resultado poderia muito bem ser uma versão americana do Holocausto.

Naturalmente este argumento deixa os ativistas pró-escolha loucos. Eles se recusam a ver qualquer conexão entre o aborto e o nazismo. Mas deveriam prestar mais atenção ao debate que acontece na Alemanha. Muitas pessoas dentre o povo que passou pelo Holocausto enxergam claramente o que está em jogo. O mesmo princípio de direito à vida que proíbe o aborto também evita um outro Holocausto.

Afinal, o Holocausto não começou com as câmaras de gás. Começou quando pessoas comuns aceitaram o princípio de que é permissível tirar uma vida humana inocente.

69. *Se uma jovem faz um aborto, então "está tudo certo"; ela e o pai da criança podem continuar a vida. Certo?*

Errado. Existe uma evidência crescente de que o aborto, na maioria das vezes, é traumático e angustiante. Uma pesquisa do jornal *Los Angeles Times* constatou que mais da metade das mulheres que fizeram aborto tem "um sentimento de culpa". Mais de um quarto delas diz que "se arrepende grandemente de ter feito o aborto".

Nossa tendência de pensar no aborto como uma questão das mulheres freqüentemente nos faz esquecer que cada aborto também envolve um homem. Na verdade, a mesma pesquisa do *Los Angeles Times* constatou que uma porcentagem ainda maior de pais de crianças abortadas tem sentimentos de culpa e arrependimento. Dois terços dos pais disseram que se sentiam culpados pelo aborto; mais de um terço relatou sentimentos de arrependimento.

Deixe-me contar-lhe sobre um grupo de pessoas que sofre em virtude do aborto. Cem pessoas se reuniram, a maioria delas para chorar pela morte de seus próprios filhos —

filhos que haviam morrido por aborto. Este grupo contristado incluía muitos homens. Entre eles estava Greg, que se colocou diante do grupo chorando. As duas rosas que carregava tremiam enquanto ele explicava com uma voz suave que as levava em memória de seus dois filhos — que estavam mortos.

Em seu livreto *Men and Abortion* (Os Homens e o Aborto), Wayne Brauning, líder de um ministério de recuperação de aborto para homens (*Men's Abortion Recovery Ministries)*, descreve uma pesquisa mostrando que os pais passam pelas mesmas reações negativas que as mulheres sofrem após o aborto: ira, depressão, culpa e ruptura de relacionamentos. Um homem que pressionou uma mulher a fazer um aborto e a levou até a clínica pode acordar meses ou anos mais tarde e perceber, de repente, que entregou seu próprio filho à morte. Isto pode ser um golpe terrível.

Um dos homens entrevistados durante o estudo de Brauning — que chamaremos de George — disse que agora percebe que era apenas "muito inseguro e tímido" para ir contra a decisão de sua namorada de fazer um aborto. Jack, um outro homem pesquisado, diz que os homens que assistem sem fazer nada enquanto seus próprios filhos são abortados são "fracos e covardes". Jack sabe disso. Ele fez a mesma coisa.

Atualmente, quando um de seus amigos está pensando no aborto como uma opção, Jack o aconselha a parar e pensar: "Imagine-se dizendo a seu filho 'Eu sou completamente livre e sei que eles irão matar você, mas não me atrapalhe'. Que tipo de pai diria isto? Não um homem de verdade. Ser um homem significa que você deve assumir a sua responsabilidade".

Não importa como você considera esta situação; um homem que pressiona uma mulher a fazer um aborto sabe que está escolhendo o método dos covardes. E uma mulher que aceita esta decisão, sofrerá por causa disso pelo resto de sua vida.

70. *Por que as organizações que tratam de maternidade planejada como a Planned Parenthood, por exemplo, insistem que o aborto deveria estar prontamente disponível?*

Tragicamente, o aborto tornou-se uma indústria. E o que passa por "aconselhamento" sobre o aborto em algumas clínicas é puro marketing.

Na pesquisa de mulheres que haviam feito abortos, cerca de 90% disseram que o aconselhamento que receberam traziam poucos fatos e eram fortemente tendenciosos a favor do aborto.

Considere o caso de Kathy Walker. Sua história não é incomum. Kathy engravidou quando tinha treze anos. Seus pais a levaram a uma clínica da *Planned Parenthood*, onde os funcionários apresentaram o aborto como a única opção viável. O médico até advertiu Kathy em tom ameaçador que, se ela ficasse com o bebê, acabaria se tornando uma mãe que dependeria da Previdência Social durante a vida toda.

Bem, Kathy "escolheu" um aborto — mas ele mal poderia ser chamado de uma escolha consciente.

Carol Everett, que já possuiu e dirigiu quatro lucrativas clínicas de aborto, conta como o sistema funciona "por dentro". "Se a menina decide levar a gravidez até o final", Carol explica, "as clínicas não têm nenhum lucro. Elas somente lucram se for feito um aborto. Então, inevitavelmente, as clínicas pressionam as mulheres a abortarem".

Tudo começa com um primeiro telefonema. Nita Whitten, que já trabalhou em uma clínica de aborto, diz que foi treinada por uma empresa de marketing profissional para vender o aborto por telefone. "Quando uma menina telefona", diz, "o objetivo não é ajudá-la; é 'fisgar a venda'".

A tática principal que as clínicas de aborto utilizam é o medo. A pessoa no telefone pergunta à menina há quanto tempo sua menstruação está atrasada, e então lhe diz: "Você está grávida". Não diz "Você pode estar grávida", mas "Você está grávida".

Eles não lhe dizem que [...] a indústria do aborto vale mais de 90 bilhões de dólares.

Sara E. Hinlicky, "Their Well-kept Secrets about Abortion" ("Os Segredos sobre o Aborto")

Uma vez que a menina entra na clínica, a tática é apresentar o aborto como a solução ideal. Ela está com medo de contar a seus pais? "Eles não precisam saber", lhe dizem.

Ela está preocupada quanto à escola? "Um aborto permitirá que você permaneça na escola."

Ela está com medo de que não possa conseguir o dinheiro? "Comida de bebê e fraldas custam muito mais."

E depois que a menina passa pelo aborto, ainda há uma estratégia de marketing para transformá-la em uma cliente que retornará à clínica: dar-lhe pílulas gratuitas de controle de natalidade.

É isso mesmo. Uma menina que toma pílula tem maior probabilidade de se tornar sexualmente ativa. Mas, uma vez que é comum esquecer de tomar a pílula constantemente, há uma boa chance de que a jovem volte a engravidar.

Como diz Carol Everett, "o controle de natalidade vende abortos".

Aborto é um negócio. Um grande negócio que usa ferramentas de marketing de forma sorrateira.

71. *Mamãe, acho que estou grávida. O que devo fazer? Devo ficar com o bebê?*

Se algum dia sua filha adolescente lhe fizer esta pergunta, qual será a sua reação?

Peço que você ajude sua filha a escolher a vida para a criança que ela estiver esperando.

Se a sua família não puder dar todo o amor e apoio de que o bebê irá precisar, por favor não tire a vida do bebê. Em meio a estas circunstâncias difíceis e dolorosas você tem uma oportunidade profunda de demonstrar a sua filha, aos seus amigos e vizinhos como o amor cristão é realmente sacrificial. Encoraje sua filha a pensar no futuro que esta criança merece. Deus conhece os planos que tem para esta criança, e você e sua filha têm uma chance de participar, com Deus, da realização destes planos.

Se você e sua filha escolherem a vida para o bebê — e deve fazê-lo — você tem várias alternativas. Se a sua filha tiver idade suficiente, ela e o pai do bebê podem decidir se casar e manter a criança. Ela também pode escolher manter o bebê e criá-lo sozinha, ou continuar a viver com você — talvez enquanto termina os estudos e encontra um emprego. Se sua filha escolher criar sozinha o bebê, ela precisará de todo amor, apoio e encorajamento que você possa dar. Assim, vocês colherão a bênção e o conforto de saber que deram a uma preciosa criança o amoroso e valioso dom da vida.

72. *E quanto às situações em que os exames pré-natais mostram que o bebê apresenta deficiências?*

A eugenia — a prática de eliminar genes "defeituosos" e melhorar o nosso patrimônio genético — era moda entre os progressistas na primeira metade do século XX. Margaret Sanger, fundadora da *Planned Parenthood*, requereu impassivelmente a eliminação de "ervas daninhas humanas" — "deficientes mentais e desajustados" — e insistiu na esterilização das "raças geneticamente inferiores".

Naturalmente, os campos de concentração de Hitler para "raças inferiores" revelaram para onde a eugenia leva, e os seus defensores omitiram uma linguagem bem ofensiva. Contudo, hoje a eugenia está retornando em novas formas. Graças à tecnologia avançada e ao fácil acesso ao aborto em alguns países, a eugenia não está mais limitada às elites progressistas. Ela passou, silenciosamente, a estar disponível a praticamente todas as pessoas.

Por exemplo, quando um exame revela que um bebê tem a síndrome de Down, os médicos e as companhias de seguro freqüentemente pressionam os pais a fazerem um aborto, advertindo-os de que o primeiro ano de vida custará cerca de 100.000 dólares. Não é de surpreender que nove em cada dez pais cedam. Um estudo revela que cerca de um terço das mães disseram que se sentiram "mais ou menos forçadas" a abortar.

Se os médicos deixam passar alguns bebês defeituosos antes do nascimento, alguns recomendam deixá-los morrer depois de nascer. Uma pesquisa de 1975 constatou que 77% dos cirurgiões pediatras americanos são a favor de privar de comida e tratamento médico os recém-nascidos portadores de síndrome de Down. Ironicamente, a eugenia está voltando no momento exato em que a medicina está tornando possível que os portadores de síndrome de Down levem uma vida bastante normal — freqüentando a escola, trabalhando, vivendo de forma independente. Existe até uma lista de espera de casais para adotar estas crianças.

O que estes casais sabem e que os médicos desconhecem? Eles conhecem crianças como meu neto Max. Max é um menino de seis anos, ativo, de olhos azuis e cabelos louros, que se agita quando balança em minha cadeira do escritório gritando "Cadeira do vovô!". Adoro levá-lo ao McDonald's e vê-lo subir nos escorregadores lustrosos. De suas bochechas avermelhadas e sorriso intenso, posso ver facilmente que, de todas as crianças ali, ele é o que mais está se divertindo.

Há um outro modo pelo qual Max se destaca. Ele é autista e exibe os sintomas característicos — dificuldade de atenção, olhares distantes e desenvolvimento atrasado para andar e falar. Mas ele ensinou a nossa família que estas crianças também são um presente de Deus.

Max tem uma extraordinária capacidade para amar. Quando ele tinha dois anos, Patty e eu o levamos para entregar presentes de Natal a Angel Tree, o ministério Fellowship Prison para filhos de presidiários. No caminho discutimos a nossa intenção de demonstrar o amor de Deus a duas meninas pequenas cujo pai estava preso. Max sentou-se chupando seu polegar com olhar distante. Porém quando chegamos, Max correu e abraçou as duas meninas, primeiro uma, depois a outra; ambas se sentiram completamente surpresas. Ficamos espantados. Ele geralmente fica tímido em presença de estranhos. Mas esta criança entendeu a nossa discussão e estava determinada a mostrar o amor de Deus àquelas meninas!

Quando a enfermidade de Max foi diagnosticada pela primeira vez, fiquei angustiado pela minha filha, Emily. Todavia, ela aceitou o desafio. No sexto aniversário de Max ela me escreveu uma carta: "Imagino que quando Deus criou Max, Ele o tirou direto de seu coração, o colocou na palma de suas mãos em forma de concha e o pôs na terra". Mas "Deus sabia que Max iria precisar de uma ajuda extra. Então Ele mantém suas mãos como uma concha ao redor dele. Como uma criança que é sustentada por Deus pode ser qualquer outra coisa além de um presente?"

Max nos lembra que "Deus não nos define pelas nossas limitações e deficiências", Emily acrescentou. "Se Ele o fizesse, onde estaríamos?" Algumas pessoas são geneticamente deficientes, outras têm deficiências causadas por ferimentos ou enfermidades, ou por alguma dor emocional mutiladora. Crianças como Max são um lembrete de que todos nós experimentamos a Queda de alguma forma e precisamos da graça redentora de Deus.

Criar uma criança com necessidades especiais não é fácil — especialmente para pessoas como Emily, que é mãe solteira. Mas a experiência transformou a minha menininha em uma mulher cristã madura. Isto também nos tornou ainda mais solidamente "pró-vida". Sempre achei bastante convincentes os argumentos morais que consideram a vida como algo santo. Todavia, muito mais forte é o sorriso no rosto de um menino pulando e gritando "Cadeira do vovô!"

Para adolescentes e pais que fazem perguntas sobre bebês com deficiências eu digo: "Conheça uma criança como o Max".

73. *Mas sem o aborto, não teríamos logo uma superpopulação?*

Ouvindo os críticos da posição pró-vida falarem, você poderia até pensar que sim. A colunista do *Washington Post*, Judy Mann, escreveu que as crianças de rua morrendo nos países do Terceiro Mundo são o resultado das "impensadas políticas pró-família" da igreja. A colunista sindicalizada, Georgie Anne

Geyer, advertiu obscuramente que os ensinos da igreja poderiam "levar todos nós à morte".

A premissa aqui é que quanto mais crianças uma nação tiver, mais pobre ela será. Mas se você olhar por todo o globo, o padrão é precisamente o oposto. Os países ricos freqüentemente têm altas densidades demográficas, enquanto que a fome e a pobreza são muito mais comuns em populações escassas como a Somália, a Etiópia e o Sudão.

A população alarmista está operando a partir de uma filosofia defeituosa. Eles vêem cada criança como uma boca para alimentar — e nada mais. A partir de sua perspectiva, toda vez que nasce uma criança, acabamos tendo uma fatia menor da torta.

No entanto, esta é uma visão incrivelmente curta. Quando as crianças crescem, elas não apenas comem as tortas, elas podem fazer novas tortas. Elas podem agregar valor ao conjunto de trabalho e criatividade da sociedade. É esta criatividade humana (ou "capital") que determina se uma nação é rica ou pobre.

O capital humano constantemente encontra maneiras mais eficazes de cultivar alimentos — a ponto de hoje ser necessário apenas 3% da mão de obra americana para cultivar alimentos que são suficientes para a nação inteira. O capital humano desenvolve novas maneiras de destinar os recursos naturais. Desde 1950 as reservas de ferro conhecidas aumentaram mais de 1.000%, enquanto desenvolvemos formas melhores de destiná-lo e extraí-lo. O capital humano encontra novas maneiras de ser produtivo com os antigos recursos. Por exemplo, o silicone em um chip de computador é feito a partir da areia comum.

A verdadeira causa da pobreza não são as pessoas, mas o pecado e a opressão. A causa número um da fome no mundo hoje é a guerra, seguida de perto pela corrupção política e o controle econômico centralizado.

Os líderes políticos não querem admitir que suas próprias políticas erradas estão oprimindo as pessoas. Então, procuram fazer com que as famílias sejam bodes expiatórios por terem mais filhos do que o número recomendado. Criticam a igreja por receber as crianças como dons de Deus. Apelam ao governo para deter o controle da economia.

Os líderes que respondem desta forma parecem não perceber que o que estão fazendo apenas suprime a criatividade humana — no final, criando mais pobreza e trazendo, sobre si mesmos, o que mais temem.

O aborto não é uma solução para a pobreza. A mentalidade que vê a morte como a solução para os problemas do mundo, na verdade fomenta estes problemas e, de fato, só pode torná-los pior.

74. *E quanto à engenharia genética? Ela é boa ou ruim?*

Ao nos dar um entendimento da genética através da pesquisa científica, Deus confiou à humanidade um grande dom. Como no caso de qualquer dom, podemos usá-lo para fins bons ou destrutivos.

É comum os geneticistas descreverem enganosamente propósitos ruins como sendo bons. Na verdade, devemos nos opor ativa e completamente ao que as pessoas querem fazer com a engenharia genética.

Um exemplo do lado bom da pesquisa genética é o Projeto do Genoma Humano, dirigido por Francis Collins, um cristão evangélico. O projeto busca identificar o propósito de cada elemento do DNA humano — mapear o código genético humano. Para Collins, a ciência da genética "é uma forma de adorar a Deus e de entender a sua criação". Ele vê a avaliação genética — o teste para anormalidades genéticas — como uma ferramenta poderosa para aliviar o sofrimento e salvar vidas.

Mas a avaliação genética pode facilmente ser considerada além da terapia e usada a serviço da eugenia, assumindo uma abordagem consumista quanto à reprodução. Esta não é alguma previsão assustadora de ficção científica para o futuro. Os cientistas já identificaram muitas doenças com base genética que ainda não têm nenhum tratamento conhecido. Como resultado, o uso mais freqüente da avaliação genética é fazer exames em bebês no útero — e abortar aqueles que são defeituosos. Como Collins diz, casais procurando aconselhamento genético freqüentemente têm uma "mentalidade de carro novo": se o bebê não for perfeito, "você o leva de volta e pega outro novo".

Não estamos falando aqui sobre eugenia racial ou política — o tipo discutido na pergunta anterior. Antes, poderíamos chamá-lo de eugenia comercial: os pais agem como consumidores que tratam de seus bebês como mercadorias que devem se encaixar em certas especificações.

Ironicamente, o mau uso da avaliação genética é na verdade tornar mais difícil a prática de seu bom uso. Abortando bebês defeituosos, estamos, em essência, dizendo que as pessoas geneticamente imperfeitas não têm direito de viver. E se elas não têm direito de viver, por que estamos trabalhando tão arduamente a fim de encontrar curas genéticas para elas?

Os cristãos jamais devem se esquecer de que Deus não está interessado na perfeição física e genética; Ele está interessado na perfeição moral. Ao longo de toda a história, as sociedades têm sofrido muito mais por causa dos esquemas malignos das pessoas moralmente defeituosas, do que por causa daqueles que são fisicamente defeituosos.

De acordo com Francis Collins, o objetivo da genética deveria ser acabar com o sofrimento, e não acabar com a vida.

75. *Então, o que dizer sobre a clonagem?*

Todos nós já vimos fotos de Dolly, a ovelha clonada. Mas o que é realmente assustador é o fato de que os cientistas já aplicaram estas mesmas técnicas em seres humanos.

Pesquisadores da Universidade George Washington pegaram embriões constituídos de apenas duas a oito células, dividiram as células e deixaram que cada uma se desenvolvesse sozinha. Se cada célula tivesse sido implantada no útero de uma mulher, o resultado teria sido vários bebês geneticamente idênticos.

Por que alguém iria querer vários gêmeos idênticos? A resposta parece ficção científica. Alguns cientistas sugeriram congelar os embriões extras para uso futuro. Por exemplo, se a criança original morrer ainda jovem, um gêmeo congelado poderia ser descongelado, e os pais poderiam criar um clone idêntico à criança que perderam. Se a criança original precisar de um transplante de órgão, apenas se descongelaria um gêmeo e o usariam como "sobressalente". Os tecidos combinariam perfeitamente.

Alguns geneticistas até propõem um catálogo permitindo que os pais selecionem seu bebê antes do nascimento. Eles poderiam examinar fotografias da criança original, escolher uma que gostem, comprar um clone congelado e criar uma criança idêntica. Alguns empresários poderiam até mesmo se especializar em embriões que crescessem para ser Einsteins ou Picassos.

Tudo isso parece artificial? Mas não é. Os Estados Unidos já têm bancos de esperma de vencedores do Prêmio Nobel e atletas campeões. Em resumo, já temos um mercado de bebês pré-selecionados.

A única barreira real para a produção em massa de bebês através da clonagem é um senso residual da visão bíblica de mundo, que considera cada pessoa valiosa em seu próprio direito. Porém a opinião de mundo está sob um ataque severo. Considere as palavras do geneticista Robert Haynes: "Por três mil anos, a maioria das pessoas considerou que os seres humanos fossem especiais... Esta é a opinião judaico-cristã do homem. Bem, não é mais assim", declara. A genética ensina que "somos máquinas biológicas" e nada mais.

Esta é a filosofia da genética reducionista, que trata as pessoas como nada mais que DNA sobre pernas. Posta em prática, ela manipula, usa e descarta o corpo humano como se este fosse um produto industrial.

Novamente, os cristãos apóiam a ciência como uma investigação do mundo que pertence a Deus. Mas devemos nos certificar de que apliquemos a ciência de um modo que esteja de acordo com os propósitos divinos. A tecnologia genética pode ser um grande benefício, ou pode ser uma caixa de horrores de Pandora — dependendo da visão de mundo que a dirija.

76. *Se as pessoas querem morrer, não é mais compassivo deixar que cometam suicídio do que permitir que sofram?*

Aqueles que apóiam o suicídio assistido pelo médico — permitindo que os médicos prescrevam doses letais de drogas para pacientes em estado terminal — defendem que o tabu contra isto não é nada além de um vestígio de preconceito religioso.

Ironicamente, foi uma cultura pagã, não uma cristã, que primeiro proibiu os médicos de matar seus pacientes. Em culturas tradicionais e tribais, como Nigel Cameron explica em seu livro *The New Medicine: Life and Death after Hippocrates* (A Nova Medicina: Vida e Morte depois de Hipócrates), o suicídio era uma prática comum. A pessoa que mais provavelmente forneceria as drogas mortais era o curandeiro, a médica bruxa, a feiticeira. O poder para curar também significava o poder para matar.

No entanto, uma grande mudança ocorreu aproximadamente quatrocentos anos antes de Cristo, quando os filósofos da Grécia antiga pronunciaram o juramento hipocrático. Pela primeira vez, os médicos se comprometeram a nunca usar suas artes medicinais para matar. Eles prometeram: "Não darei nenhuma droga mortal mesmo que isto me seja solicitado". O juramento hipocrático foi a primeira declaração que os médicos fizeram, dando início a uma série de padrões morais.

Quando o cristianismo entrou em cena, os patriarcas da igreja abraçaram o juramento hipocrático e o adaptaram à ética bíblica. Por dois mil anos, a profissão médica tem sido uma estrutura complexa de habilidades técnicas ligadas a compromissos morais.

Mas hoje essa estrutura está se desfazendo. A medicina está perdendo sua dimensão moral e está sendo reduzida a apenas um conjunto de habilidades técnicas aplicadas a serviço da engenharia social.

Pense por exemplo nos países baixos (Bélgica, Holanda e Luxemburgo) que entraram no admirável mundo novo da eutanásia (suicídio assistido) há vários anos. Em pouco tempo, os médicos holandeses agiram além dos pedidos dos pacientes e começaram a tomar suas próprias decisões sobre quem deveria viver ou morrer. Hoje, quase a metade dos médicos holandeses diz ter dado injeções letais sem o conhecimento ou o consentimento dos pacientes.

Fica claro que o antigo juramento hipocrático, com seu tabu contra matar, não era um mero "preconceito religioso". Ele foi baseado em um profundo entendimento da tentação que os médicos enfrentam com seu poder sobre a vida e a morte.

Mas este tabu está se desintegrando. Nos Estados Unidos, por exemplo, eleitores do Oregon decidiram deixar os médicos tanto matarem quanto curarem, e projetos de lei semelhantes estão sob consideração em vários outros estados. A Suprema Corte recusou aceitar que os pacientes tivessem um direito constitucional ao suicídio assistido, mas sua decisão continha uma linguagem ameaçadora sugerindo que a corte poderia mudar de idéia, assim que pudesse enxergar como o suicídio assistido funcionaria na prática.

Talvez a maior tragédia seja que os pacientes que pedem o suicídio sejam tipicamente motivados não pela doença, mas pela solidão e depressão. O que realmente necessitam não é uma droga mortal, porém cuidado e companhia.

A aceitação do suicídio assistido pelo médico indica não apenas o fim da medicina como uma profissão baseada na moral, mas também um profundo fracasso do nosso próprio caráter — um fracasso em nos comprometermos a amar e cuidar dos doentes, dos deficientes e daqueles que estão morrendo.

Então, até mesmo a questão básica da eutanásia apresenta um desafio a todos nós, pais e filhos, da mesma forma: Permitiremos que os médicos se livrem dos membros mais fracos da comunidade humana? Ou concentraremos a vontade moral para que fique ao lado daqueles membros mais fracos, de forma que possam receber amor e cuidado?

Como a nossa pergunta sugere, os defensores da eutanásia alegam que quando as pessoas estão sofrendo, ajudálas a se matar é a única coisa "compassiva" a fazer — exatamente como o lobby do aborto, que alega que quando os bebês são indesejados, o aborto também é a escolha "compassiva" para eles.

Não Faça o Mal
Hipócrates

Estas definições de compaixão são substitutos baratos da realidade. É fácil ligar uma pessoa em estado terminal a um tubo cheio de drogas letais. A verdadeira compaixão é cuidar dela por meses ou até mesmo durante anos.

RESUMO DOS PONTOS PRINCIPAIS

√ O feto humano é uma pessoa e deve ter todas as proteções legais dadas a qualquer outra pessoa.

√ A Corte Constitucional da Alemanha reconheceu a analogia válida entre o aborto por encomenda e o Holocausto. Estamos sofrendo pelo nosso próprio massacre de inocentes.

√ Tanto as mães quanto os pais jovens sofrem grande angústia por causa de sua decisão de abortarem seu bebê. O aborto não é, de modo algum, uma solução "rápida e fácil".

√ A *Planned Parenthood* e outras organizações pró-aborto ajudam a fazer do aborto uma indústria que envolve muitos bilhões de dólares.

√ A fome e outras faltas de suprimentos críticos são, freqüentemente, o resultado da guerra, da corrupção política e do controle centralizado de economias. Muitos países densamente populosos e que são algumas das regiões mais ricas do mundo percebem as vantagens da criatividade humana. O aborto não é necessário como um meio de lutar contra a superpopulação, e as premissas econômicas alarmistas relacionadas à superpopulação são completamente erradas.

√ O nosso entendimento contemporâneo da genética pode, em longo prazo, se tornar um grande benefício para a humanidade. Hoje, porém, a genética tem sido freqüentemente um meio de promover a eugenia consumista, resultando na morte de muitas crianças deficientes no útero de suas mães.

√ O suicídio assistido é diretamente contrário ao ensino cristão.

CAPÍTULO 10

Adivinhe o que Aprendi hoje? Escolas, Valores e Violência

77. As escolas públicas não podem ensinar religião. Logo, não podemos esperar muito delas, podemos?

Na verdade, as escolas públicas às vezes ensinam religiões não-cristãs — de maneira disfarçada. Um casal de amigos meus viu sua filha de cinco anos se retirar para um canto, sentar-se absolutamente quieta, com as mãos cruzadas e os olhos fechados. Para uma menininha ativa, este foi um comportamento incomum, e sua mãe ficou intrigada.

"Stephanie, o que você está fazendo? Stephanie!"

Finalmente a menininha abriu os olhos e explicou que esta era uma atividade que havia aprendido na escola. Continuou descrevendo o que sua mãe reconheceu como a clássica meditação oriental.

Stephanie estava em um programa chamado "Pumsy em Busca da Excelência". Pumsy é um bonitinho dragão de conto de fadas que descobre um guia sábio chamado Amigo, que lhe ensina que sua mente é como uma poça d'água: há uma mente enlameada, que a tenta para ter pensamentos negativos, e uma mente limpa, que pode resolver todos os seus problemas através do pensamento positivo. Amigo diz a Pumsy: "Sua Mente Limpa é o melhor amigo que você terá... Ela está sempre perto de você e nunca o deixará".

Isto soa de forma suspeita como uma linguagem religiosa, uma cópia da seguinte verdade: "Não te deixarei nem te desamparарei" (Js 1.5). E em algumas páginas seguintes deste conto de fadas lemos: "Você tem que confiar [em sua Mente Limpa] e deixá-la fazer coisas boas por você".

Esta "mente" soa como poder divino.

E é exatamente o que ela é. A história de Pumsy é apenas uma maneira de ensinar o hinduísmo através de um conto de fadas.

No hinduismo, o ego individual é conhecido pelo nome de Atma, e o espírito universal é conhecido pelo nome de Brahma. Na versão da Nova Era, Brahma torna-se o "eu mais elevado". O propósito de usar a meditação, mitos e mantras é atingir um estado de iluminação no qual percebemos a nossa verdadeira identidade como parte de Deus (a "Mente Limpa" sobre a qual foi ensinado a Stephanie é um eufemismo para a centelha divina interior).

Como dizem os adeptos da Nova Era, nos conectamos com o "eu mais elevado" e penetramos nele para obter energia, criatividade e sabedoria.

No entanto, os programas da Nova Era freqüentemente amenizam a espiritualidade oriental, e são "vendidos" a escolas e empresas como simples técnicas psicológicas para melhorar a criatividade, aumentar a produtividade e liberar o potencial interior.

A filosofia da sala de aula em uma geração será a filosofia do governo na geração seguinte.

Abraham Lincoln

Porém, se você estiver ciente da visão mundial da Nova Era, poderá reconhecer as pressuposições escondidas. Por exemplo, exercícios imaginários dirigidos podem ser maneiras de colocar um rosto imaginário no espírito universal para que "ouçamos" a sua sabedoria.

Em resumo, estas não são simplesmente técnicas psicológicas neutras. São práticas espirituais que podem penetrar reinos espirituais estranhos e perigosos.

Estes programas simulam estar ensinando as crianças a olharem para dentro de si mesmas, a fim de resolverem seus problemas e serem mais autoconfiantes. Pumsy ensina os jovens a cantarem slogans como "Eu posso dar conta disso", "Eu posso fazer acontecer" e "Eu sou eu, sou suficiente".

Mas aí está aquela linguagem religiosa novamente — como o nome de Deus no Antigo Testamento: "EU SOU O QUE SOU". O que Pumsy ensina não é auto-estima; é auto-adoração.

Programas educacionais como o "Pumsy" estão surgindo por toda parte. A propaganda pode dizer que é um programa de auto-estima ou educação contra drogas, ou seja lá o que for. Os professores freqüentemente deixam de reconhecer a filosofia que está por trás disso. Então, a obrigação dos pais é descobrir o que seus filhos estão aprendendo, para ensiná-los a discernir entre a verdadeira e a falsa religião e equipá-los com armas espirituais para lutarem a batalha espiritual.

78. *A minha escola é muito anticristã.* O *que posso fazer quanto a isso?*

É verdade que muitas escolas demonstram algo que parece ser um preconceito anticristão. Vivemos no que tem sido historicamente uma cultura cristã, e assim alguns administradores se acomodam sem nem mesmo mencionar o significado do Natal, por exemplo. Há quase um temor obsessivo de que fazê-lo ofenderá alguém. Mas a nossa tarefa é sermos amáveis ao procurarmos fazer com que os administradores e professores tenham a certeza de que as autoridades escolares ao menos não estão procedendo levianamente com a história.

Minha filha, por exemplo, descobriu que na escola de seu filho estava sendo celebrada a *Kwanza*, mas os aspectos cristãos do Natal estavam sendo amplamente ignorados. Ela pesquisou a origem da *Kwanza* e descobriu que não se trata de algum ritual sagrado da África, mas de uma celebração de origem muito recente, inventada por um professor da Califórnia. Minha filha desafiou os professores e insistiu que seu filho não participasse de tal festividade. Esta é uma grande maneira de educar os professores, que em sua maioria não conhecem a origem da *Kwanza*. Não há maneira de torná-la um equivalente do que celebramos no Natal — o nascimento do Senhor Jesus Cristo.

Ao ler os livros-texto deste assunto com os meus netos, descobri erros — erros de grave enfoque geral e outros com tendências anticristãs. Meus netos tiveram algum êxito ao discutir estas questões com seus professores. Conheço muitos pais cristãos que mostraram outros erros ou que desafiaram práticas que fazem discriminação contra os cristãos. Estes pais têm tido freqüente êxito.

Estas não são ilustrações pessoais isoladas. Por todo o território norte-americano ouvimos falar de pais que, de forma bem-sucedida, conseguiram esclarecer o assunto a diretores e professores. A maioria esmagadora desses diretores e professores não é hostil ao cristianismo, mas está simplesmente presa ao desejo cultural de não ofender ninguém.

Os pais podem fazer a diferença. Veja o que aconteceu no estado do Kansas, quando pais preocupados solicitaram à diretoria das escolas que alterassem os padrões para que ambos os lados do debate da evolução-criação pudessem ser ensinados nas escolas. Embora a mídia tenha feito parecer que a diretoria das escolas estivesse banindo o ensino da evolução, os diretores fizeram exatamente o contrário. Retiraram a exigência de que os professores teriam de falar aos alunos que a macroevolução darwiniana é um fato indiscutível, o que na verdade não é; ela é debatida com fervor em termos científicos. A decisão da diretoria simplesmente queria dizer que ambos os pontos de vista poderiam ser ensinados. Então, ao contrário do que a mídia tentou propalar, a diretoria optou por uma cobertura crescente do tópico nas grades curriculares de ciências. Agindo assim, os diretores das escolas defenderam a liberdade acadêmica e proporcionaram uma proteção contra a doutrinação disfarçada.

Algumas vezes, os adolescentes e seus pais tiveram de resistir ao que claramente se torna uma opressão. Uma boa ilustração é o que aconteceu em Calvet County, Maryland, onde uma estudante chamada Julie Schenk pediu para dirigir uma oração em sua formatura. É perfeitamente legal que estudantes dirijam seus colegas em oração, embora não seja legal que os funcionários da escola o façam. Mas, com muita freqüência, as escolas recusam-se a permitir que os alunos orem, por medo de provocar um processo judicial. Um dos formandos, chamado Nick Becker, foi contra a oração, e as autoridades da escola tiveram de voltar atrás.

Julie foi informada que em vez de uma oração ela poderia convidar os formandos e suas famílias a participarem de trinta segundos de "reflexão silenciosa".

Esta "reflexão silenciosa" tornou-se a mais barulhenta da história. Quando Julie pediu à multidão que se colocasse em pé e começasse a reflexão, um homem na platéia começou a orar em voz alta: "Pai nosso que estás no céu..."

Instantaneamente, muitos dos quatro mil pais e alunos presentes juntaram-se à oração até que esta ecoou por todo o auditório. Nick Becker, o estudante que havia se posicionado contra a oração, saiu do prédio enfurecido.

Tenho muito medo de que as escolas acabem sendo os grandes portões do inferno, a menos que elas diligentemente se esforcem para explicar as Escrituras Sagradas, gravando-as no coração da juventude.

Martinho Lutero, citado em The Rebirth of America
(O Renascimento da América)

Não há desculpa para não estarmos familiarizados com o que a lei permite; precisamos aprender sobre a nossa própria história cristã e entender o que está errado com grande parte dos ensinamentos que têm sido transmitidos aos nossos jovens. Então, devemos ensinar as autoridades escolares e professores quando os fatos claramente nos apóiam. Na maioria das vezes, se apresentarmos o nosso caso de uma maneira amável e cativante, podemos reverter o que parece ser hostilidade à fé cristã. Com muita freqüência, tal resistência é o resultado de ignorância ou pressões para se fazer algo politicamente correto. Se a resistência tiver êxito, isto geralmente significa que não cumprimos a nossa tarefa.

79. *A escola em que estudo distribui preservativos. Se os jovens forem fazer sexo, não é importante que pratiquem o sexo seguro?*

Distribuir preservativos nas escolas — especialmente sem aconselhamento e sem o consentimento dos pais — não dá aos estudantes nenhum incentivo a refletirem com seriedade sobre a atividade sexual e seus riscos.

Grande parte da educação sexual em nossos dias é dirigida a tornar a atividade sexual uma experiência comum, desprovida de um significado profundo. Os educadores sexuais estão preocupados com o fato de os adolescentes tratarem o sexo com uma atitude apaixonada, romântica e significativa — e que, assim, sejam arrastados por seus sentimentos. Estes educadores acreditam que é mais provável que os adolescentes usem o controle de natalidade e os preservativos se o sexo for tratado clinicamente, despindo-o de seu significado.

Sexo sem significado. Sem compromisso. Sem envolvimento emocional, mas um simples prazer físico e até animal.

Que ironia incrível: ao tentar ensinar os jovens a serem responsáveis, as escolas públicas adotaram uma filosofia irresponsável do sexo. Os únicos controles de comportamento sexual que as escolas promovem são utilitários: não engravide; não contraia AIDS.

Aqui está. Pegue um preservativo.

É um absurdo pensar que esta abordagem à educação sexual possa ensinar responsabilidade às crianças. Ensinamos alguma outra matéria desta forma? É como ensinar a dirigir sem mencionar qualquer lei de trânsito e então aconselhar as crianças a praticar a "direção segura" usando cintos de segurança. É como ensinar futebol ignorando as regras do jogo, dizendo às crianças para praticar esportes "de forma segura" usando caneleiras.

A verdade é que os educadores abdicaram de sua responsabilidade de treinamento moral. Eles desistiram. "Não podemos evitar que os jovens façam sexo", argumentam. "A única coisa que podemos fazer é ajudar a torná-lo seguro."

De acordo com esta lógica, diz a revista *Commomweal*, as escolas também podem oferecer sexo supervisionado, fornecendo aos estudantes quartos limpos e monitorados, com preservativos discretamente colocados em criados-mudos.

Por mais estranho que pareça, alguns pais chegaram à mesma conclusão. O jornal *Washington Post* entrevistou muitos pais que permitem que seus filhos convidem parceiros para fazerem sexo em casa. "As crianças farão isto de qualquer forma", dizem os pais. "Pelo menos estão seguros em suas próprias casas."

O mais triste é que isso não precisa ser assim. Estudos mostram que os adolescentes se importam com o que os pais pensam. Eles são receptivos à direção moral. Os programas de educação sexual que ensinam a moralidade têm sido bem recebidos.

Isto não deveria ser surpresa. Os adolescentes são como todos nós: respondem positivamente a um desafio; são atraídos por adultos que esperam muito deles, que acreditam neles.

Sexo não é equivalente a um jogo de vôlei. Nossos adolescentes já sabem disto, mesmo que alguns de seus educadores tenham se esquecido. Os adolescentes respeitam adultos que também saibam disso. Você pode conversar com seu adolescente e mostrar que fazer sexo antes do casamento é uma imprudência (além de ser moralmente errado). Você pode mostrar que a distribuição gratuita de preservativos nas escolas é errada e endossa um ponto de vista que pode apenas piorar os problemas que programas de educação sexual se propõem a resolver.

80. *Os livros (ou os professores) dizem isto. Eles devem saber mais do que você, certo?*

Uma das alegrias de ser avô é ajudar seus netos a fazerem os deveres de casa. Mas quando ajudei minha neta de dez anos, Caroline, ela aprendeu uma lição. Eu também — uma lição séria.

Caroline tinha acabado seu primeiro dia na quinta série, e juntos folheamos seus novos e brilhantes livros de história. Em uma seção sobre a Declaração dos Direitos, chegamos a um título: "A Declaração dos Direitos prometia liberdade individual para muitas pessoas — mas não para as mulheres, os negros e os nativos (índios) americanos".

Antes que eu pudesse responder, Caroline esbravejou: "Isso não é justo!"

"O livro está errado", respondi. "Isto simplesmente não é assim".

Caroline disse que eu estava errado. Ela sabia que a Declaração dos Direitos discriminava, "porque o livro diz assim".

Só havia uma forma de convencer Caroline de que a abordagem estava errada. Juntos, apanhamos a Declaração dos Direitos e a lemos em voz alta.

Lemos o artigo 1, que garante o direito das "pessoas" praticarem a sua religião livremente. Lemos o artigo 2, que protege o direito das "pessoas" manterem e portarem armas.

Depois de ler cada emenda, perguntava a Caroline: "Este artigo exclui as mulheres, os negros e os nativos americanos?" Cada vez ela respondia negativamente com a cabeça, porque cada declaração se referia às "pessoas", significando todas as pessoas.

Depois de termos lido a décima emenda, Caroline olhou para mim com espanto. "Você está certo! O livro está errado."

Eu queria poder dizer que o livro de minha neta é um exemplo isolado de "revisionismo histórico". Mas não é; é o sintoma de uma epidemia. É uma tentativa de reescrever a história e o caráter americanos para promover uma ideologia política atual.

A crítica "politicamente correta" do passado americano busca revestir o que as elites culturais acreditam ser "formas de pensamento ocidentais opressivas", usadas pela maioria para dominar os negros, as mulheres e outras minorias. Muito do que é chamado de multiculturalismo é, portanto, nada mais do que uma desculpa para uma crítica antiocidental.

O propósito de muitas pessoas na mídia, nas faculdades e em algumas instituições particulares é claro: capturar a mente da geração em ascensão para cumprir seus planos relativistas, alienando os jovens de sua herança.

Não podemos permitir o revisionismo político do nosso passado. Por quê? Porque uma maneira crucial das civilizações passarem adiante um senso de identidade às gerações posteriores é transmitindo uma lembrança verdadeira de sua herança histórica. É por isso que os profetas do Antigo Testamento constantemente lembravam os israelitas dos feitos poderosos de Deus no passado.

Quando a verdade sobre nossa história é ensinada a nossos filhos, eles naturalmente lamentarão alguns dos fracassos da nação, mas também admirarão suas conquistas e terão respeito por nossa herança — que é a herança deles.

A experiência de minha neta com um livro politicamente correto nos lembra que a vigilância é, de fato, o preço da liberdade. Assim, preste atenção ao que está sendo ensinado a seus filhos ou netos sobre a história do país. Este tipo de educação distorcida é um modo pelo qual a nossa liberdade poderia ser rapidamente perdida.

81. *Por que as escolas públicas se tornaram tão perigosas? O que deu errado?*

Nos Estados Unidos, em conseqüência do massacre na Columbine High School em Littleton, Colorado, todos estão buscando respostas ansiosamente: os políticos exigem o controle de armas; os analistas execram a decadente cultura popular; os cientistas até mesmo sugerem desordens genéticas. Mas a verdadeira resposta é muito mais profunda — existe um conflito de visões de mundo. Na tragédia de Littleton estavam duas grandes visões de mundo, competindo pela lealdade das pessoas.

De um lado estava o pós-modernismo, com suas raízes no niilismo pregado por Friedrich Nietzsche. O filósofo alemão do século XIX argumentava que a "linguagem do bem e do mal" não é baseada nem na verdade nem na razão, mas no desejo por poder. Há meio século os nazistas demonstraram as idéias de Nietzsche.

No Colorado, estas idéias mais uma vez revelaram suas conseqüências horríveis, quando dois adolescentes exibindo símbolos e slogans nazistas exterminaram seus colegas de escola a sangue frio.

Sob a fascinação dos matadores pela imagem do poder e da destruição estava o abraço inequívoco do maligno — o que o crítico literário Roger Shattuck descreve como uma atitude de "aprovação quanto à ética e aos princípios como uma evidência da vontade e poder superiores".

Quem poderia imaginar que dois adolescentes alienados se apegariam à filosofia de Nietzsche? Contudo, a deturpada ironia é que a cultura adulta circundante foi influenciada por Nietzsche da mesma forma.

No *Atlantic Monthly*, o cientista político Francis Fukuyama argumenta que o declínio na moralidade tradicional no Ocidente pode ser encontrado na opinião de Nietzsche: a moralidade não é objetivamente verdadeira — as pessoas criam seus próprios valores para refletir os seus interesses.

Este relativismo radical originou-se nos campi das faculdades como pós-modernismo e desconstrucionismo, e agora se infiltrou em níveis escolares inferiores. Nas escolas públicas, os alunos são ensinados a "construir" suas próprias verdades e valores. Os professores são treinados para não oferecerem nenhuma direção, para que não sejam um obstáculo à autonomia da criança.

Não é de se admirar que nossas escolas estejam sucumbindo a uma mentalidade como a do *Senhor das Moscas*. Neste romance clássico, William Golding descreve a depravação em que até as "boas" crianças podem afundar quando deixadas por conta própria sem uma direção moral adulta. As crianças de hoje recebem pouca direção moral porque os adultos abdicaram de sua responsabilidade.

E isso não ocorre apenas na educação. Criamos uma subcultura que segrega as crianças em um mundo paralelo. Hoje, muitos pais conscienciosos definem seu papel como tendo uma menor interação direta com seus filhos e uma maior administração do envolvimento de seus filhos com os grupos regidos por seus colegas. As crianças passam tanto tempo em centros de recreação, grupos esportivos, acampamentos de verão e shoppings que muitas estão mais ligadas aos amigos do que aos pais. O mercado reforça a segregação oferecendo aos adolescentes seus próprios filmes, vídeos, músicas e jogos na Internet. Os noticiários dizem que os pais destes dois matadores do Colorado eram bondosos e cuidadosos; contudo, permitiam que seus filhos habitassem um mundo paralelo sinistro criado pelos filmes, jogos da Internet e pela "Máfia Entrincheirada".

A lição de que não podemos escapar é que as idéias têm suas próprias conseqüências. A filosofia de Nietzsche tem moldado tanto o pensamento dos eruditos acadêmicos quanto o dos internautas ociosos, incultos e alienados. Quando as duas culturas se encontram, como aconteceu em Littleton, o resultado é explosivo.

A outra lição de que não podemos escapar é que os pais não podem confiar em grupos formados por outros pais, e nem mesmo nas escolas, pensando que estes compartilham seus valores e sistema de criação de filhos. Os pais são obrigados a intervir, envolver-se na vida de seus filhos e saber o que estes estão fazendo, como estão gastando o seu tempo, o que estão estudando e pelo que têm se interessado. É difícil acreditar que os pais de um dos assassinos de Littleton sequer soubesse que seu filho estava preparando uma bomba em sua própria casa. Isto deve servir como um forte alerta para todos nós.

82. *Eu jamais seria violento, mas gosto de assistir filmes com cenas violentas. Que mal isso pode fazer?*

Os adolescentes continuamente ouvem esta mensagem daqueles que mais lucram com o entretenimento violento. Com todos estes famosos tiroteios nas escolas nos últimos anos, os executivos de Hollywood têm procurado tirar rapidamente de circulação os filmes e programas de TV violentos que foram dirigidos aos adolescentes. Ao mesmo tempo, contudo, algumas pessoas afirmam com a cara mais séria do mundo que não há absolutamente nenhuma correlação entre a violência do faz-de-conta e a situação real.

Os cineastas argumentam que os verdadeiros responsáveis por jovens assassinos são "uma vida ruim no lar, falta de cuidado dos pais e ter armas em casa", como diz um executivo de Hollywood.

Mas como o escritor Gregg Easterbrook destaca em *New Republic* (Nova República), o comentário de Hollywood está errado.

Por exemplo, um estudo do curso de Direito da Universidade de Chicago revela que o percentual de pessoas que têm armas de fogo em casa não mudou de forma significativa desde a Segunda Guerra Mundial. O que mudou, observa Easterbrook, "é a disposição que as pessoas têm de atirar com suas armas contra uma outra pessoa".

Um outro estudo revela que a taxa de homicídios pós-guerra nos Estados Unidos começou a crescer aproximadamente uma década depois que assistir a TV se tornou comum, na década de 50. O mesmo fenômeno ocorreu na África do Sul. Lá, a televisão não estava largamente disponível até 1975; as taxas nacionais de homicídio começaram a aumentar cerca de uma década mais tarde.

Talvez o maior dano foi constatado por Leonard Eron, um psicólogo que observou que "aqueles que mais assistiram TV e filmes quando criança eram os candidatos mais prováveis a serem presos ou condenados por causa de crimes violentos".

Enquanto o entretenimento violento pode não estimular um adulto normal a matar, no caso das crianças e dos psicologicamente desequilibrados, "o cálculo é diferente", diz Gregg Easterbrook.

"Assassinatos em massa cometidos por jovens, outrora raros, estão repentinamente em crescimento", escreve Easterbrook. "Pode ser uma coincidência que este aumento esteja acontecendo ao mesmo tempo em que Hollywood começou a divulgar a noção de que o assassinato em massa é divertido?"

A evidência de que aquilo com que alimentamos a nossa mente afeta o modo como nos comportamos não deveria surpreender os cristãos. Em Provérbios 23.7 lemos: "Porque, como imaginou na sua alma, assim é". E o apóstolo Paulo nos exorta a pensarmos no que é verdadeiro, honesto, justo, puro, amável e de boa fama (Fp 4.8).

A violência da televisão [dos videogames, dos filmes] em si não mata você. Ela destrói o seu sistema imunológico contra a violência e o condiciona a retirar prazer da violência... Então, quando as pessoas se sentem assustadas ou iradas, farão o que têm sido condicionadas a fazer.

David Grossman e Mary Cagney, "Trained to Kill: Children Who Kill" (Treinadas para Matar: Crianças que Matam)

Não importa o que os executivos de Hollywood afirmem, há uma ligação entre o assassinato de faz-de-conta e a situação real. O assassinato em massa não é divertido, como os filmes sugerem. Basta perguntarmos às famílias de Littleton, Colorado.

É o máximo da loucura que os pais, particularmente os pais cristãos, não se importem com o que os filhos assistem na TV, com os filmes que vêem nos cinemas, com a música que ouvem, com os videogames que jogam. É, na verdade, um caso de vida ou morte.

83. *Preciso apenas colocar a ira para fora do meu sistema, não é isso?*

No filme *Analyze This*, um psiquiatra sugere ao seu paciente, um bandido irado, que bater em um travesseiro o fará sentir-se melhor. Mas em vez de dar socos, o bandido saca um revólver e atira no travesseiro. "Então, você se sente melhor?", o psiquiatra pergunta.

"Sim", diz o bandido, sorrindo, "eu me sinto melhor".

A cena é engraçada, mas perpetua a noção errônea de que extravasar a ira nos ajuda a ficarmos livres dela. Ao contrário do que todos nós temos ouvido, os psicólogos agora estão descobrindo que extravasar a ira na verdade aumenta a agressão.

A psicologia popular tem perpetuado a noção de que "colocar a ira para fora" é bom para você. Esta é a teoria da catarse: expressando uma emoção ou um impulso ajuda a liberá-lo.

Mas novos estudos conduzidos na Universidade Estadual de Iowa e na Universidade Case Western Reserve descobriram que extravasar a ira torna as pessoas mais agressivas. Como relatado no jornal *New York Times*, os estudos descobriram que as pessoas que esmurraram um saco de pancadas, tornaram-se mais agressivas do que aquelas que não o fizeram. Segundo um pesquisador, "eles continuam tentando obter esta liberação emocional [golpeando um saco de pancadas], mas isso nunca acontece".

Ao invés disso, ocorre o oposto: bater em coisas parece dar às pessoas "permissão para relaxarem seu autocontrole", como diz o jornal *New York Times* — e, desse modo, leva a uma escalada da agressividade.

A teoria da catarse tornou-se popular através das teorias psicológicas de Sigmund Freud. De acordo com Freud, quando a ira é reprimida, uma pressão se forma como vapor em uma chaleira — e a melhor maneira de aliviar a pressão é liberando-a batendo em um saco de pancadas ou despedaçando uma peça de louça.

Infelizmente, a nossa cultura tem sido lenta em compreender a loucura desta idéia. Na verdade, a "expressão das próprias idéias" de todos os tipos é vista, em geral, como uma coisa boa.

No entanto, as mais recentes descobertas da ciência social agora estão apoiando a noção do autocontrole, e não a da auto-expressão. Eles confirmam a visão bíblica de que ceder aos nossos impulsos é uma idéia ruim.

O domínio próprio, na verdade, faz parte do fruto do Espírito, diz o apóstolo Paulo em sua carta aos Gálatas. E o apóstolo Tiago adverte os cristãos quanto ao grande dano que causamos por não controlarmos a língua.

Não que o domínio próprio seja sempre fácil. Qualquer virtude — seja ela a paciência, a alegria ou a pureza — deve ser praticada até que se torne um hábito. Então, ela passa a fazer parte do nosso caráter, da nossa forma instintiva de responder.

Quando o seu adolescente expressar a idéia de que liberar a ira é simplesmente necessário, reconheça esta noção pelo que ela é: errada. Mais uma vez, a ciência está descobrindo que a visão bíblica de domínio próprio é correta. Dar vazão à ira apenas torna-a pior — porque você está praticando aquilo que está colocando para fora. E você fará cada vez melhor aquilo que pratica, seja o que for — até mesmo em relação à ira.

O que devemos praticar são as virtudes bíblicas, e devemos praticá-las até que se tornem nossa segunda natureza. E então, quando agirmos naturalmente, o que as pessoas verão em nós será o fruto do Espírito.

84. *Não tenho usado o computador para pornografia ou algo parecido. Por que você é tão severo quanto ao uso do meu computador?*

Não há escapatória dos desafios da "era da informação". Como Thomas Friedman, do *New York Times*, escreveu recentemente, "a Internet tornou-se inevitável, pelo menos entre a classe média. O modo como comunicamos, investimos, trabalhamos e aprendemos, está sendo fundamentalmente transformado pela rede".

"O que torna esta ascendência particularmente preocupante", diz Friedman, "é que a Internet não vem embutida com editor, publicador, censor ou filtros". Com um clique no mouse você pode navegar por uma sala de cerveja nazista ou pelo acervo de um pornógrafo. "Os únicos filtros realmente eficazes", diz, "são os valores, o conhecimento e ao julgamento que seu filho traz na mente e no coração quando entra na rede".

Friedman está certo. O problema é que não podemos confiar que as crianças tenham "filtros" internos. Elas precisam ser ensinadas quanto ao que é certo e ao que é errado. E atualmente muitas crianças estão criando a si mesmas, sem qualquer direção moral dos adultos em suas vidas.

A combinação do mundo on-line completamente aberto e uma cultura onde os pais "gastam menos tempo formando os códigos e filtros internos das crianças" é, como Friedman observa, um "coquetel perigoso em potencial".

A única maneira dos pais proteger seus filhos deste perigoso "coquetel" é fazer o que os bons pais sempre fizeram: passar tempo com os filhos, ensinado-os quanto ao que é certo e ao que é errado, e ajudando-os a aplicar este conhecimento em cada situação — incluindo os momentos em que estiverem sentados sozinhos em frente ao computador.

A história de Tyler oferece um exemplo. Em um leilão, Tyler teve êxito ao fazer um lance por um Ford conversível 1955, um quadro de Vincent van Gogh, um móvel antigo e uma réplica de um navio Viking. Ao todo, ele somou cerca de três milhões de dólares em lances vencedores.

O problema é que Tyler só tem treze anos de idade, e sua mesada é de apenas quinze dólares por semana. Ele foi capaz de fazer todos esses lances falsos graças à Internet. No final, o preço que seus pais tiveram de pagar foi apenas um pequeno constrangimento, mas sua experiência é uma lição sobre os desafios que os pais enfrentam na "era da informação".

Como muitos adolescentes de treze anos, Tyler Andrews conhece muito sobre a Internet. Um de seus sites favoritos é o eBay, o site de leilões da Internet. "Eles não pedem o seu cartão de crédito ou qualquer prova de que você seja maior de dezoito anos", disse Tyler aos repórteres.

Tyler primeiro tentou vender seu melhor amigo como escravo, mas não obteve nenhuma oferta. Foi quando decidiu ir para a farra das compras.

Seus pais ficaram sabendo pela primeira vez sobre os lances quando receberam um telefonema de uma casa de leilões. Após se recuperarem do choque, retiraram os privilégios de Internet de Tyler.

Como pai, familiarize-se com o mundo em que seus filhos habitam. Aprenda como a "era da informação" funciona para que você possa identificar as armadilhas potenciais com antecedência, a fim de proteger e preparar seus filhos.

Esta admirável tecnologia nova oferece tanto benefícios quanto perigos, e é melhor que você esteja preparado para ambos — a menos, naturalmente, que tenha espaço em sua garagem para um navio Viking, um Ford conversível e qualquer outra coisa que seus filhos entendidos em computadores possam pedir através da Internet.

85. ***Meu melhor amigo morreu recentemente. Estou muito confuso e preciso de ajuda. Como posso superar a morte de meu amigo?***

A conseqüência do massacre na Columbine High School seguiu um padrão previsível: primeiro chegaram equipes de investigadores da polícia; então, chegaram os "conselheiros na dor", mais de cem deles, prontos para ajudar os sobreviventes a lidarem com sua angústia.

Depois de algum tempo, os conselheiros não tiveram a quem aconselhar. Não porque as crianças não estivessem enlutadas, mas porque estavam se voltando a um conselheiro mais eficaz em relação à dor: a igreja.

Os pais de Lauren Johnson, aluna da Columbine, a encorajaram a buscar um conselheiro profissional. Porém, em vez disso, Laura se voltou para as pessoas da Igreja West Bowler Community — a igreja da vítima alvejada Cassie Bernall. Johnson disse aos repórteres: "Acho melhor desta forma. Sinto que é como se a maioria das crianças da escola estivessem aqui".

Como o *Washington Times* observa, "muitos estudantes da Columbine estão se esquivando das ofertas de terapia secular e se voltando para as suas igrejas". Na verdade, pastores e líderes de juventude das igrejas estão comovidos pelas crianças, pelos pais e por outras pessoas que chegam pedindo ajuda.

Como explica Chad Stafford, ex-pastor presidente da Primeira Igreja Assembléia de Deus em Dever, "as crianças não estão querendo psicologia neste momento... Elas querem saber por que isso aconteceu". "O aconselhamento pela dor pode dar informação às crianças", ele acrescenta, "mas somos capazes de dar-lhes direção".

Stafford está certo. Quando os jovens são diretamente confrontados pela necessidade de lutar com questões de vida e morte, eles precisam de algo mais do que permissão para exprimir seus sentimentos por suas perdas. É natural que precisem de liberdade para consternar-se e terem um tempo para compartilhar sua dor, reconhecer abertamente a terrível realidade da morte. Mas eles também querem respostas que ofereçam esperança e ânimo, e o conhecimento de que esta vida e sua freqüente angústia não são tudo o que existe. Eles precisam de ajuda para fazer algo mais do que apenas "classificar seus sentimentos".

De todos os homens, nós [cristãos] esperamos mais da morte; contudo, nada nos reconciliará com a sua falta de naturalidade. Sabemos que não fomos criados para ela; sabemos como ela entrou furtivamente em nosso destino como uma intrusa; e sabemos quem a derrotou. Pelo fato de nosso Senhor ter ressuscitado, sabemos que em um certo nível ela já é um inimigo desarmado; mas por sabermos que o nível natural também é parte da criação de Deus, não podemos cessar de lutar contra a morte que transtorna a criação.

C. S. Lewis, God in the Dock *(Deus no Banco dos Réus)*

E é aqui que os pais cristãos podem ajudar. Mostre a seus filhos, a partir da Bíblia, que a morte não é o fim (Jo 14.2,3) e indique a eles a verdade sobre a vida eterna que Jesus Cristo oferece. Quando Jesus foi a Betânia depois que seu amigo Lázaro morreu, Ele chorou pela perda. Mas, então, ofereceu palavras de esperança às irmãs consternadas de Lázaro: "Eu sou a ressurreição e a vida; quem crê em mim, ainda que esteja morto, viverá; e todo aquele que vive e crê em mim nunca morrerá" (Jo 11.25,26).

Quando conselheiros seculares procuram consolar os tristes, não oferecem nada mais do que a oportunidade de exprimir emoções negativas a respeito da perda e podem até mesmo culpar as crianças por dizerem "Obrigado, mas na verdade não sinto o desejo de agradecer". Se seus filhos se depararem com a morte de um amigo ou de outra pessoa próxima, encoraje-os a buscar a esperança que somente a fé em Jesus Cristo pode proporcionar.

RESUMO DOS PONTOS PRINCIPAIS

√ As escolas públicas às vezes se desviam e passam a ensinar religiões contrárias ao cristianismo. Os pais precisam ficar cientes daquilo que seus filhos estão aprendendo e das pressuposições da visão de mundo que estão embutidas em suas lições.

√ Quando os conselheiros da escola distribuem preservativos, ensinam às crianças que a sexualidade é nada mais do que prazer animal. Esta é exatamente a mensagem errada que está sendo enviada, e uma mensagem que os adolescentes por si sós não aceitariam.

√ Os cristãos precisam se fazer ouvir quando os livros e outros materiais escolares apresentarem visões falsas, especialmente quando essas visões estiverem incorretas, de fato.

√ A violência contemporânea nas escolas, tal como o massacre na Columbine High School, demonstra o poder cruel e maligno das falsas visões em relação ao mundo.

√ O entretenimento violento compromete o nosso "sistema imunológico" contra a violência e nos influencia a respondermos violentamente em nossa vida cotidiana. Quando Hollywood diz que isso não é verdade, a indústria do entretenimento só está tentando proteger os seus lucros.

√ Os pais precisam estar cientes de cada aspecto da vida dos filhos, especialmente dos meios que eles utilizam para se divertir. A Internet e outras mídias de massa são preocupações inevitáveis. Os pais devem ajudar os filhos a fazer escolhas de entretenimento sábias, lembrando que toda a nossa vida — incluindo a nossa recreação — deve ter como objetivo nos transformar na imagem de Cristo.

√ A morte de um amigo é freqüentemente um tremendo golpe para os jovens. Nesses momentos, os pais devem dirigir seus filhos para a esperança que temos no Senhor Jesus Cristo.

CAPÍTULO 11

O que Devo ao Governo?
Governo, Política e Cidadania

86. *Por que o pessoal da igreja fala da América como uma "nação cristã"?*

Os princípios fundamentais da América foram fortemente influenciados pela tradição judaico-cristã. Melhor que chamar a América de "uma nação cristã", o que pode implicar um Estado dominado pela igreja, é mais correto dizer que a América é uma nação profundamente influenciada pelos princípios cristãos. As crenças na América tornaram-se muito mais diversas do que eram na época do estabelecimento da nação, mas os princípios cristãos ainda válidos em nossas instituições democráticas são a razão fundamental dessas instituições realmente funcionarem.

Nossas heranças judaico-cristã e grega clássica influenciaram a definição daquilo que as instituições do governo poderiam ou não fazer. Elas fornecem o cenário para o nosso entendimento de que a nação deve ser "de leis, e não de homens", como argumentou Oliver Wendell Holmes. O próprio ideal de "busca de felicidade" vem da tradição judaico-cristã: a frase descreve o desejo dos Fundadores de terem uma sociedade de justiça corporativa, e não de mera liberdade individual. O termo "felicidade", como foi usado na Declaração da Independência, quer dizer a busca da virtude (isto é, excelência), e não hedonismo.

Outro exemplo: Os fundadores da América também foram influenciados pelos ensinamentos judaico-cristãos sobre a tendência que o homem tem de abusar do poder. Assim, eles adotaram o princípio da separação de poderes. Dentro do governo, o poder foi repartido por meio de um sistema de verificações e equilíbrios de modo que nenhuma área pudesse dominar as outras. Os fundadores também supuseram que aquilo que era então o consenso cristão americano seria o freio mais poderoso para a avareza natural do governo. Em virtude da herança judaico-cristã, a América tem evitado os piores efeitos da obsessão por poder na humanidade.

Outras duas idéias — a igualdade e o estado de direito — são essenciais na democracia ocidental e também podem ser relacionadas diretamente à herança cristã da nossa cultura.

Vejamos a igualdade. Como todo estudante sabe, os Estados Unidos estavam, nas palavras de Abraham Lincoln, "dedicados à afirmação de que 'todos os homens foram criados iguais'". De onde veio essa idéia? Do cristianismo, claro. As tradições cristãs são a razão pela qual os fundadores acreditavam em alguma coisa chamada "direitos naturais", ou seja, uma crença de que possuímos determinados direitos simplesmente porque somos seres humanos que foram dotados com esses direitos pelo nosso Criador. Os fundadores classificaram tais direitos como sendo "a vida, a liberdade e a busca da felicidade", e afirmaram que faziam parte da própria personalidade. Esses direitos não dependem do desejo do governante — de um rei ou de uma legislação — e não são conferidos às pessoas por si mesmas. Eles não podem ser dados nem tomados, somente honrados ou violados.

A idéia da igualdade também deriva de uma doutrina da Reforma conhecida como *coram deo*, e que significa "diante de Deus". O reformador João Calvino ensinou que todos os homens e mulheres, independentemente da condição social, vivem suas vidas perante Deus. Isso significa que os indivíduos não precisam aproximar-se de Deus por meio da igreja nem do Estado. Isso os libertou do opressivo poder dos tiranos. Eles vivem perante Deus em sua plena dignidade como humanos.

Crucialmente, a noção de *coram deo* levou à insistência de que o papel do Estado era limitado. O papel do Estado não era o de governar sobre todos, mas simplesmente o de assegurar que as estruturas organizadas por Deus — como a família e a igreja — funcionassem adequadamente. Esta idéia de governo limitado é outro valor essencial de nossa democracia.

Na democracia ocidental, a igualdade significa, acima de tudo, a igualdade perante a lei. E isso nos leva a outra grande contribuição do cristianismo: o estado de direito.

A religião na América não se envolve diretamente no governo ou na sociedade, mas, apesar disso, deve ser considerada a principal instituição política do país.

Alexis de Tocqueville, Democracy in America *(Democracia na América)*

Em meados do século XVII, o escocês Samuel Rutherford escreveu um livro que foi muito perturbador na época: chamava-se *Lex Rex*, que significa "a lei é o rei". Rutherford argumentava que o governante e os governados estavam sujeitos às mesmas leis transcendentes de Deus.

É impossível estimar a importância dessa idéia para a democracia americana. Somos uma nação de leis e não de homens. Isto é, somos governados pelas leis com as quais estamos de acordo, e as leis se aplicam a todas as pessoas igualmente.

Essas duas idéias cristãs, *coram deo* e *lex rex* influenciaram os fundadores e possibilitaram que eles se libertassem da lei tirânica do rei George III. Essas idéias ajudaram os fundadores a estabelecer um modelo de governo — de liberdade organizada — que desde então tem sido invejado por todo o mundo.

Quando as pessoas na igreja chamam a América de "nação cristã", querem dizer que as idéias cristãs são o coração da nossa democracia. Isso é verdade. Porém, é mais exato dizer que a América é uma nação influenciada pelo cristianismo, porque o

Estado americano nunca foi controlado pela igreja, e não deveria ser.

87. *Os cristãos acreditam na separação entre a igreja e o Estado?*

Sim, os cristãos acreditam na separação entre a igreja e o Estado. É desastroso para a igreja reduzir o evangelho a um programa político. Mas é necessária alguma explicação do significado original de "separação entre igreja e Estado" para completar a nossa resposta.

O significado original da Primeira Emenda, que diz que o Congresso não fará uma lei "estabelecendo uma religião", simplesmente teve a intenção de impedir que o Congresso preferisse uma religião às outras, com a possibilidade distinta de que os estados individuais pudessem decidir adotar "igrejas oficiais". Realmente, muitos dos estados individuais continuaram a apoiar expressões estabelecidas (igrejas oficiais do Estado) da fé cristã ainda por volta de 1830. A Constituição não diz nada sobre a "separação entre igreja e Estado" — a frase vem de uma carta que Thomas Jefferson escreveu uma década depois que a Constituição havia sido adotada.

Ao escrever a Primeira Emenda, os fundadores americanos queriam proteger a liberdade religiosa como a maior liberdade. Eles pensavam que sem a liberdade de expressar as nossas crenças mais fundamentais, todas as outras liberdades inevitavelmente caem por terra.

Mas não se pode enfatizar tão fortemente que a Primeira Emenda tivesse a intenção de proteger a igreja da interferência do governo; a intenção não era, de maneira nenhuma, manter a influência religiosa fora da vida pública. Na verdade, os fundadores americanos estavam muito cientes de que o governo limitado só poderia ter sucesso se existisse um consenso quanto aos valores que também eram compartilhados pelo povo.

Em 1798, John Adams reconheceu com eloqüência a compreensão dos autores da nossa constituição: "Não possuímos um governo armado com poder capaz de combater as paixões humanas desenfreadas pela moralidade e religião... a nossa Constituição foi feita somente para um povo moral e religioso. É totalmente inadequada para o governo de qualquer outro povo que não compartilhe os mesmos valores".

Sempre que visito a Câmara dos Deputados lembro-me do quanto confiamos nas verdades cristãs da época dos fundadores. Um bonito afresco nas paredes superiores da Câmara contém retratos dos grandes legisladores da história. Em pé no lugar do presidente da Câmara e olhando diretamente acima da entrada principal, nossos olhos se encontram com os olhos penetrantes do primeiro personagem da série: Moisés, aquele que registrou a lei que foi dada pelo Legislador por excelência. Que maior testemunha poderia existir da herança judaico-cristã a que se referia John Adams?

88. *Deveríamos permitir presépios e outros símbolos religiosos em propriedades públicas? Que tipos de expressão religiosa deveriam ser permitidos nesses lugares?*

A expressão pública da crença religiosa tem um papel vital na conservação da consciência pública de que existe um poder maior que o do Estado. A separação adequada das esferas da igreja e do Estado não deveria ser considerada como uma garantia de se manter a influência religiosa fora da vida pública.

Na Polônia, por exemplo, quando os tiranos comunistas tomaram o poder, ordenaram a remoção de todas as cruzes das paredes de salas de aula, fábricas, hospitais — enfim, de todas as instituições públicas. Mas o povo polonês ergueu-se em uma grande onda de protestos por todo o país, e os governantes voltaram atrás.

Ainda assim, em uma pequena cidade, o governo estava determinado a prevalecer. Insistiu em retirar todas as cruzes das salas de aula. Os estudantes reagiram recusando-se a sair da escola. Um destacamento da polícia fortemente armado os expulsou.

Então os estudantes — quase três mil — levaram as cruzes para uma igreja próxima para orar. A polícia cercou a igreja. A violência só foi impedida quando as fotografias do confronto chegaram a todos os lugares do mundo, gerando um protesto generalizado.

Comparemos essa história com alguns fatos que ocorreram nos Estados Unidos. Em 1963 a Suprema Corte proibiu a oração nas escolas públicas. Muita gente interpretou a decisão como um sinal de que a religião já não era bem-vinda em lugares públicos.

Zion, uma pequena cidade do estado de Illinois, esteve enredada em processos judiciais durante anos. Zion foi fundada no início do século como uma comunidade religiosa. Suas ruas ainda têm nomes como "Ezequiel", "Gideão", "Galiléia". O brasão da cidade exibe uma cruz com outros símbolos cristãos.

Ou melhor, exibia. O brasão caiu sob o escrutínio de um grupo chamado "Ateus Americanos". O diretor desse grupo em Illinois levou a cidade de Zion à corte, exigindo que a cruz fosse removida do brasão. Após anos de batalhas legais, os Ateus Americanos finalmente venceram. As cruzes agora estão sendo removidas do papel timbrado da cidade e dos carros de polícia.

A corte diz que o Estado deve conservar uma rígida neutralidade no que se refere à religião. Mas remover símbolos religiosos de lugares públicos não é neutralidade. Ao contrário, envia uma mensagem altamente negativa — a de que a religião é algo vergonhoso, embaraçoso ou, na melhor das hipóteses, completamente privado.

Como o professor de Yale, Stephen Carter, diz em seu livro *The Culture of Disbelief* (A Cultura da Incredulidade), a religião é aceitável para a elite intelectual da América enquanto for considerada um hobby privado, como montar modelos de aviões. Mas se os religiosos trouxerem suas preocupações morais à arena pública, isso já será passar dos limites. Um estudo do Fórum da Liberdade sobre a religião e os meios de comunicação concluiu que alguns repórteres e produtores de televisão definem a separação entre a igreja e o Estado transmitindo a idéia de que "os procedimentos religiosos em assuntos morais ou políticos são temas inadequados ao noticiário".

Em uma escola próxima a minha casa, o conselho recentemente propôs novas regras antidiscriminatórias. Elas deveriam incluir proibições contra a discriminação por orientação sexual. Durante o debate que se seguiu, os membros do conselho disseram que isso significava que os estudantes cristãos não poderiam dizer publicamente na escola que consideravam a homossexualidade um pecado, pois até mesmo dizê-lo seria uma forma de discriminação.

Estou feliz por poder dizer que os alunos, pais e até mesmo professores cristãos defenderam vigorosamente a sua causa e tiveram sucesso. Eles argumentaram que discriminar — perseguir um grupo ou recusar-lhe privilégios iguais — seria, decerto, um erro. Mas declarar um julgamento moral que nasce das convicções mais profundas de cada um — nesse caso a fé — jamais pode ser proibido. Isso não é evitar a discriminação; isso é censurar. As escolas, bem como outras instituições públicas, tornam-se ditatoriais ou totalitárias quando tentam restringir a liberdade de consciência das pessoas.

Quando se remove a liberdade de consciência, então a liberdade de todos — inclusive a liberdade dos alunos homossexuais, que o conselho pretendia proteger — passa a estar em perigo.

> ***Certamente não foi delegado ao governo [federal] nenhum poder para estipular qualquer prática religiosa, ou para assumir a autoridade nos assuntos religiosos.***
>
> *Thomas Jefferson, em uma carta a Samuel Miller*

89. *Se as leis não conseguem tornar as pessoas boas, por que tentamos legislar sobre a moral?*

Em primeiro lugar, a lei é uma professora moral — um padrão permanente pelo qual cultivamos a civilidade e a ordem na sociedade. Na perspectiva bíblica, o objetivo da lei é o de reunir padrões objetivos com base nos preceitos divinos para a ordem social.

É comum ouvirmos que não podemos legislar sobre a moral, mas isso não é verdade. Quando criamos leis contra o homicídio, estamos fazendo um julgamento moral. Na verdade, se pensarmos nisso, o simples ato de aprovar uma lei quase sempre envolve um julgamento moral; consideramos que certos comportamentos são aceitáveis, outros não, e a lei reflete isso.

Certamente, isso também era verdade no Antigo Testamento. Deus concedeu aos israelitas os Dez Mandamentos (todos com implicações morais) e, a partir daí, a lei de Deus fluiu não somente em Israel, mas também em toda a civilização ocidental. (Até mesmo os hindus acreditam que os Dez Mandamentos são uma formulação boa e moral.)

Em segundo lugar, um sistema de leis objetivas, que reflitam o consenso moral de uma sociedade, é essencial para a manutenção da ordem. Pensemos nas regras de trânsito, como um simples exemplo. Quando entramos em um cruzamento, queremos ter a certeza de que todos os outros motoristas vão obedecer às mesmas regras que nós. Nossa confiança não é simplesmente um sentimento; não é um problema de acreditar ou não nos outros motoristas como em nós. Essa confiança é baseada em um certo conhecimento de que os outros motoristas vão obedecer às mesmas regras de trânsito. Se não fosse assim, as ruas se transformariam rapidamente em um caos. O mesmo vale para a sociedade como um todo. Portanto, a lei deve ser tanto uma professora moral como um meio para se manter a ordem.

Para seu próprio descrédito, as sociedades ocidentais, que durante muito tempo se mantiveram muito acima do paganismo pela vitalidade da religião revelada, hoje em dia estão desmoronando por estarem abandonando a herança judaico-cristã. A perda dessa herança

tem instalado níveis de brutalidade e de depravação que lembram as sociedades pagãs bárbaras da era pré-cristã.

Carl F.H.Henry, "Natural Law and a Nihilistic Culture" ("A Lei Natural e uma Cultura Niilista")

Todavia, algumas pessoas questionam o objetivo moral da lei perguntando, por exemplo, se deveríamos legalizar as drogas. Argumentam que isso eliminaria grande quantidade dos crimes que estão relacionados com o tráfico de drogas.

Mas isso seria equivalente à sociedade dizer que não há problemas em usar drogas, que não vemos objeções morais a isso. Eliminar a lei elimina também a condenação moral que a lei reflete: que o uso de drogas e outros vícios destrutivos são moralmente censuráveis.

Além do mais, a legalização das drogas não iria funcionar. Basta visitar o Needle Park (Parque das Agulhas) em Zurique, onde os viciados vão para obter do governo as drogas, ou ver o que acontece nos Países Baixos (Bélgica, Holanda e Luxemburgo) onde o uso de drogas foi legalizado. A legalização das drogas não diminui o seu uso; aumenta-o. E a sociedade entra em decadência com isso. Além do mais, a chamada legalização não elimina as atividades criminosas porque as drogas ainda são reguladas pelo Estado, e alguns grupos, como os jovens, por exemplo, são proibidos de usá-las. Desta forma, o mercado negro e o crime associado às drogas ainda permaneceriam.

90. *A moral da vida privada de um líder tem alguma coisa a ver com a sua vida pública?*

Durante anos, os leigos disseram que não. Mas quando uma pessoa vive regularmente de um determinado modo e faz determinadas escolhas, ao longo do tempo isso influencia seus pensamentos sobre certas questões.

Vejamos um exemplo histórico: a vida de Jean-Jacques Rousseau, o famoso filósofo francês. Em 1762, Rousseau escreveu o tratado clássico sobre a liberdade, *O Contrato Social*. Mas a liberdade que Rousseau previa não era a libertação da tirania do Estado; era a libertação das obrigações pessoais: família, igreja e trabalho. Rousseau escreveu que podemos fugir das exigências desse grupo dedicando completa lealdade ao Estado. Segundo suas palavras, nos tornamos "independentes de todos os [nossos] companheiros cidadãos" apenas nos tornando completamente "dependentes da República".

Na época em que Rousseau estava escrevendo *O Contrato Social*, estava lutando com um grande dilema moral. Ele tinha uma amante, uma empregada chamada Thérèse. Quando Thérèse teve um bebê, Rousseau ficou "mergulhado em um imenso problema", como ele mesmo disse. Ele queria ser recebido na alta sociedade parisiense, e um filho ilegítimo — de uma empregada! — poderia ser um grande empecilho.

Então, alguns dias mais tarde, um pequeno embrulho coberto foi deixado nos degraus de um orfanato. Ao longo dos anos, quatro outros filhos de Rousseau e Thérèse apareceram nos degraus do orfanato. Os registros históricos mostram que a maioria dos bebês daquele orfanato morreu; os poucos sobreviventes tornaram-se mendigos. Rousseau sabia disso, e diversos de seus livros e cartas revelam tentativas desesperadas de justificar seus atos.

Em escritos posteriores ele tentava argumentar que a responsabilidade pela educação dos filhos deveria ser tirada dos pais e entregue ao Estado. Na verdade, o Estado ideal para ele era aquele no qual as instituições impessoais liberassem os cidadãos de todas as obrigações pessoais.

Eis um homem que recorreu a uma instituição do Estado para evitar as obrigações pessoais. Estariam suas próprias escolhas afetando sua teoria política? Há alguma conexão entre o homem Rousseau e o teórico político? Na política, ou em qualquer outro assunto, as idéias não nascem somente do intelecto, mas da personalidade como um todo. Elas refletem nossas esperanças e medos, anseios e arrependimentos. A verdade é que o caráter é indivisível.

A maioria dos tiranos do mundo moderno se ajoelhou no altar de Rousseau, desde os líderes da Revolução Francesa até

Hitler, Marx e Lênin. Então, podemos realmente dizer que o comportamento privado não tem nada a ver com a política pública? Basta perguntar aos sobreviventes dos campos de concentração de Hitler.

Por outro lado, consideremos a seguinte história sobre George Washington (adaptada do livro *Our Sacred Honor* [Nossa Honra Sagrada], de William Bennett), que é um exemplo positivo de como o caráter e a liderança são inseparáveis.

Era o ano de 1783. A Guerra Revolucionária nos Estados Unidos havia terminado. Muitos dos oficiais do Exército Continental tinham lutado durante anos sem receber qualquer pagamento, e havia rumores de que o Congresso Continental planejava dispersar as tropas e ignorar a dívida para com os veteranos.

Com o passar das semanas, o humor dos soldados piorou muito. Finalmente, alguns dos oficiais deram um ultimato: se não fossem pagos, estavam preparados para ir até o Congresso e tomar o controle do governo.

Para acabar com a crise, o General Washington falou aos soldados em uma igreja provisória em Newburgh, Nova York. Washington aconselhou os homens a terem paciência, lembrando-lhes de que ele também havia servido sem receber qualquer pagamento. Insistiu para que "não tomassem nenhuma medida que, à luz da razão, fosse macular a glória que eles haviam mantido até aquele momento".

Os homens continuaram a olhá-lo zangados. Então, Washington começou a ler a carta de um congressista. Mas ao lê-la, ele começou a atrapalhar-se com as palavras e teve de parar.

Ele colocou a mão no bolso e de lá tirou algo que seus homens nunca tinham visto, um par de óculos. Ele pediu desculpas, dizendo: "Senhores, precisam perdoar-me. Eu envelheci servindo a vocês e agora me encontro um tanto cego".

Estas palavras de humildade instantaneamente dissolveram o ambiente hostil. Os soldados começaram a chorar. Depois da saída de Washington, eles concordaram em dar mais tempo ao Congresso. Thomas Jefferson mais tarde ressaltou que "a moderação e a virtude de um único homem provavelmente impediram que essa Revolução acabasse, como muitas outras, na subversão da liberdade que pretendia estabelecer".

Foi o caráter de Washington que ganhou a admiração e a confiança dos oficiais amotinados. Sua humildade, aliada à lembrança do preço que ele mesmo havia pago pelo seu serviço, levou aqueles homens a um sacrifício maior.

91. *Por que preciso me incomodar e votar quando completar dezesseis anos?*

Votar é o nosso primeiro dever cívico. Se você não vota, está abandonando a obrigação bíblica de ser um cidadão responsável.

Hoje em dia, muitas pessoas não votam porque se tornaram céticas, pensando que todos os políticos são corruptos. Mas isso está errado. Muitos dos legisladores e governantes que conheço são pessoas honestas e decentes, e muitos amam verdadeiramente ao Senhor.

Não importa o partido político do candidato em quem você pretende votar; o caráter deve ser o critério mais importante a ser observado.

Procure homens e mulheres que fiquem ao lado da retidão, que defendam os desamparados e que, principalmente, trabalhem pensando naqueles que ainda irão nascer. Homens e mulheres que, com virtude e nobreza, se recusarão a vender seus postos em troca de alguma vantagem política.

92. *Por que alguns cristãos estão sempre tão dispostos à vingança? "Coloque-os na cadeia" parece ser a resposta deles a tudo. Não haveria uma forma melhor de justiça?*

Alguns cristãos insistem na obrigação do governo de proteger os cidadãos dos criminosos, mas o adolescente que fez essa pergunta tocou em um ponto importante. Esse "coloque-os na cadeia" não é totalmente bíblico e não funciona tão bem assim. Nos Estados Unidos, mais do que em qualquer outra nação ocidental, uma grande porcentagem da população é colocada nas prisões.

Mesmo assim, a sociedade americana é cheia de violência. A Bíblia ensina que a nossa reação ao crime deve ser uma justiça restauradora, que não se baseie em vingança ou medo.

Posso explicar melhor o que significa justiça restauradora através de um exemplo real.

Um rapaz de dezenove anos estava em um tribunal em Houston esperando para ouvir sua sentença. Ele fora considerado culpado de roubar o carro de sua avó e destruí-lo em uma colisão.

A sentença revelou-se simples, mas eloqüente. O juiz Ted Poe pegou as chaves do carro do rapaz e entregou-as à avó. Até que o carro fosse consertado, ela usaria o carro do neto.

O rapaz indignado virou-se para o seu advogado e perguntou: "Ele pode fazer isso?"

Sim, o juiz podia. E sua sentença é um exemplo excelente de como os juízes podem colocar em prática os ideais bíblicos de justiça.

Este não foi o primeiro exemplo criativo de justiça — podemos até dizer "poético" — do juiz Poe. Recentemente, em vez de mandar para a prisão um homem que espancava a esposa, ele o enviou à escadaria da prefeitura. Ali, teve de confessar o seu crime e pedir desculpas à esposa — diante de uma multidão e das câmeras de TV.

Em outro caso, o juiz Poe ordenou que um ladrão de lojas ficasse sete dias em frente ao estabelecimento exibindo um cartaz que dizia "Eu roubei essa loja".

Em um caso envolvendo um motorista bêbado que atingiu e matou duas pessoas, o juiz Poe mandou o culpado à prisão e ordenou que fossem colocadas em sua cela fotografias das duas vítimas.

Alguns críticos desaprovam as sentenças do juiz Poe, dizendo que são cruéis e inconstitucionais. Mas o juiz afirma que suas idéias vêm diretamente da Bíblia. No livro de Números, lemos que se um homem causa dano a outro, deve confessar o seu pecado. O livro de Números também exige que o culpado faça a completa reparação à vítima.

Além do mais, existe o conceito bíblico da restauração. Como diz Poe, "as leis judaicas e cristãs ensinam que se você comete um crime, deve acertar a situação com a vítima".

Os princípios bíblicos nos quais Poe se baseia resumem-se no conceito do *shalom* — um termo normalmente traduzido como "paz". Mas este termo significa mais do que isso; significa a existência de relacionamentos corretos, harmonia e saúde. Quando alguém comete um crime, não está apenas infringindo a lei, mas também violando o *shalom* da comunidade. Restaurar o *shalom* exige a confissão, a reparação e a reconciliação.

Portanto, quando o juiz Poe obriga o homem que espancava a esposa a pedir desculpas publicamente, está ajudando a restaurar o *shalom* entre maridos e esposas. Quando exige que os bandidos confessem publicamente os crimes cometidos, ou quando mostra aos motoristas bêbados as fotos de suas vítimas, está ajudando os criminosos a entenderem o dano que fizeram ao *shalom* da comunidade.

E os fatos mostram que o sistema do juiz Poe funciona: seu tribunal tem a taxa mais baixa de reincidência (retorno ao comportamento criminoso) do país, e ele diz nunca ter visto o mesmo criminoso duas vezes no banco dos réus. Os eleitores de Houston aparentemente também gostam das táticas de Poe: eles o reelegeram três vezes.

Assim, quando o seu adolescente questionar a mentalidade do "coloque-os na cadeia", conte-lhe sobre o juiz do Texas e sua "justiça poética": o juiz que aplica princípios bíblicos para criar punições que realmente são adequadas ao crime — e que reconstituem o *shalom* à comunidade. A justiça restauradora representa a verdadeira abordagem bíblica.

Observe a opinião de Dietrich Bonhoeffer e tire suas próprias conclusões:

A obrigação que o cristão tem de obedecer é válida até que o governo o obrigue a pecar contra os mandamentos divinos.... Em casos de dúvida se requer a obediência. [...] Se o

governo infringe ou excede a sua obrigação em qualquer tempo... então neste ponto realmente não deve haver obediência, pela própria consciência, por amor ao Senhor.

Dietrich Bonhoeffer, Ethics *(Ética)*

93. *Como devemos viver sob um governo de cuja política discordamos profundamente?*

Se consultarmos as Escrituras, a resposta é surpreendentemente simples: devemos viver da mesma maneira que viveríamos sob um governo com o qual concordássemos.

Em 1 Timóteo 2, os cristãos recebem a ordem de orar por aqueles que exercem autoridade civil sobre eles. Por que a oração é crucial? Porque, como diz Paulo em Romanos 13, os funcionários do governo são servidores de Deus na preservação da ordem e na administração da justiça pública. Observe que Paulo não limita sua descrição somente aos bons governantes; na verdade, ele escreveu essas palavras durante o reinado de Nero, um dos imperadores romanos mais sanguinários.

Quer os nossos governantes sejam bons ou maus, quer concordemos ou não com a política deles, a nossa obrigação permanece a mesma: respeitá-los e orar por eles. Isso não impede que critiquemos sua política, mas até mesmo a crítica deve vir de uma atitude de oração. Isso não nos dá a prerrogativa de podermos desobedecer às leis; somente devemos fazê-lo quando a nossa capacidade de obedecer a Deus estiver em risco. O exemplo de Daniel e seus três amigos, assim como o dos apóstolos em Atos 4, indica que deve haver desobediência civil quando os magistrados civis decidem frustrar nossa capacidade de obedecer a Deus. No entanto, ao fazer isso, devemos fazê-lo pacificamente, sem recorrer à violência, e devemos estar preparados para suportar as conseqüências com que algum mau magistrado decida punir-nos.

Na história que vimos anteriormente sobre Dietrich Bonhoeffer, você observou que ele resistiu ao governo. Na verdade, ele uniu-se aos membros da Igreja Confessante Alemã (os crentes ortodoxos) para publicar a Declaração de Barmen, que oficialmente declarava que os verdadeiros crentes precisavam se separar do governo e do resto da igreja que não tinha conseguido resistir. Está claro que existem casos em que os cristãos precisam resistir a um regime injusto que violou a confiança que Deus depositou nele. Deus realmente designa líderes (ver Rm 13), mas estes devem agir dentro do escopo adequado da autoridade que Deus lhes confere. Ao reprimirem a liberdade religiosa, ou matarem pessoas inocentes, estão violando a confiança de Deus; estão deixando de cumprir a responsabilidade de preservar a ordem e promover a justiça, como está ordenado na Bíblia. Assim, tais governantes já não são mais dignos da nossa obediência.

Mas, de um modo geral, os cristãos devem considerar o governo como um agente de Deus para a ordem, a paz e a retidão na sociedade e, portanto, devem orar por ele, apoiá-lo e trabalhar com ele para que esses objetivos sejam atingidos.

RESUMO DOS PONTOS PRINCIPAIS

√ Melhor do que chamar a América de uma "nação cristã", é mais exato dizer que a América é uma nação profundamente influenciada pelos princípios cristãos.

√ A noção de igualdade vem da idéia de que Deus dá a cada pessoa certos direitos, somente em virtude de sua individualidade.

√ O Estado de Direito tem as suas raízes no Antigo Testamento e no nosso entendimento teológico de que Deus governa sobre todos os homens e mulheres.

√ Os cristãos acreditam na separação entre igreja e Estado. O envolvimento da igreja em assuntos de Estado é desastroso para o Evangelho.

√ Entretanto, a separação entre a igreja e o Estado tem sido usada de uma forma equivocada para excluir as pessoas da fé, e as suas idéias dos foros públicos. A Primeira Emenda à Constituição visou apenas proibir o Congresso de dar preferência a uma religião em detrimento das demais, e de interferir no direito de cada estado de estabelecer igrejas estaduais individuais — uma prática que continuou na década de 1830.

√ É vital que o Estado permita símbolos religiosos em lugares públicos porque esse procedimento nos lembra que Deus governa sobre o Estado.

√ Praticamente todas as leis "legislam sobre a moral". A lei é, ao mesmo tempo, uma professora moral e um meio de conservar a ordem.

√ As escolhas privadas de um líder inevitavelmente influenciam suas decisões públicas.

√ Votar é um meio fundamental pelo qual os cidadãos cumprem a obrigação bíblica de ser bons cidadãos.

√ A Bíblia ensina sobre a justiça restauradora, pela qual os infratores admitem a culpa e fazem a reparação, restaurando o *shalom*, as relações corretas entre a comunidade.

√ Devemos sempre obedecer aos nossos governantes, exceto quando tal obediência ao governo infrinja diretamente a lei de Deus. Nesse caso, devemos obedecer a Deus, e não aos homens.

CAPÍTULO 12

Como Posso Ter Confiança quanto ao meu Futuro?
Trabalho, Carreira e Sucesso

94. *Além do dinheiro, o que há de tão importante no trabalho?*

A melhor maneira de responder a essa pergunta é rever as formas pelas quais os cristãos, seguindo o exemplo do Senhor, sempre abraçaram a dignidade do trabalho.

O apologista cristão do século II, Justino Martyr, disse que em sua época ainda era comum ver agricultores da Galiléia usando arados feitos pelo carpinteiro Jesus de Nazaré.

Pense nisso: a segunda Pessoa da santíssima Trindade passou grande parte de sua vida terrena trabalhando em uma carpintaria. Somente por esse gesto Deus estabeleceu para sempre o significado do nosso trabalho neste mundo.

Na obra *The Call* (O Chamado), o teólogo Os Guinness nos lembra que até mesmo o trabalho mais humilde é importante se o fizermos como se através dele estivéssemos servindo ao próprio Senhor Deus. "Que intrigante", diz ele, "pensar no arado de Jesus em vez de pensar em sua cruz — imaginar o que fazia com que os seus arados e jugos durassem e se destacassem". É evidente que devem ter sido muito bem feitos para ainda estarem em uso no século II.

Desta forma, o cristianismo começou como uma fé de homens trabalhadores. Os seguidores escolhidos por Jesus eram trabalhadores que se levantavam antes do amanhecer para jogar as redes malcheirosas no mar da Galiléia a fim de ganhar a vida.

Os primeiros cristãos também eram um povo trabalhador que, criados na tradição judaica, abominavam a preguiça e faziam do trabalho um requisito da Igreja Primitiva. O apóstolo Paulo, que tinha estudado para ser rabino, fabricava tendas. Ele escreveu: "se alguém não quiser trabalhar, não coma também" (2 Ts 3.10). E aqueles que trabalhavam deveriam repartir os resultados do seu trabalho com os necessitados.

Os primeiros cristãos não compartilhavam do preconceito grego contra o trabalho físico. Platão e Aristóteles acreditavam que a maioria dos homens deveria trabalhar arduamente para que a minoria, da qual faziam parte, pudesse envolver-se em propósitos mais nobres, tais como a arte, a filosofia e a política.

O historiador Kenneth Scott Latourette escreveu que "o cristianismo destruiu a escravidão ao dar dignidade ao trabalho, não importando o quanto parecesse humilde. Tradicionalmente, o trabalho que podia ser realizado pelos escravos era menosprezado e considerado degradante para os homens livres. Mas os professores cristãos disseram que todos deveriam trabalhar e que esse trabalho deveria ser feito como se fosse para Deus e à vista dEle. O trabalho tornou-se um dever cristão".

Quando os povos bárbaros invadiram as civilizações ocidentais, as comunidades monásticas onde o cristianismo se recolheu conservaram esta visão nobre do trabalho. Os monges fundaram enclaves de indústrias, ensino, conhecimento e beleza. Eles drenaram os pântanos, construíram pontes e estradas e inventaram ferramentas para facilitar o trabalho. Copiaram os escritos sagrados, produziram obras de arte em manuscritos iluminados, e mantiveram vivos a fé e o conhecimento. Em cada uma destas atividades, atenderam à exortação de Agostinho de que *laborare est orare* ("trabalhar é orar").

Durante a Idade Média, no entanto, o antigo dualismo grego começou a se infiltrar paulatinamente no pensamento cristão. As ordens monásticas começaram a fazer uma distinção entre os irmãos leigos, que faziam os trabalhos manuais, e aqueles que se dedicavam às tarefas mais nobres, ou intelectuais.

Foi então que um homem, Martinho Lutero, sacudiu todo o sistema da Idade Média. A maioria das pessoas se engana ao enxergar a Reforma exclusivamente em termos teológicos. As conseqüências nos campos político, social e econômico foram igualmente profundas.

A Reforma atacou a visão dualista do trabalho. Da mesma forma que os protestantes viam a igreja como uma organização composta por todas as pessoas que desejavam servir a Deus, e não apenas pelo clero, também viam todos os tipos de trabalho — sagrado e leigo, intelectual e manual — como formas de servir a Deus.

Segundo Lutero, o trabalho dos monges e dos sacerdotes "na visão de Deus não é de nenhuma maneira superior ao trabalho de um agricultor que trabalha no campo, ou de uma mulher cuidando de sua casa". A visão de que esfregar o chão era tão digno quanto ocupar o púlpito democratizou a ética do trabalho.

O mundo inteiro está repleto de serviços que são prestados a Deus. Não apenas a igreja, mas também a casa, a cozinha, o celeiro, a oficina e o campo dos habitantes da cidade e dos agricultores.

Martinho Lutero, citado em Work and Leisure *(Trabalho e Ócio)*

Para os reformadores, o que importava era que todas as pessoas entendessem o seu chamado único ou vocação; dessa maneira, elas colaboravam com Deus no grande projeto do universo, trabalhando para a glória dEle, para o bem comum e para a sua própria satisfação.

Da mesma forma, os puritanos americanos viam o trabalho como uma forma de servir a Deus, o que lhes trazia a recompensa fundamental, que era de caráter espiritual e moral. Como escreveu o puritano Richard Baxter, "não escolha aquela atividade profissional na qual você possa ser a pessoa mais rica ou importante do mundo, mas aquela na qual você possa fazer mais coisas boas e estar mais afastado do pecado".

Os cristãos vêem o trabalho como um meio de servir a Deus e uma maneira, com a oração, de estarem cada vez mais de acordo com a imagem divina, segundo a qual fomos criados. É por isso que o trabalho é tão importante; é uma parte da vida espiritual. Quando fazemos um trabalho bom e o oferecemos a Deus, estamos louvando a Ele de uma maneira que lhe agrada.

95. *Muitas vezes o trabalho é entediante. Será que sempre tem de ser assim?*

Quando Deus nos convoca para alguma tarefa — mesmo que seja algo que o mundo vê como inferior — Ele envolve essa tarefa com o que o irmão Os Guinness chama de "o esplendor das coisas comuns".

"O que é entediante, feito para nós mesmos ou para outras pessoas, será sempre entediante", ele escreve em *The Call* (O Chamado), mas "o que é entediante, se feito para Deus, será transformado e exaltado".

Aceitar o que é entediante é uma das formas de praticar o discipulado — aprendendo a oferecer essas tarefas a Deus. "Procuramos as coisas grandes para fazer — [mas] Jesus pegou uma toalha e lavou os pés dos discípulos", escreve Guinness. "Queremos falar e agir nos raros momentos de inspiração — [mas] Ele pede a nossa obediência na rotina, naquilo que ninguém vê, naquilo que ninguém agradece". Nós, seus seguidores, devemos estar dispostos a desempenhar também as tarefas humildes e ingratas — e não ficar impacientes com as tarefas de trocar as fraldas, fazer a lição de casa ou levar o lixo para fora.

Os "shakers", grupo religioso que teve início no século XVIII, exemplificaram essa humildade. Eles faziam móveis comuns como um meio de glorificar a Deus. Davam aos menores detalhes a mesma atenção que dedicavam ao projeto como um todo. Dizia-se que cada cadeira shaker era feita para que um anjo se sentasse nela.

Esse senso de chamado nos ajuda a enfocar a nossa atenção na presença de Deus em sua criação. Parafraseando as palavras de C. S. Lewis na obra *Letters to Malcolm: Chiefly on Prayer* (Cartas a Malcolm), Guinness fala de sua experiência com a criação de Deus "em toda a sua simplicidade, trivialidade e regularidade. Uma plantação de repolhos ou couve, um gato de fazenda... uma frase em um livro — cada uma dessas coisas pode ser vista como uma pequena revelação de Deus como o Criador".

O ponto em que a Igreja mais perdeu o senso de realidade, e de forma mais grave, foi em seu fracasso em compreender e respeitar a vocação secular. Ela permitiu que o trabalho e a religião se tornassem departamentos separados. Esqueceu-se de que a vocação secular é sagrada.

Dorothy Sayers, Creed or Chaos? *(Fé ou Caos?)*

Se o seu filho ou filha pensa que Deus o/a está chamando para envolver-se em algum trabalho humilde, lembre-se de que houve uma época em que aquEle que transformou água em vinho e ressuscitou os mortos também fazia arados de madeira — e alguns dias o trabalho era certamente entediante.

96. *E se eu quiser ser um artista?*

Quando os cristãos ouvirem a palavra "arte", a primeira coisa que deveria vir a nossa mente é a nossa rica herança artística. Os livros de história da arte raramente mencionam as motivações religiosas de um artista, mas a fé cristã inspirou a maioria dos grandes artistas da tradição ocidental.

A justificativa bíblica para a arte é clara: somos chamados para viver a plena imagem de Deus em todas as áreas da vida. Quando Deus criou o mundo, preocupou-se o suficiente para fazê-lo bonito. Da mesma forma, o povo de Deus também deve valorizar a criatividade e a beleza.

A arte deve ser uma das forças que cura a imaginação; ela deve dizer que o mal é feio.

Ernest Hello, citado em State of the Arts *(A Grandeza das Artes)*

Na obra *State of the Arts* (A Grandeza das Artes), Gene Edward Veith descreve um herói bíblico pouco conhecido chamado Bezalel. Em Êxodo 31 lemos que Bezalel dirigiu a construção do Tabernáculo, que Deus o preparou "para inventar invenções, e trabalhar em ouro, e em prata, e em cobre, e em lavramento de pedras para engastar, e em artifício de madeira, para trabalhar em todo lavor" (Êx 31.4,5). Ele foi cheio "do Espírito de Deus, de sabedoria, e de entendimento, e de ciência em todo artifício" (v. 3).

Esse é um trecho notável. O Espírito de Deus dota as pessoas não apenas para o ministério espiritual, mas também para o trabalho artístico. Criar arte pode ser um chamado de Deus.

Nós cristãos estamos sempre preocupados com a "arte má". Bem, vamos encorajar a arte boa. Como escreveu C. S. Lewis, "se você não ler bons livros, lerá maus livros. Se você rejeitar a satisfação estética, se encaminhará para as satisfações puramente sensuais". Uma vez que Deus criou os seres humanos a sua imagem, com imaginação e senso estético, eles criarão cultura de um tipo ou de outro. A única questão é se será uma cultura decadente ou uma cultura que agrade a Deus.

Em 1703, Andrew Fletcher escreveu: "Dêem-me a função de compor as canções de uma nação e não me preocuparei com quem faz as leis". Ele estava dizendo que as mudanças culturais precedem as mudanças políticas. Eu adoraria saber que a nova geração está cheia de artistas pintando, escrevendo e cantando — para a glória de Deus.

97. *E se eu quiser entrar no mundo dos negócios?*

Ótimo.

Com a melhor das intenções, muitos ativistas cristãos têm concentrado seus esforços apenas na arena política, mas estão negligenciando um campo de batalha essencial: o setor privado — empresas e corporações. Nas grandes sociedades, as decisões que influenciam a cultura não vêm sempre de quem está nos corredores do poder legislativo ou de quem está nos tribunais. Algumas vezes, vêm de um número relativamente menor de profissionais muito bem colocados que, com freqüência, deliberam a portas fechadas. Infelizmente, poucos cristãos optaram por seguir uma carreira vocacional que poderia tê-los colocado em uma sala de reuniões de uma grande empresa ou no mercado da mídia.

Em um artigo no *Regeneration Quarterly*, Don Eberly aponta o número irrisório de evangélicos no ramo das editoras, entretenimento, academias leigas e profissões de elite, assim como no mundo corporativo.

O resultado, segundo Eberly, é que os evangélicos permanecem culturalmente isolados, sempre procurando influenciar o mundo a partir do conforto e da segurança de suas próprias trincheiras. Ele escreve que "a recuperação cultural só começará quando os evangélicos recrutarem e treinarem as pessoas para realizar trabalhos sérios dentro das próprias instituições formadoras de cultura".

Precisamos encorajar os jovens para que considerem chamados não apenas para o ministério ou para a política, mas também para o mundo dos negócios e das profissões.

Portanto, quer [...] façais outra qualquer coisa, fazei tudo para a glória de Deus.
1 Coríntios 10.31

98. ***Então, sendo um cristão, se eu montar um negócio — ou dedicar-me à política ou a uma profissão — você está dizendo que Deus tem de fazer parte disso?***

Consideremos o caso de um homem que viveu uma "vida dividida". Aldrich Ames foi o responsável pela mais séria quebra de segurança da história da CIA. Durante nove anos, ele forneceu segredos militares importantes para a KGB, a polícia secreta soviética. Em uma entrevista em sua cela na prisão, perguntaram a Ames como ele sobreviveu ao estresse da sua vida dupla. Como pôde vender delicados segredos de Estado depois de fazer juramentos de lealdade? Como pôde fornecer os nomes dos agentes americanos para os soviéticos, sabendo que estava assinando a sentença de morte deles?

A resposta de Ames é altamente reveladora: "Eu coloco essas coisas em compartimentos diferentes" na mente — "para separar sentimentos e pensamentos". Dessa forma, ele acrescentou, "eu evito... pensar nessas coisas". Resumindo, Ames sobreviveu colocando sua vida como funcionário da CIA em uma caixa e a vida como um agente soviético em outra caixa — fragmentando sua vida e sua mente em compartimentos impermeáveis.

O fato perturbador é que Ames não é o único. Como escreve Francis Schaeffer, a fragmentação tornou-se a marca da mente moderna. Até mesmo os cristãos dividem a mente em compartimentos; colocam as crenças religiosas em uma pequena caixa isolada do resto de suas vidas. Podemos ser bíblicos em nossas crenças espirituais e adotar visões não-bíblicas em nosso comportamento e atitudes diárias.

Por exemplo, o pesquisador de opinião pública George Gallup compilou confissões de americanos que faltam ao trabalho alegando doença quando estão bem, que exageram em seus currículos, que sonegam impostos. Surpreendentemente, Gallup observa "pouca diferença entre as visões e os comportamentos éticos das pessoas ligadas à igreja e das não ligadas a esta".

O que tudo isso nos diz? Que muitos cristãos são culpados de dividir a vida em caixas separadas para que a fé nunca influencie as opiniões e atitudes cotidianas. Muitos de nós temos a mente tão fragmentada quanto qualquer agente duplo, que serve ao seu país e ao mesmo tempo comporta-se como um espião para os países inimigos.

Este não é o padrão que Deus deseja para a nossa vida. A Bíblia fornece uma visão abrangente do mundo que deve integrar toda a vida. E, como Aldrich Ames, os "agentes espirituais duplos" serão, no final, levados à justiça.

99. *Nem tudo tem a ver com Deus, tem?*

Uma de nossas associadas estava almoçando com uma amiga, membro de outro ministério cristão, quando a conversa chegou ao assunto dos programas de reciclagem. Minha associada comentou que os ministros cristãos deveriam ser os primeiros a se reciclar, mas sua amiga se irritou: "O que há com você? Nem tudo tem a ver com Deus, você sabe!"

Mas tem, sim.

De acordo com o relato de Gênesis, Deus ordenou que Adão "cultivasse e guardasse" o jardim do Éden. "Cultivar" significa fazer crescer o presente da criação, ao passo que "guardar" significa literalmente "proteger". Adão deveria proteger o jardim contra qualquer coisa que pudesse prejudicar o reflexo da bondade de Deus.

A Queda não anulou essa ordem. Só tornou mais difícil cumpri-la. A maldição se estendeu a todos os campos da vida. Mas também foi assim com a redenção de Cristo.

No final, por Cristo ter completado seu trabalho na cruz, Deus restituirá a toda a criação a sua antiga glória. Mas até a volta de Cristo, os cristãos devem perseverar em seu papel de "cultivar e guardar" o jardim de um mundo em decadência.

Antes mesmo da vinda de Cristo, os homens e as mulheres do Antigo Testamento entenderam isso. Os salmos estão repletos das exultações do rei Davi sobre a lei de Deus e a ordem de cultivo que Ele nos deu. O filho de Davi, Salomão, entendeu as palavras de seu pai: seus provérbios falam de tudo, desde a educação das crianças até as relações entre vizinhos, o trabalho, a justiça econômica e as relações internacionais.

Através de seu ministério, o Senhor Jesus evocou a disposição mental do reino que leva "cativo todo entendimento à obediência de Cristo" (2 Co 10.5). Comparando o Reino dos céus ao fermento, o Senhor Jesus descreve a lei de Deus como tendo um efeito transformador em tudo o que toca. Na Parábola dos Talentos, Ele ensina que Deus espera um retorno do seu investimento por parte dos fiéis comissários, que irão trazer-lhe glória ao cultivar e conservar o que Ele lhes confiou.

Cristo é o centro, o supremo significado de cada entidade. Para quem o conhece, praticamente tudo pode ser visto à luz de Cristo.

Gene Edward Veith, State of the Arts *(A Grandeza das Artes)*

Os apóstolos se esforçaram para ensinar a igreja a não se conformar com este mundo, mas a transformar-se pela renovação da mente, a precaver-se para não ser aprisionada pelas ilusões e vãs filosofias do mundo ou por mentiras astutamente tramadas, e a procurar a verdade de acordo com Cristo (Rm 12.2; 2 Co 10.5; Cl 2.8).

Da criação em diante, a lei de Deus se aplica a tudo. Desde as nossas contas bancárias até nossos acordos de negócios, nosso currículo educacional, os assuntos de justiça social, os problemas ambientais e nossas escolhas políticas — tudo deve refletir o fato de que a lei da justiça de Deus se estende a tudo na vida.

Abraham Kuyper, pastor e estudioso holandês, foi um dos grandes expoentes da visão cristã de mundo. Ele escreveu: "Se tudo o que existe, existe graças a Deus, então toda a criação deve glorificar a Ele". As Escrituras revelam "não apenas a justificação pela fé, mas o próprio fundamento da vida e as leis que regem a existência humana".

100. *Como devo medir o meu sucesso na vida?*

Os jovens freqüentemente se confundem sobre o que é ter sucesso na vida. A maioria o vê como uma conquista material. A televisão e a cultura popular estão cheias de mensagens sobre a assim chamada "boa vida", que é sempre expressa em termos materialistas. A prosperidade é considerada o maior objetivo de nossa vida.

Eu sei disso muito bem. Caí nessa armadilha em minha própria vida. Crescendo em circunstâncias muito humildes, eu acreditava que se pudesse conseguir poder e riqueza, encontraria satisfação e me sentiria realizado. Mas quanto mais poder e riqueza eu conseguia, menos satisfeito me sentia. Descobri que as coisas deste mundo são vazias, que nunca podem nos dar sentido, propósito ou segurança.

Na verdade, às vezes penso que os pobres estão em uma situação melhor do que os ricos, porque ainda pensam que o dinheiro pode comprar a felicidade — ao passo que os ricos já sabem que não. A alma humana anseia por sentido e propósito, algo que nunca encontraremos nas coisas do mundo.

Você deve ensinar aos seus filhos que a economia de Deus não mede o sucesso da mesma forma que o mundo o faz. O que Deus exige de nós é a obediência. Quando obedecemos aos mandamentos divinos, como descobri em minha própria vida, encontramos o verdadeiro sentido, propósito e satisfação. Também descobrimos o verdadeiro poder, nas ocasiões em que nos sentimos os mais impotentes. A vida cristã é um grande paradoxo em que Deus freqüentemente realiza a sua maior obra por nosso intermédio, nos momentos em que nos sentimos mais frágeis.

Este paradoxo me comoveu durante uma viagem à Espanha. Depois de falar na prisão central em Madri, os voluntários da *Prison Fellowship* me acompanharam até Basida, uma comunidade que auxilia os prisioneiros depois de serem soltos. Viajamos durante uma hora por uma estrada empoeirada e sulcada, que terminava em um conjunto de edifícios brancos.

Ali fomos recebidos pela alegre visão de crianças rindo e brincando no pátio. Mas, assim que entrei em um dos edifícios, deparei-me com um contraste estremecedor: havia cerca de quarenta pessoas com as faces fundas, a pele pálida, os olhos embaçados. Esses ex-presidiários eram aidéticos, e muitos estavam afundados nas cadeiras, zangados e amargurados.

Recompus meus pensamentos rapidamente, falando-lhes com a ajuda de um intérprete. Quando falei do amor e da misericórdia de Deus, nenhum par de olhos se ergueu, nenhuma cabeça concordou. Poucas vezes me deparei com tanta indiferença.

Às vezes, no entanto, os rostos sorridentes dos voluntários que viviam entre os pacientes e cuidavam deles quebravam a melancolia. Na verdade, poucas vezes encontrei tal brilho, tais expressões de amor e de alegria.

Durante o jantar, perguntei a uma jovem sentada perto de mim: "Como você consegue trabalhar aqui? Deve ser um trabalho duro".

"E é", concordou. "Mas é o meu chamado. Sr. Colson, o senhor proferiu uma mensagem maravilhosa, e nós já tentamos pregar também. Mas esses pacientes não pareciam nos ouvir. É por isso que vivemos aqui ao lado deles — para que vejam o amor de Deus através de nossos atos".

Ela contou uma história trágica sobre uma mulher que tinha morrido em seus braços há apenas duas semanas. Então o seu rosto se iluminou quando acrescentou: "Mas a mulher aceitou a Jesus antes de morrer". Essa jovem voluntária agora estava cuidando dos filhos da falecida.

Mais tarde, lá fora, sob as estrelas, refleti sobre o que tinha visto. Eu não tinha certeza de que a minha visita tivesse mudado algum dos prisioneiros, mas estava certo de que tinha mudado uma pessoa — a mim mesmo. Eu tinha testemunhado claramente o poder de Deus, não em um letreiro brilhante, mas nos gentis e jovens voluntários que revelavam o amor de Cristo transbordando de seus corações. É por isso que o ministério aos pobres e aos necessitados nos leva para tão perto do Senhor.

A vida cristã é um paradoxo de todas as maneiras. Lembro-me das muitas conquistas em minha vida: fui o mais jovem assistente administrativo no senado dos Estados Unidos, me formei na faculdade de Direito com honras, comecei uma prática de advocacia que se tornou ampla e de sucesso, e então, com trinta e oito anos, ocupei o escritório que estava ao lado do escritório do presidente dos Estados Unidos.

No entanto, as maiores realizações da minha vida não vieram através de nenhuma dessas coisas que fiz, por mais impressionantes que possam ter sido aos olhos do mundo. Ao contrário, foi na experiência mais difícil de minha vida que Deus realizou sua maior obra a meu favor. Eu estava na prisão, desamparado, separado da família e do mundo exterior; eu tinha caído em desgraça e estava inseguro quanto ao meu futuro. Tudo o que havia feito na vida tinha sido um sucesso até então. E essa era a minha grande derrota.

E foi aquela derrota que Deus usou para a sua maior glória. Enquanto eu estava na prisão, Ele me preparou para um ministério que agora atinge centenas de milhares de pessoas por todo o mundo.

Ele usou a minha derrota, não os meus sucessos. Ele se preocupou com a minha obediência, e não com minhas conquistas. Ele usou as coisas nas quais eu não teria glória e das quais eu não podia obter crédito algum.

Qual é a grande lição nisso? A grande lição é que enquanto fizermos sempre o melhor de nós para trazer glória a Deus com excelência, o que realmente importará na vida não será o que fizermos. O que mais importa é o que Deus decide fazer por nosso intermédio.

Nossos filhos e netos precisam saber que o que realmente importa em suas vidas é a obediência a Deus. Este é o sucesso aos olhos do Senhor.

RESUMO DOS PONTOS PRINCIPAIS

√ O próprio Senhor Jesus dignificou o nosso trabalho, dando o seu próprio exemplo, pois era um carpinteiro antes do seu ministério. Os seus primeiros discípulos eram pescadores, e a primeira igreja era, em sua maioria, composta por trabalhadores. O cristianismo considera o trabalho físico tão valioso quanto o trabalho mental, como um meio de servir a Deus.

√ Quando oferecemos o nosso trabalho a Deus, Ele transforma até mesmo as tarefas repetitivas e entediantes. O próprio trabalho de Cristo, fabricando arados de madeira, pode ter lhe causado certo tédio.

√ Os cristãos negligenciaram as artes e o mundo dos negócios como importantes chamados de Cristo. Essas são áreas essenciais para a reforma da sociedade, tanto ou mais do que a política, porque a cultura é a verdadeira força geradora em uma sociedade.

√ O verdadeiro sucesso significa fidelidade e obediência. Deus freqüentemente usa nossos maiores fracassos para sua glória. Devemos procurar fazer sempre o melhor, mas deixar os resultados nas mãos de Deus.

UMA PALAVRA FINAL PARA OS PAIS

Espero que você tenha considerado estas perguntas e respostas úteis, para quando aconselhar e guiar seus filhos e netos. Não há maior chamada do que prepará-los para serem agentes de Deus, transformadores do mundo.

Lembre-se dos mandamentos: "Não esqueças daquelas coisas que os teus olhos têm visto, e se não apartem do teu coração todos os dias da tua vida, e as farás saber a teus filhos e aos filhos de teus filhos" (Dt 4.9). Crie seus filhos nos caminhos do Senhor. "Ensinai" [as palavras do Senhor] a vossos filhos, falando delas assentado em tua casa, e andando pelo caminho, e deitando-te, e levantando-te" (Dt 11.19).

Nunca houve uma época em que isto fosse mais importante, pois seus filhos e netos vivem em uma cultura que está cheia de mensagens anticristãs. Quando cresci, a maioria das pressuposições culturais básicas era moldada pela verdade cristã. Frases bíblicas eram comuns, e até mesmo os incrédulos as usavam. Mas hoje vivemos em uma sociedade que exclui tais valores. Então, a primeira tarefa é estar certo de que seus filhos e netos estejam equipados para que tenham discernimento. Você precisa ajudá-los a ter uma visão cristã da vida e da realidade, e de como ela se confronta com a atitude mental secular prevalecente. Apenas desta forma eles serão capazes de enxergar o que está errado com muito daquilo que absorvem na escola, na cultura popular ou com o sarcasmo opressor de seus amigos.

Mas isso é apenas o começo. Você precisa equipá-los para que estejam preparados para expressar a razão da esperança que está dentro deles, como o apóstolo Pedro diz, "com mansidão e temor" (1 Pe 3.14-16). Seus filhos e netos precisam saber como defender a verdade cristã no mundo. Precisam ser encorajados a defender o que sabem ser correto, e não serem intimidados e amedrontados pelas elites seculares freqüentemente opressoras. Seus filhos podem ser evangelistas para aqueles que estão à volta deles, não só compartilhando as Boas Novas da graça redentora de Cristo, mas também compartilhando informações sobre a verdade cristã e como ela se aplica à vida como um todo.

Oro para que você use este livro para ajudar a equipar os jovens a se tornarem amantes e defensores da verdade.

Que as bênçãos de Deus estejam sobre a sua vida!

SOBRE O AUTOR

Charles W. Colson graduou-se com honras na Universidade Brown e recebeu seu doutorado em Direito da Universidade George Washington. De 1969 a 1973 serviu como conselheiro especial para o presidente Richard Nixon. Em 1974 Colson foi considerado culpado das acusações relacionadas ao caso Watergate e cumpriu sete meses em uma prisão federal.

Antes de ir para a prisão, Charles Colson converteu-se a Cristo, como é contado em *Born Again*. Também publicou *E Agora, como Viveremos?* (em co-autoria com Nancy Pearcey), *Life Sentence, Crime and the Responsible Community, Who Speaks for God? Kingdoms in Conflict, Against the Night, Convicted* (com Dan Van Ness), *The God of Stones and Spiders, Why America Doesn't Work* (com Jack Eckerd), *The Body* (com Ellen Vaughn), *A Dance with Deception* (com Nancy Pearcey), *A Dangerous Grace* (com Nancy Pearcey), *Gideon's Torch* (com Ellen Vaughn), *Burden of Truth* (com Anne Morse), e *Loving God*, o livro que muitas pessoas consideram um clássico contemporâneo.

Colson fundou o Ministério *Prison Fellowship* (PF), um trabalho evangelístico interdenominacional, que funciona atualmente em oitenta e oito países. O maior ministério do mundo voltado a presidiários, o PF administra cerca de cinqüenta mil voluntários ativos nos Estados Unidos, além de dezenas de milhares no exterior. Os voluntários do ministério lideram mais de mil estudos bíblicos contínuos para presidiários e realizam quase dois mil seminários por ano em prisões. O ministério organiza grandes reuniões evangelísticas e alcança quase 500.000

crianças no Natal com o amor de Cristo e com presentes. O PF também tem duas subsidiárias: *Justice Fellowship*, que trabalha com políticas de justiça criminal com base bíblica, e *Neighbors Who Care*, uma rede de voluntários que presta assistência às vítimas de crimes. Outra parte do ministério é o *Wilberforce Forum*, que fornece materiais sobre a visão mundial para a comunidade cristã, incluindo o programa diário de rádio de Colson, *BreakPoint*, que agora conta com mil pontos de retransmissão.

Colson recebeu quinze condecorações honorárias e em 1993 foi premiado com o *Templeton Prize*, o maior prêmio em dinheiro do mundo (mais de 1 milhões de dólares), que é dado a cada ano à pessoa que fez o máximo em todo o mundo em benefício do avanço da causa da religião. Colson doou este prêmio, como faz com todos os honorários de suas palestras e royalties, para ampliar o trabalho do ministério *Prison Fellowship*.